「反日」という病

GHQ・メディアによる日本人洗脳《マインド・コントロール》を解く

木佐芳男

幻冬舎

「反日」という病

GHQ・メディアによる日本人洗脳《マインド・コントロール》を解く

あなたたちが他人の云うことを闇雲《やみくも》に信じたり、他人の信じていることを丸呑《まるの》みしたりすれば、模倣者にはなっても考える人にはなれない。従ってあなたたちは束縛されているのである。

——イエス・キリスト（『心身の神癒』）

はしがき——思考の自由

先の大戦後、日本を占領したGHQはわれわれを計画的に洗脳《マインド・コントロール》し、その呪縛は現在もつづいている。一番の問題は、そうした事実が1980年代から一部で指摘されていながら、それを解く方法を日本人のだれも考えようとしなかったことだ。

罪悪感の刷り込みなどGHQによる心理操作は、日本社会の深部に歪《ゆが》んだ形で作用し、さまざまな症状をもたらした。最悪の例が朝日新聞や進歩的文化人だった。

凄腕《すごうで》の精神科医と呼ばれ作家でもある春日武彦は、『天声人語』などを**「グロテスクになった」**とし、捏造《ねつぞう》をふくむ虚報を重ねる朝日にはパーソナリティー障害と共通したものがあるのではないかとみる。**「ある種の愉快犯的動機、あるいは自作自演で世界を煽《あお》り操る。コントロール願望による全能感の満足と自己肯定のためにやっているのでは」**

心理学者で歴史精神分析の泰斗《たいと》である岸田秀《しゅう》は、こう指摘する。**「朝日は、（自らの）戦争責任というその観念を抑圧し無意識に追いやった。進歩的文化人もおなじだった。その責任を軍部に押しつけて自分たちは正義であると。戦前をすべて否認することによって現在の自分は清らかに**

なる、と彼らは主観的には思うわけです。その結果、誤報や捏造、その擁護などさまざまな症状が出ているのではないでしょうか」

朝日には、政治家としての安倍晋三をフェアに評価するなどまっとうな記者も一部にいる。だが、事実を伝えるべき報道機関としては、致命的な体質をもつ（未知の典型例として本書［第Ⅴ章 1 9条記事を組織的に捏造・隠蔽］を参照）。

◇

戦後七十余年の戦後史は、歴史学や政治学、ジャーナリズムなどからアプローチされてきたが、決定的に欠けていたものがあった。

かつて筆者が、ドイツの「心の戦後処理」について取材するため、東京からヨーロッパ3か国に長期出張したときのことだ。あるドイツ人の歴史家から、こんな言葉を聞いた。

「これは集団心理学や精神分析であつかうべき問題でもあります」「一部の人たちが心理学での歴史研究に目を向けはじめたのは、ほんの2、3年前です」

安倍は第1次政権発足前に上梓した『美しい国へ』で、日本とおなじく大戦の敗戦国として何かと対比される旧西ドイツが、相当の軍事費をかけて再武装しながらも経済発展をとげたことを指摘し、こう述べた。

「ひるがえって日本の戦後はどうだったろうか。安全保障を他国に任せ、経済を優先させることで、わたしたちは物質的にはたしかに大きなものを得た。だが精神的には失ったものも、大きかったのではないか。

日本では、安全保障について考えることは、すなわち軍国主義であり、国家はいかにあるべきかを考えることは、国家主義だと否定的にとらえられたのである。それほど戦前的なものへの反発は強く、当時の日本人の行動や心理は屈折し、狭くなっていった。

ここですでに、「精神的に失ったもの」「屈折した行動や心理」について語られている。

たとえば、護憲派だ。北朝鮮は核搭載可能ミサイル「ノドン」を日本に向けてすでに実戦配備しているとの見方があり、「水爆」実験も強行した。中国は尖閣諸島どころか沖縄にまで野心をみせ、軍拡路線を鮮明にしている。そういう国難の時代に、防衛のあり方を議論するのではなく、戦力をもたないとした憲法に手をつけるなと主張しつづけること自体、どこかおかしいのではないか。それをアブノーマルだと自覚してこなかったのが、戦後の日本だった。

ドイツ人歴史家の言葉を参考にして、戦後日本のこじれた問題、安倍の言う「屈折した行動や心理」をどうとらえ、どう解決すればいいか、筆者は心理学や精神分析、精神医学の日本人専門家に詳しく取材し、多くの参考文献にあたった。ヨーロッパと日本で得た知見をメスとして戦後を斬ると、日本社会の欺瞞《ぎまん》および病理の輪郭《りんかく》がくっきりと浮かび上がった。

GHQが日本人に大がかりな心理操作、心理学で言うマインド・コントロールをこっそり実践したのには、わが国を非軍事化し民主化するだけでなく、アメリカを正当化するねらいが隠されていた。

日本人の脳裏に戦争をおこなった罪悪感を植えつけ、原爆投下などアメリカの罪と責任を相殺する考えを無意識のうちに抱かせるべく、ありとあらゆる方法で心を操った。日本人は、個人差はあれ、とても大切な〈**思考の自由**〉を妨げられて、いまに至る。

結果、海外では通用しないガラパゴス化した平和主義や、戦前を一面的に断罪する歴史観が醸成され、歪《いびつ》なメディアものさばった。規模や徹底度で世界に類例のない護憲運動も生まれた。国際社会のリベラル派の大勢は、無辜《むこ》の人びとの人権や命を重視し、紛争地域への武力行使「人道介入」を容認する。それを断固拒否するわが国の自称リベラル派は、世界から完全に浮いている。

日本社会は知識層を中心として病的に左傾化したものの、多くの人にはその自覚がほとんどない。それが、マインド・コントロールの恐ろしさだ。

戦後日本の問題は複雑で多岐にわたるが、護憲運動をはじめとするさまざまな事象は、朝日新聞を抜きには語れない。戦前戦後をトータルにみてもっとも影響力のあるメディアだった。朝日は、GHQのマインド・コントロールを特に強く受け、同時に、日本人をマインド・コントロールする主体ともなった。そういう**朝日を治せるのだろうか**。

また、**われわれ日本人へのマインド・コントロールを、どうすれば解けるのだろうか**。

本書では、まず朝日に焦点を合わせ、そのメンタルな病理を探る。そこから戦後日本を見渡し、マインド・コントロールの実態を例示・分析することにより、人びとの呪縛を解くことを狙う。それが、〈思考の自由〉を取りもどす唯一の道となる。

憲法改正がなぜ必要で、また、歴史的な必然なのか――精神分析などの観点から論じる。

本書は、われわれがマインド・コントロールを脱し、自分たちの手で日本を再生させるための〝ハウツーもの〟としての側面ももっている。

（文中、敬称略。肩書きはそれぞれの当時のもの）

「反日」という病　目次

第Ⅱ章 GHQによるマインド・コントロール

第Ⅲ章 GHQ極秘計画と〈推定有罪〉

第Ⅳ章 日本人によるマインド・コントロール

第V章　左派エセ平和勢力の没落

第VI章　戦後を精神分析する

第Ⅶ章 変わる風向きと脱洗脳

終章　新しい地平線

装幀　芦澤泰偉
図版・ＤＴＰ　美創

序章

護憲派イスラム論

宗教としての護憲派

わが国特有の護憲派は、戦後の歳月をかけて形成された。当初、憲法は二度と戦争をせず平和を守るための手段として、戦火の記憶も生なましい国民にある程度受け入れられた。やがて、「護憲」が目的化し、国内でしか通用しない硬直したイデオロギーとなった。

護憲派とひと口に言っても、もちろん、人により濃淡はある。戦争やいっさいの武力行使を認めないコチコチの護憲派市民から、自衛のための武力行使は認め自衛隊も日米安保条約も受け入れる比較的現実感覚をもった市民もいる。各護憲政党にも、微妙な主張のちがいがある。

政界、学界、メディア界などにおける憲法論議―世論調査―世論の関係の変遷を精緻に研究した首都大学東京准教授・境家《さかいや》史郎によると、それぞれの時代により、護憲派の内実も規模も変わってきた（『憲法と世論　戦後日本人は憲法とどう向き合ってきたのか』）。

この序章では、朝日新聞、進歩的文化人、護憲政党幹部などとその周辺にいる一貫して護憲運動を主導してきたコアな護憲派を、主な対象として論じる。

日本の護憲運動は、よく宗教にたとえられる。安倍晋三も「日本の場合には、憲法は人間が作ったものということを超えて宗教的信仰に近いものがあります」と語っている（『日本よ、世界の真ん中で咲き誇れ』)。だが、どんな宗教に似ているのか、ほとんどだれも具体的には語っていない。

さまざまな宗教のなかで

筆者は、神道と仏教の日本に生まれ育ち、インド・ニューデリー特派員のときはヒンドゥー教を中心にイスラム教、シーク教、ジャイナ教、ラマ教などを直接取材し、それらの教徒の親友や友人知人がいた。イスラム教国のパキスタンへ11回、アフガニスタン、バングラデシュへそれぞれ4回入った。

キリスト教文化圏のドイツでも暮らした。ボン特派員のときは、となりにユダヤ人一家がいて有名な「過越《すぎこし》の祭」の儀式を覗いたこともある。娘の一番仲のいい級友はイスラエル出身の美少女だった。ベルリンでは、ヒトラー時代、アウシュヴィッツへ向かう貨物列車にユダヤ人が詰め込まれたグリューネヴァルト駅のすぐ近くに住んでいた。駅前では、記念日に丸いキッパ帽をかぶったユダヤ人が大勢集まり慰霊祭をおこなっていた。

こうして、世界のほとんどの主な宗教を身近に感じて生きてきた。その経験からすると、護憲派は、一見、キリスト教のごく少数派であり絶対平和主義を信奉するクェーカー教徒に似ている。いまの天皇明仁陛下の皇太子時代の家庭教師ヴァイニング夫人がクェーカー教徒だったことはよく知られている。だが、護憲派は、形態や宗教心理的にはクェーカー教徒とはちがうように思える。

クェーカー教徒であるイギリス人ジャーナリストのヘンリー・S・ストークスは、こう書いている。「クェーカー教徒は、聖書を読むが、聖書を絶対のものとして盲信したりしない。いい意味で、なぜ神はそのように、その時言われたのかと、考えてみたりする」（『戦争犯罪国はアメリカだった！』）

絶対的存在

護憲運動は、とりわけイスラム教によく似ているのではないか。まず、絶対的存在として、イスラム教徒は唯一不二の神アッラーを信じる。

護憲運動の核となっているのは、すべての戦争や武力行使、戦力を認めない絶対平和主義だ。海外で紛争が起こりそれを止めるため武力による「人道介入」が必要となっても、日本の護憲派は総じて「平和憲法」を盾にそれを拒否する。

山本七平はこう指摘している。「対象の相対性を排してこれを絶対化すると、人間は逆にその対象に支配されてしまうので、その対象を解決する自由を失ってしまう」「（対象を絶対化するものを）純粋な立派な人間、対象を相対化するものを不純な人間と見るのである」（『「空気」の研究』）

一神教の世界では神だけが絶対化されるが、日本のように多神教でアニミズムの世界では、人間が作ったにすぎないあるモノさえ絶対化される。戦後、そのひとつとなったのが「平和憲法」だった。

コチコチの護憲派がいっさいの武力を否定するのは、国際情勢を見渡した理性の問題ではなく宗教的信念に支配されているから、と受けとめれば理解できる。武力を拒否することで、集団としての連帯感、高揚感はいっそう強くなる。

イスラム教には経典コーランがある。コーランは神アッラーから最後の預言者ムハンマドに対して下された啓示とされる。護憲運動でこれにあたるのは、言うまでもなく日本国憲法だ。長年、護憲派はその全103条の一言半句も変えてはならないと主張してきた。

イスラム教にはウラマーと呼ばれるイスラム法学者がいる。礼拝の指導者であり宗教教育における教師にもあたる。一般信者にとって敬意と尊敬の対象になるなど、イスラム教徒の共同体を導く役目をもっている。ウラマーは一般に、アラビア語で書かれたコーランに精通している。

護憲派では憲法学者がこれに近い。日本の憲法学者の多くは、憲法はどうあるべきかを論じるのではなく、憲法を不可侵の聖典のようにあつかい条文の批判的研究はしない。彼らは憲法に精通しているふりをしているだけで、戦力不保持を規定した9条2項と陸海空自衛隊が存在する根本的矛盾は、安易で無責任な「自衛隊違憲論」ですます。矛盾をなくす説得力のある学説は示せない。ある時期までは、その矛盾を解消するため「非武装中立論」なるものが唱えられたが、さすがに国民の支持は得られず、いつのまにかフェイドアウトさせた。もっとも、学界には、まだこの論に固執している者も少なくないようだが。

護憲運動が理性的なものなら、9条改正を主張して自衛隊を戦力と認め根本的矛盾をなくすよう努力するか、断固、自衛隊を解体するよう主張すべきだ。しかし、護憲派にとっては改正などもってのほかで、国民の圧倒的な支持がある自衛隊についてもあいまいな態度をとり、矛盾からあえて目を背けることで〝信仰心〟を保っている。多くの護憲派日本人にとって、憲法は信仰であり心の拠《よ》り所となっているため、それを失うのが怖いのだ。

空疎な理念信仰

護憲派は、「9条の理念」をよく口にする。くり返しになるが、自衛隊の存在と戦力不保持の規定は両立しない。また、憲法解釈では自衛権があるとされるものの、武力組織のない自衛などナンセンスであり、いずれにしても9条の理念は論理的に成立しない。非論理的であるがゆえに、心理学的に言えば、ふつうの穏健な宗教に比べより過激で狂信的になりがちだ。

イスラム教徒は国籍を超えて団結心が強い。コアな護憲派も共同体意識が強く、万一、憲法に疑問を抱いたりすれば仲間から疎外され、ときには人間性まで否定されるため、容易に改宗することはできない。

敬虔《けいけん》なイスラム教国に行くと、ラウドスピーカーから響きわたる大音量の声に驚かされる。アザーンと呼ばれ、1日5回モスクに集まり礼拝をするよう呼びかけるためにおこなわれる。「神は偉大なり」という意味の句「アッラーフ・アクバル」を4度くり返してはじまる。

護憲派でラウドスピーカーにあたるのは、朝日新聞をはじめとする左派・護憲派メディアだ。

記事や寄稿あるいは電波によって、憲法がいかに崇高かをくり返し人びとの脳裏にたたき込む。

イスラム教の特徴は、徹底して偶像崇拝を禁じていることで、物理的存在は経典コーランなどにかぎられている。護憲派にも偶像はなく、憲法書をコーランのようにあつかう。かつて、護憲のシンボルだった土井たか子はある国へ外遊し、「9条の理念」を説明したあと日本の憲法書をうやうやしく贈呈した。その国は国家予算に対する軍事費比率がきわめて高い軍事国家とすぐに判明し、笑えないオチがついた。

イスラム教徒はモスクで礼拝をするが、護憲派にとっての最大のバーチャル・モスクは朝日新聞であり、日々、護憲派としての迷いや信仰心の薄れを反省し教条を確認するために紙面を読む。

イスラム教と護憲派で共通しているのは、布教への情熱がときにすさまじいことだ。いま、憲法改正を主導する安倍個人を倒すため、護憲派のメディアや野党はなりふりかまわぬ攻勢を仕掛けている。

イスラム教徒と護憲派の根本的なちがいは、一見、戦争をときにはためらわないかどうかという点のように思える。イスラム武装組織などは、「イスラム戦争法にのっとっている」と正当化して、戦闘行為をおこなっている。一方、口では平和主義を唱える護憲派の心理メカニズムも、かつて戦争遂行のためにはどんな犠牲もいとわなかったあの時代のそれと、じつはほとんど変わらない（「第Ⅵ章　戦後を精神分析する」参照）。コアな護憲派が、ある日とつぜん主戦派に走る恐れなど決してない、とは言い切れない。

歪んだ原理主義

護憲派とイスラム教との重要なもうひとつの共通点として、歪んだ原理主義が派生し過激なテロリストを生んでいることがあげられる。

日本には「9条原理主義」がはびこっている、という見方がある。加計学園などをめぐる一連の報道も9条原理主義と根っこでからんでいる。第V章で述べるように、朝日はすでに9条について組織的に記事の捏造をした過去があり、ずっと以前から報道テロ行為に走っていたとも言える。

祭政一致の国

心理学者・精神分析家の河合《かわい》隼雄《はやお》は、次のように書いている。

「政治的信条において熱狂的な戦いをなす人たちは、その非合理な情熱のなかに宗教的なエネルギーを燃焼させているようである。表面で論じられる内容は、できるかぎり合理的に論理的になされるが、それを支える力は殆《ほと》んど宗教的な情熱と言ってよい。(日本は)もともと祭政一致の伝統をもっている国ではあるが、革新を名のる政治団体に案外この傾向がみられるのも皮肉なことである」(『母性社会日本の病理』)

精神科医・岡田尊司《たかし》はこう指摘する。

「社会的生き物である人間にとって、所属する集団から認められることは、命よりも重要なことだからだ。所属する集団から見捨てられることは、死よりもつらい」

「小さな集団で暮らし、一つの考えだけを絶えず注ぎ込まれることによって、その考えは、その人自身の考えとなるだけでなく、その小集団や仲間に対する愛着ゆえに、もはやそれを覆したり、期待とは異なる振る舞いをすることができなくなる」

「もしそこから逃げれば、彼は愛する仲間を裏切るだけでなく、自分の存在を卑しめてしまう」

（『マインド・コントロール』）


岡田はオウム真理教などカルト教団について述べているが、この心理メカニズムはコアな護憲派にもみられるのではないか。


また、社会心理学者の西田公昭は、こう述べる。

「活動するメンバーたちは、これらの合法的で、時には崇高ともいえるような表向きの集団の目標をただただ一生懸命に遂行しているつもりだけの、純粋で誠実な人びとによって大部分が占められている」

「彼ら自身、みずからの集団の舞台裏の構造や活動はおろか、舞台裏の存在すら知らない場合がふつうなのである」（『マインド・コントロールとは何か』）

破壊的カルトについて述べたこの文章も、護憲派にほとんどそのままあてはまりそうだ。朝日が組織的に9条記事を捏造し隠蔽《いんぺい》した事実を、一般の護憲派市民はまったく知らなかった。また、左派メディアが安倍をヒステリックに叩くのは改憲阻止が主な動機のようだが、一般護憲派市民の多くは「純粋で誠実な人びと」であり、その舞台裏の動機にさえも気づいてはいない。

　護憲派は、宗教団体であると同時にカルト教団の特徴も備えていると言える。しかし、コアな護憲派はともかく、一般護憲派市民多数のかたくなな心を解きほぐすのは意外にたやすい、と筆者は考える。これについても、終章でふれる。

第Ⅰ章

精神科医が診る朝日新聞

1　朝日新聞は自虐的か

朝日新聞は、いわゆる慰安婦問題で裏づけ取材をすることもなく虚報をくり返し、社会から糾弾されてきた。慰安婦については、国連レベルで「性奴隷」という言葉まで定着してしまった。聯合《れんごう》ニュースによると、２０１７年の時点で、慰安婦像は韓国全体で80体を超える。また、路線バス５台の座席に期間限定で慰安婦像を載せたバス会社も現れ、韓国挺身隊問題対策協議会（挺対協）は手のひらサイズの慰安婦像５００体をソウルで展示した。韓国は、２０１７年11月、元慰安婦をたたえる記念日を制定した。

日本の名誉は大きく傷つき、日韓関係もすっかりこじれてしまった。

その淵源《えんげん》をたどれば、朝日の虚報による影響が甚大だった。わが国が国際社会から非難される戦時中の出来事の多くも朝日の報道に端を発する。日本の右派の論客やメディアは、そうした朝日を「自虐的だ」と批判する。朝日は日本のメディアでありながら祖国と同胞を貶《おとし》め傷つけるから、一見、そういう風に思える。

だが、その見方では、ことの本質を見誤るのではないか。

2　勧善懲悪メディア

創業社訓

精神分析や心理カウンセリングでは、誕生時や幼児体験にまでさかのぼっていく。朝日新聞は、1879（明治12）年1月25日、大阪で創刊された。その社訓は次のようなことを標榜《ひょうぼう》していた。

「勧善懲悪ノ趣旨ヲ以テ専ラ俗人婦女子ヲ教化ニ導ク」

それを現代語に意訳すれば、だいたいこうなるだろう。「勧善懲悪を主なねらいとし、もっぱら、風流を解さない教養の低い者、女性や子どもを教化して導いていく」

この一文には、ふたつのポイントがある。まず、前半の勧善懲悪だ。この勧善懲悪には心の底で西洋流の善と悪の宗教思想が影響しているのかもしれない。だが、そもそも、社会や人間は善と悪、白と黒で割り切れるものではなく、グラデーションかモザイク模様のように複雑なはずだ。

カルト教団のケースとして、心理学ではこんな指摘がある。カルトがはまりやすい二分法的思考では、完全な善と完全な悪という両極端な考え方に陥ってしまう。自分たちと同じ心情の者は、選ばれた〈善き者〉であり、そうでないものは〈悪しき者〉としてすべて敵とみなしていく。

朝日新聞は現在まで、この創業社訓に表われた善悪二元論の発想をもっているようにみえる。共産主義は、善悪二元論だった。これは重い意味をもつ。マルクスとエンゲルスは、1848年、『共産党宣言（共産主義者宣言）』において、資本主義社会をブルジョワジー（資本家階級）とプロレタリアート（労働者階級）の階級対立とし、プロレタリアートによるブルジョワジーからの権力奪取を共産主義者の当面の目標とした。

戦後、朝日が左翼思想に傾倒していったのは、たまたまではない。自己を善の立場に置き、戦前の日本や旧日本軍あるいは右派を悪として断罪する。慰安婦「吉田証言」や福島第一原発「吉田調書」の虚報は、まさにこの創業以来のDNAの必然的結果だったと言えるのではないか。

加計学園問題でも、朝日は、正義の官僚（前文科事務次官）対独裁的官邸という構図にもっていった。もともと朝日は、官僚を権力の側にいるとして批判し、官僚主導ではなく政治主導を唱えていた。だが、安倍政権になって内閣人事局が設けられ政治主導が実現すると、官僚は反権力側に置かれた。安倍を批判する朝日のなかで、善と悪が倒錯したのだ。

朝日OBの長谷川熙《ひろし》はこう述べている。

「階級闘争による共産主義社会の到来を予告するマルクス主義を善、マルクス命名の資本主義、私の言う自由経済を悪とし、そのうちにマルクスの発見した階級闘争の歴史法則によって善が悪を滅ぼすという御伽噺《おとぎばなし》に影響された人が、朝日新聞社内には少なくなかった」（『崩壊　朝日新聞』）

心理学では、善か悪かの二分法的な価値観がラディカルな宗教や思想には広く認められ、全体主義やファシズムがカルト宗教ときわめて似た特性をもつ、とされる。また、10種類程度にカテゴライズされるパーソナリティー障害の基本的な症状として、白か黒か、全か無か、善か悪か、敵か味方かなど両極端な二分法での思考があげられている。朝日にその傾向がみられるのはたしかだろう。

山本七平は『「空気」の研究』でこう述べている。

「一方を善、一方を悪、と規定すれば、その規定によって自己が拘束され、身動きできなくなる。さらに、マスコミ等でこの規定を拡大して全員を拘束すれば、それは、支配と同じ結果になる。すなわち完全なる空気の支配になってしまうのである」

朝日が、戦前は全体主義のファシズム（軍国主義）、戦後は全体主義の共産主義、社会主義にシンパシーをいだいたのも、創業以来のＤＮＡがあったからだろう。

朝日新聞は、『徹底検証「森友・加計事件」朝日新聞による戦後最大級の報道犯罪』の著者・小川榮太郎と飛鳥新社を、２０１７年12月、名誉毀損で提訴し５０００万円もの損害賠償と謝罪広告掲載を請求した。言論機関が言論で戦うのではなく裁判所に判断を任せるのは、「異なる言論の自由」を否定する全体主義の考え方からとされる。

朝日は、現代でも全体主義を基底とする善悪二元論の伝統を引きついでいる。

英雄となった軍国主義者

二元論で何かを悪、もう一方を善と決めつけると、現実社会ではナンセンスなこともよく起きる。

たとえば、戦後のドイツでは、ヒトラーが絶対悪とされてきた。その真逆として、1944年7月20日、ヒトラー暗殺を図って失敗し銃殺刑となったドイツ国防軍の将校シュタウフェンベルクは、いまもドイツで知らぬ人はない英雄として顕彰されている。絶対悪の反対は絶対善という二元論の心理メカニズムが働いているのだ。

この有名な暗殺未遂事件は、2008年、米ハリウッド映画『ワルキューレ』として劇場公開され筆者も映画館で観た。トム・クルーズ演ずる大佐シュタウフェンベルクは、案の定、英雄として描かれていた。

じっさいのシュタウフェンベルクはどんな人物だったのか。筆者が個人で雇ったベルリン在住の取材助手アネッテに指示し、徹底調査してもらったことがある。彼女は、スレンダーで長身のゲルマン美人だ。日本も日本語もまったく知らないが、上海に中国語の語学留学をしていたときアメリカ人とルームシェアしていたといい、英語はよくできた。ドイツ語をまじえた英文のこんな報告メールが来た。

「超保守的で、プロイセン軍国主義の伝統に生きる生粋《きっすい》の軍国主義者だったようです」

ドイツのエアフルト大学教授グレゴール・シェルゲンに尋ねると、ニュルンベルク裁判でナチスの主要戦犯が裁かれたのがきっかけで、「明らかにナチスとそれ以外の者とを区別できた」と国民は思い込んだ。

戦後のドイツ社会では、国防軍とナチ機構は別の組織であり、国のために立派に戦った軍人と残虐なナチスという2種類の者たちがいた、という国防軍クリーン神話があった。

ヒトラーとナチスが絶対悪、つまり〈悪いドイツ人〉として糾弾されてきたのに対し、国防軍の将兵は名誉を保ってきた。大佐シュタウフェンベルクもそのひとりであり、軍国主義者ではあってもナチではなかったため典型的な〈善いドイツ人〉とされてきたわけだ。

そのナンセンスさに、ドイツ人は気づいていない。そこが心理トリックの怖いところでもある。

上から目線の『天声人語』

朝日の創業社訓の後半が、もうひとつのポイントだ。「もっぱら、風流を解さない教養の低い者、女性や子どもを教化して導いていく」というのは、いかにも上から目線の考え方だ。これも、現在につづく朝日の伝統、特徴であり、批判の的となっている。

朝日朝刊1面コラムのタイトル『天声人語』の命名者は西村天囚《てんしゅう》で、「天に声あり、人をして語らしむ」という中国の古典に由来するとされる。大本はラテン語だとする説もある。たんに論説委員が書いているにすぎない文章を、「天の声」とする不遜ぶりは朝日独特だろう。天声人語は1904年1月5日に初めて掲載され、以後、別のタイトルとなった時期をはさみながら、1

世紀以上にわたり継続して使われている。

たとえば、読売新聞が『編集手帳』、毎日新聞が『余録』、産経新聞が『産経抄』と平板なタイトルとなっているのと好対照だ。まさに名は体を表わす。

朝日の豹変

1931（昭和6）年9月18日、いわゆる満州事変が勃発すると、新聞やラジオは、外務省・政府発表より先に報道した。「満州鉄道の爆破は中国軍の行為であり日本軍は自衛権を行使した」と日本のメディアは伝えて、国民の意識を方向づけた。それにつづく大々的な報道が、軍国主義、愛国心、排外的ナショナリズムを煽《あお》った。

満州事変の前夜、大阪朝日新聞は編集局長・高原操を筆者として、社説などで軍部の独走を強く批判していた。そして、高原が紙面で予言、忠告した通り、軍部（関東軍）の独走によって満州事変が引き起こされ、日本の転落がはじまったとされる。

満州事変勃発から約2週間後の10月1日、大阪朝日の高原は、それまでの主張を180度転換させた。事変前後で、高原の論説は軍部批判から満州国独立の容認へと急旋回した。

毎日新聞OBで静岡県立大学教授の前坂俊之は、朝日豹変《ひょうへん》の理由としてふたつを指摘する。第1に、「国家の重大事にあたって新聞として軍部を支持し、国論の統一をはかるのは当然だとするナショナリズム」をあげる。第2に、「不買運動」をあげる。大阪朝日が軍部批判をおこなったため、軍部、在郷軍人会、右翼などから激しい反発をくらい、各地で不買運動が起きた。この動きに、ライバルの大阪毎日がチャンスとばかり部数拡張に走り、朝日は販売面で苦境に立たされた（『太平洋戦争と新聞』）。

高原操は、大阪朝日の姉妹紙である東京朝日にも同様の編集方針をとるよう指令した。朝日新聞は、国の行く末よりも自社の経営、ビジネスの論理を優先したわけだ。この体質は、戦後もずっとつづくことになり、一連の虚報の一因となる。

加熱する戦争報道

満州事変以降の日本のメディアの状況について、次のような指摘がある。

「中国のメディアや欧米特派員などは満鉄爆破を日本軍の仕業であるとする報道をおこなっており、日本のメディアも、そうした報道について十分知っていた。しかし、現地の日本人記者も東京本社の編集幹部も、みずからの報道を否定する報道を改めて検証するというジャーナリズムのもっとも基本的な努力をおこなうより、日本を正当化する一方的事実をさまざまなヴァリエーションで大量に発信していくことに全力をあげることになった」

「すべてのメディアが、少しでも他のメディアより勇ましく戦意と国威の高揚に努めようとして、戦争報道に一途に突き進んでいったのである。それは決して強制されたものではない」（有山輝雄、竹山昭子編『メディア史を学ぶ人のために』）

前坂俊之は、「満州事変以後の戦争へのめり込んで行く過程で、『朝日』『毎日』のどちらがより軍部と協力、世論を煽ったかといえば、それはいうまでもなく、『毎日』である」とする（『太平洋戦争と新聞』）。

ライバル毎日新聞が勇ましい報道で読者を獲得しているのをみて、朝日新聞はそれ以上に激しく国民の戦意を煽る報道で部数を増やそうとした。朝日の部数は、満州事変前の1931年5月には約140万部だった。論調を180度変えたあとの1938年1月には約250万部、さらに大東亜戦争（太平洋戦争）に入った次の年1942年には約370万部にまでふくれあがった。日本のメディアでは、満州事変のあと、国民を煽っていくレトリックが急進化し、大衆娯楽のキャンペーンとほとんどおなじ手法となった（『メディア史を学ぶ人のために』）。

現代の例としては、朝日をはじめとする左派メディアのいわゆる安保法制、集団的自衛権限定的容認への反対キャンペーンがあげられるだろう。朝日などは、警告のつもりで「戦前の空気に似てきた」と書いたが、満州事変前後と安保法制・集団的自衛権問題では、国際情勢もその目的もまるでちがう。似ているのは、むしろ、「戦争法案」「徴兵制復活」など扇情的なフレーズで国民の情緒に訴えて煽った左派メディアの姿勢のほうだ。

左派が「集団的自衛権は違憲だ」とする論拠の学説について、東京外大教授・篠田英朗は「東大法学部系の憲法学者の基本書に特有の『ガラパゴス』理論でしかない」と切って捨てる（読売新聞2017年7月5日朝刊）。

ジャーナリスト櫻井よしこは、次のように批判する。

「思わずにはいられない。朝日新聞が戦前戦中、軍部よりもなお強硬な主張を書き立てて国民を煽り、政府に軍事行動を迫ったことを。また、多くの戦争礼賛記事を書き、それによって大いに部数を伸ばしたことを。そして昭和二十年八月十四日、敗戦間近であることをよくよく知りながら、朝日は社説で、『敵』は『一億の信念の凝り固まった火の玉を消すことはできない』と、国民に檄《げき》を飛ばしたのである」（WiLL 2014年4月号）

朝日OBだった稲垣武は、著書『朝日新聞血風録』で、日本のメディアが日本軍を「無敵皇軍」、中国軍を「暴戻《ぼうれい》なる支那軍」と呼んでいたことにふれ、こう書いている。暴戻とは、荒々しく道理に反したおこないをすることを言う。

「勧善懲悪の紙芝居的発想で大衆受けを狙った新聞側のシンボル操作ではないか。マスコミが自ら造りだした世論なるものに、マスコミ自身が金縛りになっていく自縄自縛の過程がここに典型的に見られる」

朝日創業以来の勧善懲悪メンタリティーが、ここでも指摘されている。

敗戦転向

日本の敗戦後、乗り込んできたGHQは国内メディアを利用することを狙い、その検閲を徹底した。メディア史などを専門とする山本武利は、『GHQの検閲・諜報・宣伝工作』で次のように書いている。

「マス・メディアの検閲は世論操作をねらった。具体的にはGHQに不都合な情報の国民への拡散を防ぐことをねらっていた」

朝日新聞は、終戦1か月後の9月18日午後4時から48時間、GHQによって日本政府を通じ発行停止処分を受けた。朝日は、アメリカ軍兵士の暴行事件や原爆についての記事を書いていたが、それが「報道の自由には連合軍への虚偽の破壊的記事はふくまれない」とする指令の精神に反しているとされた。業界リーダーにねらいを定めたGHQの処分は奏功した。縮刷版に2日間の空白をのこすという戦後もっとも重い処分を科せられた朝日新聞のショックは大きかった。

朝日の東京、大阪本社には「査閲課」という検閲対策専門のセクションが設けられ、1946（昭和21）年7月1日現在で、東京には7人もの課員がいた。ある課員はGHQの検閲部門PPBを訪ね、こう語った。「朝日新聞にとって事前検閲を受けるのは大変よいことです。記事に検閲のスタンプを受けると、それはOKということです。検閲に出す記事が通るかどうかいつも心配です。事前検閲は朝日新聞にとって大変よいことです」。その記録がPPB日報にのこっている。

山本は「GHQにご機嫌伺いをして、忠誠ぶりを示すことをねらっていた。こうした言動が上司による社命によるものであることは前後の状況から判断できる」としている。

1948（昭和23）年の新聞・通信社の検閲処分の件数記録をみると、「とりわけ、毎日、読売に比べ朝日の少なさが目立つ。同紙は事前検閲時代から検閲当局の覚えめでたいメディアであった」。１９４７（昭和22）年９月のＰＰＢ日報には「朝日はＧＨＱの機関紙である」との噂がコメントなしで記されている。

「日本の新聞界のリーディング・カンパニーともいえる同紙の優等生ぶりに、当局は安堵の胸をなでおろしたにちがいない」と山本はみる。

「すなわち、朝日新聞は、戦争の責任を軍部に押しつけ、自分達自由主義者は『救護者』であるアメリカによって救い出された」とした（有山輝雄『占領期メディア史研究――自由と統制・１９４５年――』）。

朝日新聞は、軍国主義を煽った張本人だったのに、いつ自由主義者になったというのか。ここには、「アメリカによって救い出された」、つまり解放されたという歴史の捏造がみられる。

解放という呪文

旧西ドイツ大統領ヴァイツゼッカーは、戦後40年の有名な演説で、西ドイツは敗戦によってナチズムから「解放」されたと述べた。演説の２日前、ノーベル賞作家ギュンター・グラスは、講演でこう語っていた。

「自分を解放されたひとりに数えることが、あまりにも誘惑的でしたし、いまでもそうです。その際、ドイツ国民の大多数はこの解放を妨げるために何でもやった、という悩ましい記憶は抑え込まれるのです」

グラスの指摘に限らず、筆者が取材したドイツ人の歴史家や政治学者などによれば、「ナチズムからの解放」という表現は、歴史を単純化し自分たちを被害者の立場に置く呪文だった。

その欺瞞《ぎまん》とおなじ朝日の豹変を、メディア史研究者の有山輝雄は批判を込めて「転向」と呼んでいる。筆者もそう思っていたのだが、心理学者で精神分析家の岸田秀はこれについてまったくちがう見方をして筆者の意表を突いた（「第Ⅵ章　戦後を精神分析する」参照）。

また、明星大学教授・髙橋史朗は、こういう見方をしている。

朝日は、二度と発行停止にならないようにと「占領軍の目で自己検閲をするようになった」「自分の目で見ることができず、たえず占領軍の目で見て、占領軍の目で物を書くようになってしまった。それが戦後ジャーナリズムの歪みの源にあるのではないか」（『日本が二度と立ち上がれないようにアメリカが占領期に行ったこと』）。

朝日など左派メディアが、自分たちの戦意扇動の過去は棚に上げて、ＧＨＱのような非日本人の立場で日本の戦争責任を糾弾するようになったルーツがここにある、ということだろう。

3 「現在進行中」の慰安婦虚報

日本政府は、２０１４年6月22日、いわゆる河野談話検証チームによる「慰安婦問題を巡る日韓間のやりとりの経緯」という報告書を発表した。注目されるのが次のくだりだ。
「１９９２年１月７日には防衛研究所で軍の関与を示す文書が発見されたことが報告されている。その後、**1月11日にはこの文書について朝日新聞が報道したことを契機に、韓国国内における対日批判が過熱した**」（太字は筆者。以下おなじ）

この公式の報告書で、朝日はメディアとして唯一名指しされ、その大虚報キャンペーンによって韓国世論に火を点《つ》けたことが指摘されたのだった。

慰安婦制度非難決議は、アメリカをはじめオランダ、カナダ、ＥＵなどでもおこなわれた。日本非難の強風はつづいてきた。

オーストラリアで中韓の団体が企画した慰安婦像設置計画を阻止した山岡鉄秀によると、日韓合意後、朝日新聞の一連の関連記事にある慰安婦について説明する文章のなかに、日本語版には一度も登場しないのに英語版には必ずおなじような文章が挿入されている。山岡は10の例をあげており、たとえば、次のようなものだという。

〈戦時中の日本兵にセックスの供与を強制された慰安婦〉comfort women, who were forced to provide sex to wartime Japanese soldiers

山岡はこう指摘する。「これを読む英語話者は、間違いなく慰安婦は日本軍による強制的で組織的な蛮行の被害者という印象を持つだろう。そして、日本国民が気付かない間に、海外メディアを通して拡散されていく。これが現在進行中の朝日の戦略である」（正論2016年5月号）

山岡によると、朝日はその後も英語版で、慰安婦が性行為を強制されたというイメージの表現を使い続けているという（Hanada 2018年5月号）。

ジュネーブで2016年2月に開かれた国連女子差別撤廃委員会で、日本外務省の杉山晋輔外務審議官は、慰安婦の強制連行説が世界規模で広まったのは、「慰安婦狩り」の捏造証言をした吉田清治の著作内容を朝日新聞が大きく報じたことが影響した、との主旨の説明をした（いわゆる吉田証言の件）。

朝日新聞は、外務省に対し、「朝日の報道が国際的に影響したか否かについては、（朝日が設けた）第三者委員会でも見解が分かれた」などとし「根拠を示さない発言で遺憾」と文書で申し入れをした。この際、朝日は、紙面で杉山発言の内容を伝えず、申し入れた事実だけを記事にした。

これについて、朝日OBの永栄潔《ながえきよし》は、ある対談でこう強く批判している。

「国連での杉山発言のうち朝日の慰安婦報道に触れた部分を抜いて報じたというのは、（福島第一原発命令違反の虚報だった）吉田調書報道以上に深刻です」「いわば編集局ぐるみでやってしまった秘匿報道だからです」「戦後ジャーナリズムの最大汚点とされる伊藤律（当時、潜行中だった共産党幹部）架空会見などより、ある意味、もっと深刻で根の深い問題が思わぬ形でまた表われてしまった」（WiLL 2016年5月号）

4　自虐ではなく自己愛

ひとつの仮説

朝日の言動を、筆者は以前から、右派が言うようなマゾヒズムとしての自傷行為、自虐行為ではなく、「自分たちは侵略戦争や戦争犯罪をやった〈悪い日本人〉ではない。やつらとはちがう〈善い日本人〉だ」と保身に走る**自己愛**によるものではないかと考えてきた。

仮説だが、日本には戦後ドイツにおける〈悪いドイツ人〉としての「ヒトラーとナチス」ほどには〝便利な〟スケープゴートがないため、朝日などは、自分たちの仲間以外の「日本と日本人」をスケープゴートにしようとするようになったのではないか。俗な表現をすれば、朝日はこれまでMと理解されてきたがじっさいはSではないかということだ。

それは、［第Ⅱ章　7　マインド・コントロールa3　東京裁判］でふれるように、東京裁判で日本という国そのものが被告席に立たされ、日本人全体が〈悪い日本人〉として糾弾されたかのようだったためだ。

朝日の場合は、自己愛がふくれあがり、対日本、対日本人との関係でいちじるしく摩擦を起こしている。「偏りが著しくその結果として環境と軋轢《あつれき》を生むときにパーソナリティー障害という」と精神医学、心理学では定義する。

つまり、組織としての朝日には自己愛性パーソナリティー障害の人びとにみられる傾向が強くあると言えるのではないか。その自己愛が肥大化し「反軍国主義」「反戦前」にとどまらず、ついには「反日」までもが社是のようになり、それが今日までつづいていると思える。

自己愛という言葉は、本来、精神分析の用語で「自分自身を性愛の対象とすること」を意味し、英語の発音からナルシシズム、ナルチシズムと書くこともある。

グロテスク

筆者は、精神科医・作家で『自己愛な人たち』など40冊以上の著作がある春日武彦の東京の自宅を訪れ、ロングインタヴューした。朝日が、2014年8月、慰安婦虚報の一部を特集紙面で取り消しながら、心からの謝罪とはほど遠く、他メディアから集中砲火を浴びるより3か月以上も前のことだ。春日はその後、私小説的エッセイ『鬱屈精神科医、占いにすがる』や『鬱屈精神科医、お祓いを試みる』で注目を集め、「凄腕《すごうで》の精神科医」（朝日新聞広告）とも呼ばれる。

「朝日の言動は、自虐ではなく自己愛からなのではないか」という筆者の仮説を話すと、「たしかに自虐的なのではなく、われわれの感覚と相容《あいい》れない朝日独特の美学に酔うという非常におかしな形になっている」と答えた。「独特の美学」とは独善的な自己愛と言えるだろう。

春日は「良識派で美学をもつ者こそ〈善き日本人〉であるという発想がすごく強いのではないですか」と語り、世間と微妙にずれている美学の例をあげた。朝刊のコラム『天声人語』や夕刊の寸評『素粒子』がそれで、「年を経るにしたがって、朝日はグロテスクになってきました」と春日は指摘した。グロテスクという言葉は、精神医学や心理学でよく用いられる。

春日は、ちょっと脇道にそれてこんな話をしてくれた。

「ぼくは朝日を取っているが、別に記事がいいからではなくて、本の広告をみるために朝日は外せないから。朝日でなければ文化的なものがキャッチできないものがけっこうあったりするので、むかつくけど取っているようなものです。だけど、朝日的にはそうは思っていない。自分たちの論調、政治路線が多くの国民に支持されている、と誤解している感がありますね」

春日は、こうも言った。

「（朝日記者の）プライド意識はものすごく強いのではないか。今年（2014年春）は東大卒が誰も入社しなかったそうですが。その一方で、いまでも朝日の天声人語は名文であり書き写せみたいなことをやっている。朝日の週刊誌AERAが女性ターゲットでポピュラーになってきたあたりから、朝日新聞の本紙自体がすごく変になってきたなという印象がある」

「AERAをみていると、エリート主義的ないやらしさと、もうひとつは妙におもねって猫なで声を出して、自分たちはサブカルチャーにまで詳しいんだっていう顔がみえる。そういう嫌な部分がAERAで定着してきて、しかも、姜尚中《カンサンジュン》（在日韓国人2世。東大名誉教授）をスターにしようとか。いくらナンパぶっても気色悪い。キャバクラの姉ちゃんにおじさんが説教しちゃうような（笑）」

筆者は、朝日の本質をよりふかく理解するため、一般論としての自己愛性パーソナリティー障害について質問した。

「この言葉がSTAP細胞問題でも出てきましたが、どう説明すれば一番良いのですか？」

「他人の気持ちがわからない、自分を尊重することだけが大事、他者との関係性が非常に歪《ゆが》んでいるということです。自己愛が強烈ならばそのぶん自分を尊重し、ついでに他人をも尊重するかといえば、そんなことはないんですね。自己愛に見合うだけの魅力とか才能とか実績を得ようとしてもかなわないとなると、他人を貶めて相対的に優位に立とうとしたり、傷つかないように世間とのかかわりを避けて自分の世界に閉じこもって妄想的になったりして自己正当化を図る。あるいは嘘《うそ》やアンフェアな方策で世の中そのものを変えてしまおうとする。ときには自暴自棄や逆恨みの行動に走る。その結果、他人のみならず自分をもないがしろにしてしまう。そうした倒錯した傾向が、自己愛性パーソナリティー障害にはともないがちなところが重要でしょうね」

「自分を尊重することだけが大事、他者との関係性が非常に歪んでいる」「他人を貶めて相対的に優位に立とうとする」「嘘やアンフェアな方策で世の中そのものを変えてしまおうとする」「ときには自暴自棄や逆恨みの行動に走る」――これらはすべて朝日の言動にみられるように思う。

自己愛性パーソナリティー障害の特徴として、他人に対する尊大な態度や賞賛されることは大好きだが批判には激しい怒りの感情をもつ傾向があることなども指摘されている。これも、メディア界で昔から評判の悪い朝日の傲慢体質に表われているのではないか。このタイプは子どものころに溺愛され甘やかされた人に多いという。

自己愛的防衛

幼い精神構造を抱えたものは、思い通りにならない現実にぶつかったとき、落胆と絶望からわが身を守るために、誇大自己を膨らませ、万能感で武装し、他者を征服し、支配し、軽蔑することによって、みずからの価値を守ろうとする。これを自己愛的防衛（躁《そう》的防衛）と呼ぶ（『マインド・コントロール』）。

朝日には、まさにこの言葉がそっくりあてはまるように感じるのは筆者だけだろうか。

愉快犯、劇場型犯罪

朝日は、1992年1月11日朝刊で「慰安所　軍関与示す資料」などと虚報の慰安婦大キャンペーンを展開した。その5日後に、首相・宮澤喜一が訪韓し「反省、謝罪という言葉を8回使った」（韓国側発表）とされる。

「宮澤首相の訪韓直前に大キャンペーンを張るなど、日本を窮地に立たせることを承知のうえで朝日が虚報をくり返すのは、愉快犯や劇場型犯罪に似ているのではないでしょうか？」

筆者の質問に対して、春日はこう答えた。

「何でもかんでも操る。全能感と自己肯定。傲慢さと思い上がりによって自己肯定を図ろうとする精神ですね。その表われのひとつが、他人を弄《もてあそ》ぶといった振る舞いです。ある種のパーソナリティー障害の人って、意味もなく人を操るのがけっこう好きです。

たとえば、病院内には看護師さんでも何となく派閥があったりするでしょう。それを嗅ぎ分けるのがパーソナリティー障害の人は割と得意です。それで、互いに逆のことを吹き込んで看護師派閥同士を衝突させるとか。

じつはそれに目的はない。自分は自在に操れるんだということでやっと自己肯定できるとか。ある種の愉快犯的動機、あるいは自作自演で世界を煽り操る。何か、朝日にはそういうのに共通したものがあるのではないか。コントロール願望による全能感の満足と自己肯定のためにやっているのではないでしょうか」

森友学園や加計学園をめぐる騒動も、朝日が主導して仕組んだものだった。それに他の左派メディアや野党が踊り、国民が踊らされた。さぞかし、朝日は全能感が満たされたことだろう。

春日に、自己愛性パーソナリティー障害とは何か、念のためあらためて聞いた。

「他人の気持ちがわからない、自分を尊重することだけが大事、他者との関係性が非常に歪んでいるという症状です」とし、「そうした人は、愉快犯的に不毛な騒動を巻き起こす」とくり返した。朝日の暴走の陰では、やはり不健全で歪《いびつ》な心理メカニズムが働いたのだろうか。

春日の著書には、自己愛性パーソナリティー障害にかんしてこういう記述もある。

「愉快犯は騒ぎを起こしその反響を何食わぬ顔で眺めることに喜びを覚える。……他人を右往左往させることで造物主にも似た優越感を覚え、他人を困らせることで日頃の不満に対する意趣返しを図り、無関係な人物を装いつつ全体の構図を俯瞰《ふかん》して憂さを晴らす。そうした営みを、知的でソフィストケートされたものと思い込んでいるような気配がある」（『自己愛な人たち』）

宮澤訪韓直前の慰安婦大キャンペーンは、まさしくこれにあてはまるだろう。世間をあっと言わせ、日本と韓国を離間させ、自らは〝高みの見物〟を決め込んだようにみえる。

卑しい自己愛と健全な自己愛

春日は、こうも指摘する。「自己愛のない人間はいない」としたうえで、「卑しい自己愛と、健全な自己愛があるのではないだろうか。前者は傲慢や尊大や思い上がりや自己顕示や自惚《うぬぼ》れから成り、後者は余裕や『おおらかさ』や向上心や誇りといったものから成るように思われる」。

戦争報道の贖罪意識

春日は「自己愛を上手く飼い慣らす手段のひとつとして、贖罪だとか崇高な使命を背負うといった方法がある。この種の単純化は、相応の能書きがつけば自分の心から迷いを払拭《ふっしょく》してくれる」とする。

朝日をふくむ日本のマスメディアは、敗戦によっても解体されずマッカーサーに存続を許された。経営・編集の幹部らは総退陣したが、組織としての朝日新聞はのこった。解体されず存続した以上、過去の戦争報道への罪責感、罪悪感は、それぞれのメディアの無意識領域に「抑圧」されてのこったのではないか。

抑圧は、精神分析のキーワードだ。文化庁長官などを歴任した心理学者・精神分析家、河合《かわい》隼雄《はやお》の『無意識の構造』によると、ジークムント・フロイトは、ヒステリーの原因となる体験を「心的外傷」と呼び、そのような外傷体験とそれにともなう情動を意識の外に追いやることを「抑圧」と名づけた。心的外傷は、俗に言うトラウマのことだ。

東大教授で精神科医だった土居《どい》健郎《たけお》も「良心のとがめという通常の罪悪感のほかに、無意識の罪悪感が存する」としている(『精神分析』)。

心理学者で精神科医・精神分析家でもある福島章は、コンピューターにたとえてこう説明する。「簡単にコピーされたり盗まれたりしないように『プロテクトをかける』のと同じようなことが、心のプログラムやデータにもおこっていて、それが精神分析的には〈抑圧〉とか、〈解離〉と説明されている」。そして、精神分析的心理療法の目的が「その不適切なプログラムにかかっているプロテクトをまずはずし、問題のプログラムやデータを白日のもとに晒《さら》す(リストする)ことに他ならない」とする(『精神分析で何がわかるか　無意識の世界を探る』)。

抑圧や無意識の問題についても第Ⅵ章で述べる。

5　スケープゴート

ヒトラー時代のドイツでユダヤ人が史上最大のスケープゴートとされたことはよく知られる。スケープゴートは心理学のひとつの用語で、特に精神分析や社会心理学において使われる。

東京の国立国会図書館の蔵書データベースを検索すると、「スケープゴート」をタイトルに掲げた書籍は11冊あるが、精神分析や社会心理学の立場から書かれたものはほとんどない。東京の大型書店の心理学コーナーをみても、スケープゴートを正面から論じた書籍はみあたらない。

春日武彦にその理由をたずねると、こう述べた。

「スケープゴートについては、あまりにもよくある振る舞いなので、たしかに、わざわざ正面から研究した人はいないかもしれません」。そして、こう解説をしてくれた。

「人の心理で言えば解離状態で、〈善いほうのわたし〉と〈悪いほうのわたし〉をはっきり分けてしまう。完全に自分の記憶を消してしまって。……人間というのはそういう思い切ったことをけっこうするものです。まずいことは平然と他人のことのように切り分ける。

スケープゴートにはふたつの意味があります。ひとつは一種の陽動作戦です。これによって本当にまずいことから目をそらせられる。

そしてもうひとつは、〈絆〉ですかね。わかりやすい〈非難・攻撃の的〉、つまり共通の敵を作れば話は単純明快となる。手に手をとってみんなで敵と戦うという図式によって、連帯感が生まれる。満足感も生まれる。だから人びとをうまく扇動するには、スケープゴートが欠かせないという理屈になりますね」

筆者は、こうたたみかけた。

「あえて説明すれば、朝日は、日本と日本人をスケープゴートにして、自分たちが良識派であることを顕示しようとしたのではないか、とわたしは思います。戦前のヒトラーがユダヤ人をスケープゴートにして国民をまとめようとし、戦後のドイツがヒトラーとナチスをスケープゴートにして過去との折り合いをつけようとしたのとおなじような心理作用で。ただ、戦後の日本では、強いて言えばかつての軍部や軍国主義者がスケープゴートとなりました。しかし、マスメディア関係者をふくむ日本人のほとんどが軍国主義に染まっていたわけで、本来なら軍国主義者を批判する資格はありません。そのために、ドイツとはちょっとちがった意味で心理的葛藤があるのだと思います」

すると春日は、「たしかに折り合いをつけるという面はあるでしょうね。でも、日本そのものをスケープゴートにするというのは、もはやシュールの領域だなあ」とつぶやいた。

後述するように、朝日が日本そのものをスケープゴートにした信じられない事件は、実際にあった。

米カリフォルニア州弁護士でタレントのケント・ギルバートは、日本のメディア界と教育界について「なぜそこまで日本を貶めることに喜びを感じるのかはまったく理解出来ません」と述べている（『ついに「愛国心」のタブーから解き放たれる日本人』）。それも、日本人一般をスケープゴートとし自分たちは良識派、〈善い日本人〉だと考えたいのが動機だとすれば、理解できる。

インターネットの世界では「メシウマ」という言葉があるそうだ。「他人の不幸で今日も飯がうまい」という意味だという。まさに、「慰安婦」で大虚報キャンペーンを張った朝日は、旧日本軍と日本そのものを悪者としてうまい飯を味わったのではないか。

日本では、いわゆるヘイトスピーチが社会問題化している。在日コリアンなど特定の人びとをスケープゴートとし憎悪や差別の対象とする。朝日は、その批判報道に熱心だが、朝日こそ、これ以上はないスケープゴートを作り出してきたのではなかったか。

6　サンゴ事件と同根

1989年、沖縄県西表島《いりおもてじま》で、朝日新聞東京本社写真部員が、珊瑚《さんご》に「K・Y」と傷をつけ、その写真をもとに記事を捏造《ねつぞう》した事件があった。6段抜きの大きなカラー写真が掲載され、以下のような文章がつけられていた。この記事を書いたのは、企画報道室記者の降幡賢一だった（朝日新聞1989年10月9日「サンゴ損傷事件の調査報告」）。

「サンゴ汚したＫ・Ｙってだれだ」
これは一体なんのつもりだろう。……「Ｋ・Ｙ」のイニシアルを見つけたとき、しばし言葉を失った。……日本人は、落書きにかけては今や世界に冠たる民族かもしれない。だけどこれは、将来の人たちが見たら、八〇年代日本人の記念碑になるに違いない。百年単位で育ってきたものを、瞬時に傷つけて恥じない、精神の貧しさの、すさんだ心の……。にしても一体「Ｋ・Ｙ」ってだれだ。

この傷を地元ダイビング組合が疑問視して朝日に抗議し、自作自演と発覚した。写真部員は懲戒解雇処分によって退社し、社長・一柳東一郎も引責辞任した。

毎日ＯＢの池田龍夫は、この朝日「サンゴ」事件のほか、毎日の「グリコ事件、犯人取り調べ」誤報事件、読売の「宮崎のアジト発見」誤報事件を〝平成の三大誤報〟として詳しく解説している（『新聞の虚報・誤報　その構造的問題点に迫る』）。

毎日は、あいまいな情報をもとに〝飛ばし記事〟を載せ、一夜にして誤報を認める失態を演じた。読売も、記事内容を一夜にして捜査本部に全面否定された。毎日のは、激しい特ダネ競争のなかでの勇み足だった。読売のも、取材競争における記者のあせりが原因だった。どちらも、あってはならない虚報ではあるが、一線記者が陥りやすいものだったのもたしかだ。

この2件に対し、サンゴ事件は本質を異にする。池田龍夫は「取材不足や思い違いによる誤報より遥かに悪質な虚報であり、読者を欺《あざむ》く反倫理的報道である」とする。

池田はさらに、「保護すべきサンゴを傷つけて、自然保護を訴えるとは、〝マッチ・ポンプ〟式の、許すことのできない犯罪行為と言わざるを得ない」と糾弾している。このマッチ・ポンプこそ、朝日の一連の慰安婦虚報とその検証特集記事にみられるものでもある。

サンゴの記事について、元東大史料編纂所教授で日本ナショナリズム研究所所長の酒井信彦は、捏造記事を生み出す朝日の体質を次のように非難している。

「この文章の最大のポイントは、サンゴ損傷を特定の不心得ものの所業ではなく、日本人全体の問題にしていることである。それによって日本全体を悪者として貶め、反対にみずからを良心的な糾弾者として、正義の立場に祭り上げることができるのである」（月刊日本2009年6月号）。「ではこのように日本人の犯罪と決めつけるのは、筆者の降旗記者の個性によるものであろうか。そうではない。それはまさに朝日的思考とでも呼ぶべきものだからである」（『虐日偽善に狂う朝日新聞』）。

ここで指摘されているのは、日本と日本人をスケープゴートとし、自らを〈善い日本人〉として正義の立場に立とうとする、朝日の心理メカニズムだ。そして、それは記者個人ではなく朝日的思考からだとする。サンゴ事件前後から朝日の体質とイデオロギー＝朝日イズムは改善することなく、自己愛性パーソナリティー障害的な傾向はむしろ強くなっているのだろう。

7　戦争報道の検証

元朝日新聞論説主幹・松山幸雄は、戦後50年にあたる1995年、ある国際フォーラムの基調講演で次のように認めた。

「日本では、アメリカ占領軍は皇室や官僚制度と同様、新聞社も、日本の民主化に利用しようとの方針で存続を認めた。新聞社の幹部はホッとしたが、『新聞の戦争責任』はあいまいにされたまま終わった、という古傷がいつまでも残った」(朝日新聞1995年4月16日朝刊)

メディアが、自らの戦争責任を検証し過去を清算することなく、軍部など他者の戦争責任を一方的に糾弾するという欺瞞が、戦後ずっとつづいてきた。

では、新聞と戦争責任の問題は、朝日の紙面でどうあつかわれたのだろうか。『戦後五〇年メディアの検証』(朝日新聞取材班)によると、朝日は、1945(昭和20)年8月23日、「自らを罪するの弁」という社説を掲載した。「日本の新聞が自らの戦争責任にふれた初めての記事とされる」。ここでは「言論機関の責任は極めて重いものがある。吾人は決して過去における自らの落度を曖昧にし終わろうとは思っていないのである」と書いている。

そして、11月7日、朝日の一面に「国民と共に立たん」という宣言が載った。社長以下幹部が総辞職したのは「開戦より戦時中を通じ、幾多の制約があったとはいへ、真実の報道、厳正なる批判の重責を十分に果たし得ず、またこの制約打破に微力、つひに敗戦にいたり、国民をして事態の進展に無知なるまま今日の窮地に陥らしめた罪を天下に謝せんがためである」とし、「あくまで国民の機関たることをここに宣言するものである」と結んだ。

朝日は、このように、敗戦まもなく変わり身を見せた。だが、社長の村山長挙《ながたか》は新聞の戦争責任についての自覚がなく、社員からきびしく追及されてしかたなく辞任したという（『太平洋戦争と新聞』）。なお、『戦後五〇年　メディアの検証』は、村山の挙動についてはふれていない。

前坂俊之はこう批判する。

「ただ、こうした経営陣の交代と一片の宣言によって、きびしい言論統制があったにしても、真実を報道できず、何も知らない国民を死に追いやった戦争責任と言論責任が免責されるだろうか。戦前は軍と一体化して国民を戦争にしむける言論報国、鬼畜米英の旗を振り、戦後は一転して米国民主主義バンザイと一八〇度転換したのである」

朝日ＯＢの長谷川熙もこの宣言についてこう指摘する。

「再出発に当たる覚悟として、事実を究明し、事実に徹するという報道の根本のところが正面から明文として一行も記述されていない」（『崩壊　朝日新聞』）

朝日にかぎったことではないが、各メディアは社の首脳陣を切り、組織防衛に走った。それをはっきりした形で宣言し体面を取り繕ったのが朝日であり、それ以上の意味はないだろう。

朝日が、新聞の戦争責任をめぐる敗戦直後のいきさつを本紙でふり返ったのは、戦後50年の1

995年7月15日だった。さらに、戦争報道の詳しい検証は、戦後61年にあたる2006年になってからだった。大型企画「歴史と向き合う」の［第2部　戦争責任］を見開き2ページで特集した。こう書き出されている。

「先の戦争と、それに至る過程で、朝日新聞をはじめ報道機関は、真実を伝える使命を果たさなかった。軍部の圧力に屈し、大本営発表を拡声機のように伝え、国民を戦場に駆り立てた。どこで間違えたのか。朝日新聞の過ちは、みずから何度でも検証し直さなければならない重い課題だ」（朝日新聞2006年7月14日朝刊）

ここでも、「軍部の圧力」が強調されている。だが、言論統制の一元化を目的とする内閣情報部（局）が設置され軍・政府の圧力が強くなったのは、1937（昭和12）年だった。メディアはそれより6年前に勃発した満州事変前後から、むしろ自発的に国民の戦意を煽っていた。ここにも、歴史の改竄《かいざん》がある。

朝日記者だった武野《むの》武治《たけじ》（1915〜2016年）は、満州事変をきっかけに新聞記者を志したが、終戦の日、自分が書いてきた戦争報道の責任を感じて辞表を出した。他につづいた者はいなかった。

ノンフィクション作家・評論家の保阪正康は、武野の行動についてこう述べている。

「ジャーナリズム史では何かにつけて『報道の良心だ、立派だ』と言いますけれど、そんなに皮相的に見ていいのか、と僕は思います」（『そして、メディアは日本を戦争に導いた』）

元東大史料編纂所教授の酒井信彦は、こう総括している。

「要するに朝日新聞による、戦争時代の報道に対する自己批判・自己反省とは、他人を批判・攻撃するための、準備作業・予備作業に過ぎないのである」（『虐日偽善に狂う朝日新聞』）。朝日にはそういうねらいがあるのだろうが、他人の批判・攻撃はそれよりずっと前からおこなっており、後付けの作業だった。

読売新聞は、２００５〜06年、「検証・戦争責任」を掲載し、新聞が戦争推進の一翼を担ったことを検証した。

ＮＨＫが「メディアの戦争報道・戦争責任」についてＮＨＫスペシャルで正面から取り組み報道したのは、朝日や読売より5年遅れの２０１１年だった。その記録本『日本人はなぜ戦争へと向かったのか　メディアと民衆・指導者編』では、「これまで、いわゆるメディアに対する印象は、軍当局による言論への弾圧や統制によって自由を奪われた被害者という側面だけで語られることが多かった」とする。

「記者たちは決定的な事実を知らされる。南満州鉄道の爆破は、関東軍が仕掛けた謀略だというのだ。……いずれのメディアも、太平洋戦争が終結するまでこの事実を報道しなかった。その結果、満州事変は日本の正当防衛だと国民に信じ込ませることになった。日中戦争、太平洋戦争への道を進む発端に、新聞各社の軍への迎合があった」

ＮＨＫスペシャルでは、朝日、毎日、読売各紙のほか、とうぜんＮＨＫのラジオ報道にもふれた。NHKは、当時、政府の監督統制下にあり、ナチスの手法を使って聴取者を煽ったとされる。「一つのメディアが強硬論を唱えると、ほかのメディアも一斉に同じことをいい募る。そして、多くの国民がそれを見て、一斉に同調する」

記録本では、メディア史研究者・有山輝雄のコメントも紹介している。「メディアは自分たちが世論を作っていって、しかも自分たちの作った世論に自分たち自身も巻き込まれてしまった」

毎日新聞が、「新聞は『戦争』をどう報じたか（その1） 戦意あおり暴走加担」を掲載したのは、2015年8月15日だった。

朝日の戦争報道検証は、わずか2ページだった。旧日本軍や軍指導部、天皇、慰安婦制度などの戦争責任について膨大な記事を書いて糾弾してきた姿勢からみて、あまりにも少ない。検証記事の末尾でこう書いている。「近隣国などへの憎悪や敵意をあおることが、いかに平和にとって危険なことか。……新聞の戦争への責任は、過去の話ではない。自戒したい」。この言葉は、朝日の慰安婦虚報が日韓を離間させる大きな原因となった事実を連想させる。まったく、過去の話ではない。

元朝日新聞論説主幹・松山幸雄が語った「『新聞の戦争責任』はあいまいにされたまま終わった、という古傷」が、無意識の領域に抑圧され一連の虚報につながっているとみられる。これについても、第Ⅵ章で解説する。

8　日本人論の裏返し

筆者は、精神科医の春日武彦にこんな質問もしてみた。

「朝日を支持するという読者のなかには、日本の戦争責任を追及してくれるから好きなんだ、という人もたくさんいるでしょう。でもこれまで、その内容がまちがっていても、あえて世間はそれを問わなかった。戦後、日本を悪く言う人は立派である、という意識が日本人のなかにあったのではないでしょうか？　つまり、日本の戦前は悪かったし、自分はそういう〈悪い日本人〉ではないと」

春日はこう答えた。

「それは（否定的な）日本人論が大好きというのと同じですね。その裏返しでしょう。日本人のここがだめ、的なのが好きなんだなぁ。そういった指摘へ、日ごろの世間への不満や鬱積《うっせき》を託して賛同する。そして、謙虚に耳を傾ける俺だけど、って溜飲《りゅういん》を下げてね」

〈善い日本人〉

筆者が言う〈善い日本人〉とは、日本語でふつうに使う「善い人」「良い人」という意味とは若干ちがう。ドイツ・ニュルンベルク市博物館局長を務める歴史家フランツ・ゾネンベルガーは、筆者にこう語った。

「戦後のドイツでは、人びとの心理でもメディアでも、〈善いドイツ人〉とヒトラーやナチスといった〈悪いドイツ人〉の2種類がいたことになっている」

これは、ドイツ人の無意識領域の話だ。非ナチ党員の一般国民や非ナチ組織の国防軍の将兵は〈善いドイツ人〉のほうに入っていた。歴史研究によれば、国防軍はヒトラーが命じた侵略戦争の主力であり、一部はホロコーストにも加担していたが。

ドイツの例にならって〈善い日本人〉という呼び方を使うことにした。自らを「善人」「良識派」と思いたがるが、じつは偽善者かもしれないという自覚がほとんどない人たちのことだ。

朝日は、自分たちを〈善い日本人〉とし、それ以外の人たちを〈悪い日本人〉と勝手に決めスケープゴートとした。勧善懲悪メンタリティーからだった。もちろん、すべての日本人がそのふたつに大別されるわけではなく、どちらでもないひともたくさんいる。

だが、朝日的な言説と思考つまり朝日イズムに寄り添ったメディアや知識人なども少なくはなく、〈善い日本人〉のカテゴリーに入ろうとした。その陰には、第Ⅱ章以降で詳述するように、GHQマインド・コントロールによって刷り込まれた戦争への罪責感があった。

なぜ、メディア多数派は、むしろ進んで朝日虚報の後追い報道をしてきたのか。なぜ、国民世論にも、朝日の虚報を容認し支持するような声が根強かったのか、という戦後の社会現象への心理学的な答えはここにある。人びとは〈善い日本人〉になりたかったのだ。

9　さまよう知識人

軍国主義者から、戦後のある日突然、平和主義者へ転向したのは朝日にかぎらない。実は、そうした知識人、つまり〈善い日本人〉は無数にいた。

そのひとりが、『論文の書き方』（岩波新書）で知られる社会学者・評論家の清水幾太郎《いくたろう》だった。戦時中は読売新聞の論説委員として戦争を賛美していたが、戦後の1949（昭和24）年、左派に転向して平和問題談話会を設立し、反米・平和運動において大きな役割を果たした。日教組主催の講習会に出かけ、平和教育の重要性について啓蒙活動をおこなったりした。

清水は、しかし、反・安保デモが不発に終わった1960年代以降はふたたび右派に転向し、1980年、『日本よ国家たれ――核の選択』を書き、日本の核武装や国防費の大幅増額を提起した。

婦人運動家として著名だった市川房枝も、戦時中、大日本言論報国会理事に就任して戦争協力に邁進《まいしん》した。また、関東軍作戦参謀の石原莞爾《かんじ》が主宰した東亜連盟にも加わっていた（辻貴之『民主党はなぜ、日本を壊したのか』）。このため、戦後の一時期は公職追放されていた。市川は、戦後、参議院議員になり通算5期25年務めた。公娼制度復活反対や売春禁止、再軍備反対などの平和運動にも取り組んだ。

原爆碑文

1952（昭和27）年に建てられた、広島・平和記念公園の原爆慰霊碑に刻む碑文「**安らかに眠って下さい　過ちは繰返しませぬから**」を選び、自ら揮毫《きごう》した広島大学教授・雑賀《さいか》忠義《ただよし》もおなじだった。雑賀が、戦時中、どんな人物だったかを物語る文章が、作家・山田風太郎の著書『同日同刻　太平洋戦争開戦の一日と終戦の十五日』にある。この作品は、日米開戦時と終戦時を記述した文献を抜粋して編んだ証言記録だ。電子書籍で読んでみると、日本海軍の真珠湾奇襲攻撃で対米開戦となった1941（昭和16）年12月8日について、こう記されていた。


〈当時旧制広島高校の一年生であった林勉は書いている。

「その朝の授業は、鬼のあだ名で文科生にもっとも畏怖された雑賀教授の英語だった。廊下のマイクが臨時ニュースを伝えると、教授は廊下に飛び出して、**頓狂な**声で〝万歳〞を叫んだ」

　この雑賀教授こそ、戦後広島の原爆慰霊碑の「安らかに眠って下さい。過ちは繰返しませぬから」の文句を書いた人であった。そして、その**頓狂な**声に廊下に飛び出した学生の中には、四年後学徒兵として原爆で死んだ学生たちもいた〉

「頓狂な」のところ2か所に、山田風太郎は傍点をふって強調している。

戦後日本の平和主義、平和運動がいかがわしいのは、こういう人物らによって主導されてきたからだった。自分の過去を忘れたかのように、180度転向し、いつのまにか〈善い日本人〉になった人びとだ。わが国で平和主義とされるもののほとんどはエセ平和主義にすぎない。

10　慰安婦虚報にからんだ者たち

一般の〈善い日本人〉は、仮に偽善者だとしても他人に害を与えることは多くない。しかし、それが昂《こう》じ病的な反日行為に走った者たちとなると話がちがう。

戸塚悦朗＝「性奴隷」という言葉を発明

朝日が慰安婦キャンペーンを本格化させたあとの1992年2月、国連人権委員会に慰安婦問題を持ち込んだのが弁護士・戸塚悦朗だった。戸塚は慰安婦を「性奴隷（sex slave）」と呼ぶよう発案した人物だ。

著書では、活動の動機として、1991年暮れ、韓国の元慰安婦らが日本政府を相手取って訴訟を起こし、さらに翌年初め、吉見義明によって「日本軍関与を証明する」資料が公表されたのを受け、「この問題も国連に報告するべき時期だと判断した」としている。この公表というのは朝日の慰安婦大キャンペーンを指しており、それに刺激されたわけだ（『普及版　日本が知らない戦争責任　日本軍「慰安婦」問題の真の解決へ向けて』）。

戸塚は、こんなことも書いている。「A新聞のM記者から、『こんな終わった話を国連に持ち出すなんて、それでもあなたは法律家なんですか』となじられた記憶が今でも消えない。Y新聞O記者からは『あなたは、新聞に名前を載せて有名になりたいから、この問題を国連に持ち出したのだろう。そんな人についていくことはできない』と『取材拒否』された」

これは、朝日の百瀬和元と筆者の友人である読売の大塚隆一のことだと思われる。朝日でも、特派員には日本の政治と距離をおいた記者が多い。百瀬は、戸塚に対しジャーナリストとしてまっとうな姿勢を示した。

高木健一＝インドネシアを訪問

韓国の元慰安婦らによる訴訟の主任弁護人が、高木健一だった。1993年4月、高木ら3人による日弁連の調査団はインドネシアを訪問した。

〈反日日本人〉

拓殖大学客員教授の藤岡信勝は、戸塚悦朗とやはり自称・人権派弁護士である高木健一の名をあげ、こう指摘した。「慰安婦問題の捏造には、新旧左翼勢力に属する多くの日本人がかかわっており、それは彼等の『集団労作』とでも言えるものなのだが、そのなかでこの二人の働きはとりわけ顕著であった」

「戸塚は、……世界のＮＧＯとネットワークをつくって、『慰安婦』を『性奴隷』にでっち上げることに成功した。それも、ほとんど一人の力によってである。その有能さは、日本を性犯罪国家に仕立て上げるために十分に発揮され、本人も驚くほどの速さで広がりをもたらした」

高木については「慰安婦問題を使った反日運動で独創的な点は、相手国の『被害者』を探し出し、原告に仕立て上げて日本国家に対して訴訟を起こさせる、という運動モデルを開発したことである。……被害者がいて、それを支える運動がおこるのではなく、反日運動のため被害者を見つけ出して利用するというところに、この運動モデルの特異性があるのである」（WiLL ２０１３年9月号）。

右派の論客らは、戸塚や高木らを〈反日日本人〉と呼ぶ。彼らの言動は、まさにそう呼ぶしかないかもしれない。

福島瑞穂＝元慰安婦の演技指導

高木健一とともに韓国で日本政府を相手にした賠償訴訟の原告となる元慰安婦を募集したのが、弁護士の福島瑞穂だった。週刊新潮２０１４年7月3日号には、１９９２年8月にソウルで開かれた「アジア連帯会議」に出席したフリージャーナリスト舘雅子の証言が載っている。

「仕切っていたのが福島さんと元朝日新聞編集委員の松井やよりさん（故人）でした。……お揃いの白いチマチョゴリを着た女性が4、5人いて、日本人と韓国人スタッフが〝ああ言いなさい！〟〝こう言いなさい〟と一生懸命、振り付けをしているのです。本番の会議でも彼女たちが登壇し、言われた通りに悲劇的な体験と、日本政府に対する怒りを切々と述べているではないですか。

ところが、台湾人の元慰安婦の番になると〝日本の兵隊さんは私たちに優しくしてくれました〟などと言い出し、ステージの下に控えていた福島や松井がおおあわてでした。〝それ止めて！止めて！〟と遮り、それでも止めないとマイクや照明を切ったりして発言を封じ込むのです」

会議は日本政府に強制連行の認定と謝罪と補償を求める決議を採択して終わった。河野洋平が官房長官に就任したのがこの年の12月で、翌年7月から、日本政府による元慰安婦の聞き取り調査がおこなわれる。そこに同席したのも福島だった。聞き取りの現場では、もの凄い罵声や怒号が日本のスタッフに浴びせられた。ヒアリングはそういうなかでおこなうしかなかったという。

この週刊新潮に先立ち、産経新聞は2014年5月25日朝刊で、舘雅子のほぼおなじ主旨の証言を伝えている。

河野談話

1993年8月4日、官房長官・河野洋平は談話を発表し、その後の記者会見で、強制連行があったことを事実上認めた。これによって、世界に誤った日本のイメージが広がった。

舘雅子は「福島・松井チームは官邸に働きかけて主要部分を談話に入れることに成功していたんだ、と改めて感心したものです」と語っている（週刊新潮同号）。

河野談話で実績をあげた福島は、知名度を買われ、１９９８年の参院選で国政に進出し、瞬く間に社会民主党党首にまで上り詰めた。

日本糾弾の情報サイクル装置

慰安婦の問題は、国連レベルでも取り上げられるようになる。それにしても、なぜ、国連の場でなのか。筆者は知らなかったが、わが国の右派が強く批判するクマラスワミ報告書などが提出された国連人権委員会は、国連の準組織、補助機関にすぎない国連人権理事会の下にあり、国連そのものではない。

部落解放同盟の国連ＮＧＯ登録団体「反差別国際運動」を各日本ＮＧＯの仕切り役として、日弁連やピースボートなど左派系団体が、その委員会に働きかけ、日本政府への勧告を出させる。彼らが委員会に提出するレポート内容の根拠《ソース》は朝日が（吉田清治などについて）書いた記事であり、勧告が出ると、それを朝日などが「国連委が日本に勧告」と大々的に報道する。

つまり、朝日などが左派団体のソースとなる記事を書き、左派系団体がそれをレポートに書いて国連委の場に持ちこんで勧告を出してもらい、それを朝日などが報道するという〝循環装置〟

ができているのだそうだ（WiLL 2014年10月号）。

震源は、いつも朝日だった。

拡散プロセス

慰安婦問題は、藤岡信勝らが指摘するように、一部の日本人活動家と朝日が火を点け、さらに朝日が大々的に報道し、韓国をはじめ国際社会に広がり定着してしまった。だが、朝日は、検証特集などで、元凶の吉田証言を最長32年間も取り消さなかったことにより日本の最悪のイメージが国際社会に拡散したプロセスにはいっさいふれなかった。

朝日新聞や〈反日日本人〉らは、勧善懲悪としておこなっていると確信しているのだろう。傍《はた》からみれば独善的で、春日武彦の言う「グロテスク」以外の何ものでもないが。

慰安婦問題炎上に情熱を注いだとされる3弁護士、戸塚悦朗、高木健一、福島瑞穂について、筆者は春日武彦に聞いてみた。

「自称・人権派弁護士や朝日には、先生が著書で自己愛の悪い面としてあげておられる〈思い上がり〉〈独りよがり〉が見られますが？」

この質問に対し、春日はこう説明した。

「そのことによって他人を傷つけたり貶めたりしても、それは自分には全然関係ねぇよ、俺さえOKならいい、というのが基本ですから。むしろ他人を貶めることによってやっと自分が相対的に上がるという意識ではないのか。幼児的な万能感がある。他人の気持ちを酌むという感情に欠けていますね」

自称・人権派弁護士たちも、自己愛性パーソナリティー障害的な傾向をみせる朝日と共通する何かがあるのだろう。

11　自己愛のパラドックス

春日武彦は、著書のなかで、自己愛性パーソナリティー障害の特徴として「パラドクシカルな言動」の例もあげている。

朝日のパラドクシカルな言動は、筆者が思いつくだけでもいくつかある。

国際社会では、軍事力によって平和が保たれたり平和がもたらされたりするケースがたくさんある。朝日は憲法擁護を声高に叫びながら、現実には一国平和主義であり、前文にある「いずれの国家も、自国のことのみに専念して他国を無視してはならない」という精神を、見事に無視している。これは「護憲論のパラドックス」と呼ばれる。

〈表現の自由〉を定めた憲法21条の重要性をことあるごとに強調しながら、〈自由の濫用〉を戒める12条に反する捏造をふくむ虚報を平然とおこなってきた。

長いあいだ日の丸・君が代反対を唱えてきたが、朝日と高野連の主催である夏の甲子園大会では、昔から君が代斉唱・日の丸掲揚が恒例のセレモニーとなっている。

旧日本軍を批判する一方、甲子園の入場行進で選手に背筋を伸ばして手を大きく振らせるのは、旧陸軍の精神主義的歩行そのものだ。旧日本軍の連帯責任や丸坊主を、高校球児には事実上、強要している。丸坊主は、1942（昭和17）年初夏、大政翼賛会と理容業界が、日本男児の理想的髪型として「国民調髪〝翼賛型〟」を制定し、一般にも広まった（半藤一利『B面昭和史』）。

第Ⅳ章で述べるように、朝日は共産主義、社会主義に傾斜していた。それにもかかわらず、資本主義の日本でメディアというよりビジネス優先の企業活動に励み、特に近年は「不動産が本業」とみられている。社員も高給を食《は》む一方で、『天声人語』などでは庶民派を装ってきた。

中国など社会主義国家は言論の自由を抑圧することによって体制を維持するが、朝日はことあるごとに報道の自由を唱えてきた。同様に、全体主義の左翼思想に傾斜しながら、戦後民主主義の主導者でもあった。

12　文学としての虚報

春日へのインタヴューでもっとも印象にのこったのは、こんな慧眼《けいがん》の言葉だった。

「従軍慰安婦報道にかんして言えば、報道は正確を期さなくてはいけないはずなんだが、朝日の報道は『文学になっている』と思います。彼らとしては、『細かく言えばちがうのかもしれないが、俺たちはこれに託して軍国主義の横暴とかその辺のことを語りたかったんだ。インパクトのあるものが必要だった。記事としてはまちがいがあっても文学的には正しい』と。だから俺たちはまちがっていない、とたぶん思っているはずです」

春日の言葉の正しさは、それから2年後、本章［3「現在進行中」の慰安婦虚報］で述べたように証明された。

第Ⅱ章　GHQによるマインド・コントロール

1 敗戦直後の心理状態

1945（昭和20）年8月、日本は大戦で負けた。そのころ、国民はどう思っていたのだろうか。終戦直後にアメリカ合衆国戦略爆撃調査団が実施した世論調査のデータがある。設問は「日本が降伏したと聞いた時、どのように感じたか？」というものだ。

「残念・悲歎・失望」30％
「驚き・衝撃・当惑」23％
「安堵感・幸福感」22％
「占領下の危惧・心配」13％
「幻滅・苦さ・空虚感など」13％
「恥ずかしさとそれに続く安心感など」10％
「予期していた、など」4％
「天皇陛下に申し訳ない、など」4％
「回答なし、ほか」6％

すべてを足すと125％となり回答方式に不明な点もあるが、当時の大まかな心情は酌み取れる。安堵感、安心感などを抱いた人びともいたが、多いのは「残念・悲歎・失望」と「驚き・衝撃・当惑」だった。

戦争がやっと終わり本音としてはほっとした。これで戦地に行っている父や夫も帰ってくるだろうし、もう日本に爆撃機B29が飛んでくることもない。

半面、「鬼畜米英」を相手に「一億玉砕」するとまで意気込んでいた人は、突然、目標を失い茫然《ぼうぜん》自失の状態になった様子もデータからうかがえる。日本の都市は空襲で焼け野原となり、広島と長崎には原爆が投下された。人びとは食糧難に苦しんでいた。一説に戦死者はのべ270万人、家を失った人900万人、外地からの引き揚げ者は600万人だったとされる。物価は戦前の100倍を超えるハイパーインフレに陥っていた。そして人びとは、なぜ負けたのか、情報を知りたがっていた。

2　左と右からの心理分析

心理学によると、マインド・コントロールは、平常な落ち着いた心身の状態ではなく動揺しているときにこそ受けやすい。まさに、敗戦直後の日本はマインド・コントロールされる条件がそろっていた。

ジャーナリズムなどでは洗脳とマインド・コントロールが混同されがちだが、研究者はこのふたつを区別することがある。洗脳が薬物や暴力を使うなど強制的な面があるのに対し、マインド・コントロールは、その対象となった者たちが意識しないよう、洗練された技術でおこなわれる心理操作だとされる。

ドイツの「心の戦後処理・過去の清算」をテーマに現地で長期の出張取材をしているとき、2年ぶりに再会したハンブルク社会研究所の歴史家ベルント・グライナーが口にしていた言葉がずっと心にのこっていた。心理学や精神分析で歴史をあつかう、というものだ。彼はこんな説明をしていた。

「ドイツ人たちがそれぞれの人生のために、戦争犯罪の過去を記憶から切り捨て、ナチス親衛隊（SS）などといったスケープゴートを選び出したんです」

そういう心理メカニズムの定着は、歴史学などからのアプローチでは解明できないからだ。グライナーは左派の歴史家であり、スケープゴート問題などドイツにおける心理学などによる歴史研究は主に「左」からのものだった。

海軍出身の歴史家ディーター・ハルトヴィヒも「（大戦で）実際に起きたことを知るためには、みんな精神分析を受けなければなりません」と語っていた。彼は右寄りの歴史家だったが、実際に精神分析をしたわけではないようだった。

そして、日本の戦後問題に心理学や精神分析からどうアプローチするか調べているうちに、筆者はマインド・コントロールという言葉に行き当たった。心理操作された主な対象は左派勢力であり、どうやら、日本ではドイツとは逆に、少し「右」からの分析が必要なようだった。

マインド・コントロールについて、日本人はしょせん他人事《ひとごと》のように考えていたのではないか。だが、自分自身も大なり小なりマインド・コントロールされているかもしれないと認識すれば、これまで生きてきた人生の意味が一変することもありうる。

戦後日本のマインド・コントロールの流れは大きく分けてふたつあった。GHQによるものと、マインド・コントロールされたある日本人がさらに別の日本人をマインド・コントロールしたケースだ。便宜上、それぞれa系統、b系統とする。

マインド・コントロールの実態をできるだけ具体的に認識することは、脱マインド・コントロールの必須条件だ。

3　主なマインド・コントロール　a0〜a7

日本の敗戦後、占領軍として乗り込んできたのが、GHQ（連合国軍最高司令官総司令部）だった。連合国軍とはいえ、その職員の多くはアメリカ合衆国の軍人と民間人が占め、少数のイギリス軍人やオーストラリア軍人などで構成されていた。「進駐軍」と呼ばれることもあった。アメリカ陸軍の太平洋陸軍司令官・元帥ダグラス・マッカーサーが、GHQの最高司令官に就任した。

日本が敗戦すると、GHQは日本の占領統治計画を実行に移す具体的準備をはじめ、非武装化、非軍国主義化しようとした。日本人はまったく気づいていなかったが、それは、日本と日本人全体をマインド・コントロールしようとする試みでもあった。

政治宣伝の書『プロパガンダ』

アメリカは、戦時中から、日本人の国民性や社会についてさまざまな角度から分析し、降伏させたあとの占領政策をスムーズにおこなう方法を研究していた。

ルース・ベネディクトは、1944年、アメリカの戦時情報局（OWI）外国戦意分析課の主任アナリストとなり、日本人の国民性を研究した。その成果を書籍化したのが、1948（昭和23）年に日本で出版された有名な日本・日本人論『菊と刀』だ。これについて、宗教学者の山折哲雄は、「OWIのためにおこなった政策研究」であり「粉飾の背後に隠された本来の意図」に注目する必要がある、と警告している。

GHQは、マインド・コントロールという言葉は使っていなかったようだ。言葉そのものがまだ生まれていなかったかもしれない。しかし、日本人の心を意図的に操作しようとしたのは明らかだった。

すでに1928年、アメリカ人の著名な広報マンだったエドワード・バーネイズは、『プロパガンダ』（中田安彦訳・解説）という本を刊行し、それは現代でも世界で広報・宣伝のバイブルとなっている。プロパガンダという言葉は、もともと宗教用語であり、バーネイズはPR（パブリック・リレーションズ）の意味をふくめて使っている。だが、ヒトラー政権の宣伝大臣ゲッベルスがこの本を下敷きに大衆向け宣伝技法を考案して以来、「大衆洗脳」のためにおこなう政治宣伝のことを意味すると受けとめられるようになった。本書でも、プロパガンダをこのネガティブな意味で使うことにする。

バーネイズの著書の［第1章　大衆をコントロールする］は、こう書き出されている。

「世の中の一般大衆《マス》が、どのような習慣を持ち、どのような意見を持つべきかといった事柄を、相手にそれと意識されずに知性的にコントロールすること――は、民主主義を前提にする社会において非常に重要である。この仕組みを大衆の目に見えない形でコントロールすることができる人々こそが、現代のアメリカで『目に見えない統治機構』を構成し、アメリカの真の支配者として君臨している」

ここにある「目に見えない統治機構」をGHQと書き換えれば、まさに、彼らが日本政府を前面に立てて陰で操った間接統治の手法そのものとなる。GHQは、当初、直接統治するつもりだったが、日本側の粘り強い交渉で、軍国主義の抹殺、戦犯の処罰などの条件と引き替えに妥協した。結果的には、間接統治のほうがＧＨＱに有利に働いたとも言えるが、水面下での検閲など巧妙に直接統治をした部分もあった。

バーネイズは、精神分析の手法を開発したユダヤ系オーストリア人の心理学者フロイト（１８５６～１９３９年）の甥であり、フロイトの著作を英訳したりその学説の普及に努めたりするなど、アメリカにおけるフロイトのスポークスパーソン的人物でもあった。『プロパガンダ』でも、大衆心理学などについてくり返し言及している。たとえば、こうだ。

「私たちが、自由意思で行っていると考えている日常生活における選択は、強大な力を振るう実力者によって支配されている」「ある特定の事例において、ある特定のやり方でコントロールを行えば、かなりの正確さで大衆の考えに変化をもたらすことができることがわかってきた」

バーネイズについては、こんな批判的な見方もある。

「バーネイズは、心理学と他の社会科学を利用した世論形成の手法を開発して、**大衆が自分の自発的な意見であると思い込むように世論を操った**。『集団心理のメカニズムや動機を解明できれば、彼らに気づかれずに意のままに大衆をコントロールし、組織化できる』とバーネイズは主張した」（ジョン・コールマン『タヴィストック洗脳研究所』）

秘密、悩み、過去

精神科医の岡田尊司《たかし》は、いわゆる霊感商法の手法を引き合いに出し、こう述べている。

「あれほどまでに多くの人をコロリと騙《だま》し、高額のお金を支払わせる心理状態に誘導することができたという事実から、いくつかのマインド・コントロールの原理を見出すことができる。そのうちの重要な一つは、秘密や悩み、過去を知られることが、マインド・コントロールにつながるということだ」（『マインド・コントロール』）

日本はアメリカによって、政治はもちろん社会構造も文化も丸裸にされていた。つまり、秘密や悩み、過去を徹底分析されていた。ただ、アメリカ側には日本についてよく理解していないこともあったが、少なくともアメリカ人は日本を徹底研究したと信じていた。

ＧＨＱはさまざまな占領政策を、ときには直接的に、ときには日本政府を通じて間接的に実施した。そのなかで、マインド・コントロールに直接かかわるものを以下に時系列で列挙する。

4　マインド・コントロールa0　言論統制&焚書

ＧＨＱは、すでに書いたように、１９４５（昭和20）年9月に占領を開始すると、参謀第２部（Ｇ２）に属する民間検閲局（ＣＣＤ）に、日本国内で発行されたすべての印刷物を検閲させた。ＣＣＤはフィリピンから日本に移動してきたので支局と呼ばれることもある。

検閲の対象は、新聞、雑誌、文学をふくむ書籍、教科書から自費出版物、子どもが書いた学級新聞、個人的な手紙などにまでおよんだ。また、当時、日本で唯一のラジオ放送をおこなっていた日本放送協会（ＮＨＫ）も完全な支配下に置いた。

朝日新聞の丸２日間にわたる発行停止処分の理由のひとつとされたのが、終戦後に日本自由党を結成し総裁となる鳩山一郎の９月15日の談話掲載だった。鳩山は、アメリカの原爆投下について「原爆使用は国際法違反、戦争犯罪である」と批判した。

朝日の処分以後、全メディアは自主規制をするようになった。徹底した検閲による言論統制は、１９４９（昭和24）年11月までの４年以上にわたった。

ＣＣＤは、検閲をした痕跡をわからないようにするため、修正の際には黒く塗りつぶしたり空白にしたりはさせず、印刷物の場合は版を組み直すよう要求した。このため、一般国民は、知らず知らずＧＨＱの都合のいいように知識や思想をコントロールされた（ムック『日本洗脳計画　戦後70年　開封ＧＨＱ』）。

メディア史研究の山本武利は、『ＧＨＱの検閲・諜報・宣伝工作』でこう記す。

「占領当初の強制的な事前検閲制度のもとではゲラ刷の提出が義務付けられ、そこでの削除、公表禁止の処分に従わずに出版に踏み切ったりすると、発行人の逮捕・罰金など厳しい処分が待ち受けていた」

「放送にさいしては、あらかじめ検閲用に提出された放送台本と一字一句の変更も許されなかった。放送だけではない。映画や紙芝居に至るまで、検閲機関の監視はついて回ったのである」

同時にＧＨＱのＣＣＤは、戦前・戦中に日本で刊行された占領・統治に都合の悪い書物を日本人の目から隠すため、廃棄させてパルプにした。その数は７７００点、本の実数にすると数百万冊にのぼるとされる。

この問題を研究してきた評論家の西尾幹二によると、占領軍は「焚書《ふんしょ》」とは呼ばずconfiscationという言葉を使い、日本政府も「没収」と訳していた。西尾は、没収され廃棄された書物の内容を明らかにするため、２００８年以降、『ＧＨＱ焚書図書開封』12巻シリーズを８年かけて徳間書店から刊行した。

ＧＨＱは日本人協力者に手伝わせて焚書指定本のリストを作り、命令を受けた日本政府がそのリストにもとづいて没収作業をおこなった。対象となりながら現代まで残っていた書物を読むと、日本がなぜ戦争をしなければならなかったか、そのときの日本人の心理はどうだったか、アメリカは日本国民に何を隠したかったか、さらに、いかにしてアメリカが日本の伝統と日本人の精神を根こそぎ破壊しようとしたかがわかる（WiLL２０１６年12月号）。

この言論統制と焚書は対として考えるべきものであり、後遺症は21世紀の現在もつづいている。ＧＨＱによる心理操作全般の基礎となったことから、マインド・コントロールa0と呼ぶことにする。

5 マインド・コントロールa1 連載『太平洋戦争史』

日本のあらゆる日刊紙に、1945（昭和20）年12月8日から計10回にわたり、GHQ民間情報教育局（CIE）が作成した『太平洋戦争史―真実なき軍国日本の崩壊』の日本語訳が、その指令によって連載された。日本軍の真珠湾奇襲によって日米が開戦してから満4年にあたる日が、あえて連載開始日に選ばれた。

日本では公式に、あの戦争を、自衛のためのほか、アジアを植民地支配する欧米列強を追い払いアジア諸民族を独立させることを目的とするとし、「大東亜戦争」と呼んできた。このため、「太平洋戦争」という言葉は国民にとって聞き慣れないものだった。各紙によって連載の見出しや記事のあつかいなどは多少ちがうが、記事内容はほぼおなじだった。GHQは、この月の15日、いわゆる「神道指令」を発して、「大東亜戦争」を「太平洋戦争」と呼ぶよう言論統制した。

国立国会図書館に保管されている当時の朝日新聞紙面をみると、第1面をすべてつぶし4面に飛んでここもページをすべてつぶして最大級の連載記事が載っている。大見出しは「太平洋戦争史　真実なき軍国日本の崩壊　連合軍司令部提供」とある。その書き出しを読んで、筆者は思わず「あっ」と言ってしまった（以下、現代表記に換えた）。

朝日新聞　昭和二十年十二月八日（土曜日）

太平洋戰爭史

真實な軍國日本の崩潰

奪ふ「侵略」の基地

國民の對米憎惡を煽る

満洲事變

リットン報告を蹂躙

"愛國者"の跳梁

戰爭へ、平和外交に挑戰

反撃を理由に侵略

1945年12月8日朝日新聞の1面

「日本の軍国主義者が国民に対して犯した罪は枚挙にいとまがないほどであるが、……」

軍国主義者と一般国民を分ける構図が、最初の1行目から露骨に示されているのだ。連載『太平洋戦争史』についてふれた著作は数冊読んではいたが、これほど露骨とは想像していなかった。

旧西ドイツの大統領ヴァイツゼッカーは、戦後40年の有名な演説で「(ナチス・ドイツが敗北した) 5月8日は解放の日でした。ナチズムの暴力支配という人間蔑視の体制から、あの日われわれすべてを解放したのです」と語った。ヒトラーの最盛期、ドイツ国民の9割近くは彼を支持していたが、この演説の言葉は、ヒトラーおよびナチスと一般国民を区別し自分たちを被害者の立場に置く論法だった。

ヴァイツゼッカー演説とおなじ歴史の歪曲《わいきょく》、言葉の詐術《さじゅつ》が、日本でもおこなわれていたのだ。しかも、GHQによって。軍国主義者を悪者とし国民を被害者とするこの考え方は、後述するように、わが国でもときの流れとともに定着する。

じつはこれより前の1945(昭和20)年7月26日、アメリカ大統領、イギリス首相、中華民国主席の名で大日本帝国(日本)に対して発されたポツダム宣言の第6項には、現代表記にすると、およそこういう主旨の記述があった。

「6　われらは、無責任な軍国主義が世界から駆逐されるまでは、平和と安全と正義の新秩序が生まれないと主張する。よって、日本国民を欺瞞《ぎまん》し世界征服をしようとする過ちを犯した者の権力および勢力は永久に除去しなければならない」

ここで事実上、「世界征服をしようとする過ちを犯した者」つまり軍国主義者と、欺《あざむ》かれた「日本国民」が分けて記述されている。ヒトラーの野望はともかく、日本のだれが世界征服を考えていたというのか。

ただ、昭和初期にアメリカ合衆国で発表された田中上奏文とする文書に、中国侵略・世界征服の手がかりとして満蒙（満州・蒙古）を征服する手順が説明されている。首相・田中義一が1927（昭和2）年に昭和天皇へ極秘にしたためた上奏文とされる。中国はその「中国語訳」なるものを偽造して反日プロパガンダに利用し、欧米でもそれが本物と信じられた。だが、日本語原文はとうぜん存在せず、日本では左翼歴史家もふくめ偽書と認定している。

連合国はこの偽書を信じ、大戦が終わる前、そういう単純化し歪曲した戦争観をすでにみせていた。東京裁判でも、検察側は、日本が民族的優越感から世界支配を共同謀議したとするシナリオを描いた。

この軍国主義者と一般国民を分ける考え方を、のちに中国の毛沢東、周恩来も政治利用しようとした。靖国神社をめぐり、「軍国主義者の象徴であるA級戦犯さえ分祀すれば日本の首脳が参拝するのに反対しない」と中国の歴代首脳が主張するのはそのためだ。

国家主席・習近平も、2014年末、いわゆる南京事件の式典でこう語った。

「少数の軍国主義者が引き起こした侵略戦争で、その民族を恨むべきではない。戦争責任は人民にはなく、両国民は友好をつづけるべきだ」

しかし、戦争を支持していた日本の戦中派の大半にとっては、そういう線引きは受け入れられないものだし、いまも日本にとっては歴史の歪曲ないし改竄《かいざん》でしかない。

先の大戦を当時の日本人は大東亜戦争と呼んでいた。いま、ほとんどの日本人が「太平洋戦争」という呼称を抵抗なく使っているが、そのルーツはGHQのマインド・コントロールの一環である連載『太平洋戦争史』にある。だから、石原慎太郎など右派のほとんどは、いまも大東亜戦争と呼ぶ。

不問にされたメディア

『太平洋戦争史』では、軍国主義者とは何か、国民とは何か、という定義はおこなわれていない。戦前戦中、日本国民の少年少女に至るまでほとんどすべてが思想的に感化され軍国主義者だった。この連載には、その歴史をねじ曲げ、ごくせまい意味での軍国主義者をスケープゴートとして一般国民を懐柔《かいじゅう》し、占領をスムーズにしようとする意図があったのだろう。

注目すべきは、軍国主義を煽《あお》ったメディアについてはまったくふれていないことだ。『太平洋戦争史』をすべての新聞に連載させたことからみて、GHQはメディアの過去をあえて問わず、占領統治の手先にしようとしたのは明らかだ。

メディア史研究者の山本武利はこう述べる。

「天皇の利用が日本の間接統治に不可欠とマッカーサーが見たように、メディア支配やメディアを使った国民支配に重要であることをGHQ幹部は認識した。したがって、メディア団体の抜本的改革を避け、その温存を図った。記者クラブも同様であった」（『GHQの検閲・諜報・宣伝工作』）

それは、すでに終戦の3年前、アメリカ指導部のあいだで検討されていたという事実が、現代史の研究によって明らかになっている。

『太平洋戦争史』第1回は、「最近においても天皇ご自身がおっしゃられているとおり日本が警告なしに真珠湾を攻撃したことは陛下ご自身のご意志ではなかったのだ」と天皇を擁護、免責する。そのうえで、日本が中国などをいかに侵略したか、軍国主義者がいかに国民の対米憎悪を煽ったか、日本軍の最高統帥《とうすい》機関で天皇の命令を発令する大本営がいかに戦局で嘘《うそ》の発表をしたか、軍部独裁がいかに崩れたか、マニラなどで日本軍がいかに「狂乱の殺戮《さつりく》」をおこなったかなどが、虚実とりまぜこれでもかというほど記述される。

『太平洋戦争史』は、広島、長崎への原子爆弾投下について「この新武器を戦闘の終結を促進し数千の人命を救うために即時使用することに決定された」と書く。「数千の人命」というのはもちろんアメリカ人の命のことだ。原爆によって一気に日本を敗北させれば、アメリカ人将兵がそれ以上戦って死ぬこともない、という意味にとれる。

朝日新聞は、終戦前日の8月14日、社説で「（アメリカが）今回また広島並《ならび》に長崎の空襲において原子爆弾を使用して無辜《むこ》のわが民衆を殺戮する残忍性を世界に向って公示した」と強く非難していた。それが、連載には何の注釈も主張もなく、ただＧＨＱにしたがい与えられた原稿をそのまま載せた。

つまり、連載『太平洋戦争史』は、原爆投下をふくむアメリカの戦争行為、戦争犯罪と占領を正当化するアメリカに都合のいい歴史観を、日本人に押しつけようとしたものだった。

日本メディア史研究者の有山輝雄は、「ここで提示された歴史観が、当時も、あるいは現在まで大きな直接・間接の影響を日本人に与えたのは、間違いない」とする（『占領期メディア史研究――自由と統制・１９４５年――』）。

評論家だった江藤淳は、１９８０年代の著作『閉された言語空間　占領軍の検閲と戦後日本』で、『太平洋戦争史』の連載原稿を「宣伝文書」だとし、連載によって「戦後日本の歴史記述のパラダイムを規定するとともに、歴史記述のおこなわれるべき言語空間を限定し、かつ閉鎖した」としている。

パラダイムとは、ある時代や分野において支配的規範となる「物の見方やとらえ方」のことだ。江藤が言いたかったのは、有山とおなじく、この連載によって戦後の日本人が抱く歴史観や価値観の枠組みをアメリカに決められてしまった、ということだろう。

これはじつにふかい意味をもち、戦後70年を過ぎたいまも、そこで刷り込まれた先入観が生きつづけている。それが、ガラパゴス化した平和主義の出発点となっている。

連載『太平洋戦争史』を、本書ではマインド・コントロールa1と呼ぶことにする。

産経新聞によると、2015年3月10日、民主党政調会長・細野豪志《ごうし》は記者会見で、満70年を迎えた東京大空襲について「国策の誤りを反映した結果だ。過去の総括はしっかりとしていかなければならない」と述べた。東京大空襲が非戦闘員の殺戮を目的としたアメリカ軍の無差別爆撃であることには、いっさい言及しなかった。

ここには、アメリカ側の戦争犯罪を隠蔽《いんぺい》しむしろ日本側に大空襲の責任があるかのように思い込ませる、GHQのマインド・コントロールa1の成果が典型的に表われている。

有山輝雄は、江藤淳の言葉を受け「その『閉じられた空間』は、無知であるが故に被害者として責任を逃れた天皇と日本国民、そしてマスメディアにとって、極めて居心地のよいものであった」としている。ここで有山は、マスメディアの戦争責任が『太平洋戦争史』の連載においてまったく言及されず、軍国主義者側とも国民側とも明らかにされていないことに注目している（『占領期メディア史研究』）。

その点こそ、戦後ずっとメディアの戦争責任が問われなかったことの理由であり、また、朝日が虚報をくり返し総理・安倍の天敵となったプロセスを分析するうえでカギとなるものだ。

メディアの解体と存続

ドイツのメディアは占領軍によって解体させられ、戦後、新たな組織として再出発した。したがって、過去を直接に引きずることはなかった。解体のメリットは、戦前メディアの検証、批判がためらいもなくおこなえることにある。

だが、NHKや朝日、毎日の2大紙、さらに読売など日本の戦前からのマスメディアは解体されず存続を許された。日本のメディアで例外的に解散させられたのが、「国家代表通信社」とされていた同盟通信で、これはのちに発足した共同通信社と時事通信社に業務が引きつがれた。

ドイツは敗戦によって政府機能がほぼ崩壊していたため、占領軍が直接統治したことが、メディア解体につながった。日本では、天皇制以下の国家体制をあえてのこし、GHQはほとんど日本政府を通じて占領する間接統治をおこなった。

「占領が開始されると、各新聞社には次々に労働組合が結成され、戦時中の経営陣や編集幹部の戦争責任の追及をはじめた。『朝日新聞』や『毎日新聞』では、組合側の要求が受け入れられ、社長をはじめとする経営陣や編集幹部が退陣した」(『メディア史を学ぶ人のために』)

しかし、いまでも朝日新聞のシンボルとなっている旭日がデザインされた社旗が示すように、社の伝統や社風は受けつがれた。組織としてのメディアは存続を許されたわけであり、いまふり返ればそれが決定的な禍根《かこん》をのこした。

『太平洋戦争史』は教材に

GHQ民間情報教育局(CIE)は、1945(昭和20)年12月31日、教育の現場で修身、日本歴史、地理のすべての課程を中止するよう指令し、翌年1月11日、文部省は全国の学校長に『太平洋戦争史』を教材とするよう指示した。『太平洋戦争史』は10万部が印刷され、4月に高山書院から出版され完売した。

歴史家の保阪正康は、こう指摘する。

「『太平洋戦争史』がこれまで表向きに語られることが少なく、とかく黙殺されているかにみえているのは、戦後日本をつくった脚本として無視していたいためといっていいのではないか、と私には思える」（『日本解体「真相箱」に見るアメリカGHQの洗脳工作』）

戦後の日本では、戦争の過去を断罪する人ほど良識派つまり〈善い日本人〉とされてきた。そして、「戦前の価値観にもいいものはあった」などとする右派は〈悪い日本人〉とみられがちだった。

そういう政治風土のなかで、ではいまの風潮の源はだれが何のためにつくったか、をあらためて研究したり口に出したりすることは、特に左派の〈善い日本人〉にとってはタブーのようになってきたのではないか。GHQに思考や発想をマインド・コントロールされていたなどという恐ろしいことは知りたくない、「戦後日本をつくった脚本として無視していたい」と。したがって、ある人びとにとって、マインド・コントロールを解く作業はホラー作品のように恐ろしいものとなるだろう。

ムック『学校で教えられない日本占領時代～6年8ヶ月の真実～GHQ〝占領〟政策は〝洗

脳〟政策だった!?』は、序文でこう記している。「全世界どの国においても〝正史〟は少なからず勝者有利な記述がなされていることがある。ただし、他国の介入によって、歴史観そのものが書き換えられた事例はそう多くはないだろう」

ポツダム宣言は全13条からなり、その最後の条にはこうある。「われらは、日本政府が直ちに全日本軍の無条件降伏を宣言し、……」(現代表記に変更)。ところが、『太平洋戦争史』の連載では、末尾に「無条件降伏」という項目が立てられ、こう締めくくられている。「八月十五日、日本は絶対的な無条件降伏に同意し……」

「全日本軍の無条件降伏」が「日本の無条件降伏」にすり替えられているのだ。これにより、日本と日本人は、連合国やGHQからどんなことをされても反論・抵抗できないことになった。『太平洋戦争史』がマインド・コントロールの手段だったことは、この事実からも明らかだろう。

6 マインド・コントロールa2 公職追放

GHQの指令によって、1946(昭和21)年から1948(昭和23)年にかけて、いわゆる公職追放が実施された。京大名誉教授・中西輝政によると、戦争犯罪人や戦争協力者、職業軍人、国家主義者とされた人など計20万人以上が、職を追われた。政治家や教員、メディア関係者などで、日本の世論形成や政策決定などに影響を与える人びとだった。

ドイツでは、占領当局の非ナチ化政策によって、1946年1月以降、すべての成人に対してアンケート調査を行い、5段階にランクづけし、これにしたがって指導的地位からの追放、罰金などを科した。

日本ではこれとちがい、戦前・戦中の大企業や軍需産業の幹部までもが追放された。なかでも、大学をはじめとする教育の場やメディア機関には、追放された人びとのあとに極端な左翼分子が入り込み、組織が急速に左傾化していったという。

中西は、こう指摘する。

「そういう（指導的）立場の人々が一挙に二十万人もいなくなるということは、国や民族の根幹部分が一夜にして変質し、恐怖のため人々の思想が瞬時に大転換せざるを得なかったことを意味している」

「思想が瞬時に大転換」するとは、つまり、日本人への強烈な心理操作がおこなわれたことを意味するだろう。中西は「この公職追放に関しては、信頼できる研究書はほとんど出されておらず、公文書を含め入手できる資料も限られているのが不思議」とする（正論2015年2月号）。

つい七十余年前の重要なことなのに、われわれには知らされていない現代史のエアポケットがあるのだ。今後の研究が望まれる。

公職追放された人びとの多くは、その後、米ソ冷戦の深刻化など世界情勢の急変で復帰することになる。だが、教育の場や多くのメディアの左傾化は変わらなかった。この公職追放を、マインド・コントロールa2としておく。

7 マインド・コントロールa3 東京裁判

ヒトラーは敗戦直前に自殺したとされている。のこったドイツの指導者は、史上初の国際軍事裁判、通称「ニュルンベルク裁判」で連合国によって裁かれた。

それにつづき、1946(昭和21)年5月3日から約2年半、日本の戦争指導者らも極東国際軍事裁判、通称「東京裁判」の法廷に立たされた。この裁判はマッカーサーの指令のもとにおこなわれた。元首相・東條英機らが3つの罪の容疑(訴因)で裁かれた。ABC(正式には小文字でabc)とされたこの3つは、ドイツと日本で基本的には共通していた。そして、いまでも国際法のスタンダードとされている。

〈平和に対する罪〉(A)
〈通例の戦争犯罪〉(B)
〈人道に対する罪〉(C)

東京裁判ではアレンジされ、「平和に対する罪」「殺人および殺人共同謀議の罪」「通例の戦争犯罪および人道に対する罪」の3つとなった。つまり、殺人罪が新たに入れられ、BとCはひとつにされた。もともと、〈人道に対する罪〉（C）は、ドイツが自国民をふくむユダヤ人などを迫害し大虐殺した前例のない国家犯罪ホロコーストを裁くためのものであり、本来の戦争犯罪とはちがうため、これが設けられた。

東京裁判は一審制であり、Aで有罪になった被告は28人、Bは7人、Cの有罪はいなかった。裁判中に病死したふたりと病気によって免訴されたひとりをのぞくAの被告25人が有罪判決を受け、うち7人が死刑（絞首刑）となった。

ちなみに、日本で言う「A級戦犯」は、このAからきている。

司法には、行為が実行されたとき合法であったことを、事後に定めた法令によりさかのぼって違法として処罰するのを禁止する「事後法」の原則がある。AとCは、大戦中には法令化されてはおらず、大原則を無視したものだった。このため、有罪判決は無効とする意見があった。

立命館大学名誉教授・北村稔によると、Aが定められたのは、「ドイツ敗北後に強制収容所の実態が判明し、ドイツの戦争遂行とユダヤ人虐殺が表裏一体であった事実がもたらした衝撃の結果」だった。「ドイツの『侵略戦争』は人種・宗教に基づく大規模な住民虐殺と結びついていた」のであり、これを目の当たりにした連合国によって「『侵略戦争は戦争犯罪であり、平和に対する罪を構成する』という前代未聞の綱領が承認された」のだった（『日中戦争の「不都合な真実」戦争を望んだ中国　望まなかった日本』）。

北村は「ナチス・ドイツのとばっちりを食った日本」と呼び、東京裁判のいきさつをこう解説する。

「連合国側が日本の戦争指導者たちをA級戦犯として一網打尽に裁くには、日本の侵略戦争を、ナチス・ドイツ流の計画的な大量の住民虐殺を伴う『邪悪な』侵略戦争として性格づける必要があった。その結果、手っ取り早い手段として、日本軍の南京占領時の『混乱』を、ホロコーストに匹敵する大虐殺に格上げすることになり、南京と東京の国際軍事法廷で『南京大虐殺』が演出された」

東京裁判の判決文では、南京事件の被害者総数を20万人以上としている（東京裁判ハンドブック編集委員会編『東京裁判ハンドブック』）。

原爆投下は一般市民を大量虐殺したもので、BでありCとも考えられるが、それをふくめ連合国側の戦争犯罪はいっさい問われなかった。

日本の右派論客は「戦後日本に広まっている歴史観は、東京裁判によって決定づけられた歪《ゆが》んだもので、史実を反映した歴史観ではない」と主張する。東京裁判史観批判だ。

東京裁判の審理のプロセスや判決で提示された、いわゆる「南京大虐殺」など日本軍の数かずの戦争犯罪は、それが事実であったかどうかは別にして、日本人および国際社会の歴史観を固めていった。つまり、東京裁判は日本人に戦争の罪責感を植えつける重大な歴史的・政治的イベントだった。これをマインド・コントロールa3と呼ぶことにする。

それがいかにマインド・コントロールと呼ぶにふさわしいか、明白な証拠があげられる。東京裁判で裁かれたのは「侵略戦争」であり指導者らの「戦争責任」だった。この2語は日本の過去をめぐる論議で必ず口の端《は》にのぼる。日本人に「平和」の反対語を問えば、まずまちがいなく全員が「戦争」と答えるだろう。

ドイツの国家的トリック

ドイツ人が考える「平和」の反対語について、取材助手のアネッテにちょっとしたアンケートをしてもらったことがある。回答は明快だった。ドイツ人一般に「平和の反対は？」と問えば「人権侵害」とか「人道犯罪」「非寛容」と答えた。「戦争」と答えたひともいたが、よく聞くとホロコーストのことを語っていた。

ドイツでも、侵略戦争（A）や通例の戦争犯罪（B）は裁かれたが、ドイツ人もヨーロッパの被害国もそのことはほとんどすぐに忘れた。ヒトラーの侵略の意図（A）は明らかだったし、通例の戦争犯罪（B）も、ホロコーストなど（C）に比べれば、「戦争ではよくあること」とあまり問題にされなかった。

日本の戦争をめぐり論議されるのは、主にAとBであり、ドイツの場合は圧倒的にCだ。ここ

日独での戦争や戦争犯罪についてのイメージのちがい

日本人の主なイメージはAとB

A	B	C
平和に対する罪	通例の戦争犯罪	人道に対する罪
侵略戦争の計画、遂行	民間人の殺害、捕虜の虐待、他	ホロコースト(ユダヤ人虐殺)、他

ドイツ人の主なイメージはC

に決定的なずれがあり、日独の単純比較はできない（上図参照）。

戦後のドイツは、過去の清算にあたって、ヒトラーとナチスをスケープゴートとして罪責を押しつけた。平和に対する罪（A）や通例の戦争犯罪（B）をほぼ無視し、本来は戦争犯罪ではない人道に対する罪（C）つまりホロコーストだけが戦争犯罪であるかのように偽り、その罪責にかぎって意識を向け責任を負ってきた。それは自らと国際社会を欺瞞する国家的トリックとも言うべきもので、いまも先入観としてつづいている。

オーストリア北西部の町ブラウナウにあるヒトラーの生家を筆者が訪れたとき、正面の道路脇にこんな言葉を刻んだ石碑があった。

「数百万の死者は警告する。ファシズムを二度と許すな。平和、自由、そして民主主義のために」

この数字がナチス・ドイツによる侵略戦争（A）の犠牲

者をふくむものだとすれば、一桁少ない。この数字は明らかにホロコースト（C）だけの犠牲者数だ。

ベルリン郊外にある「ヴァンゼー会議記念館」の学芸員ヴォルフ・カイザーは筆者にこう言った。ヒトラー政権がユダヤ人の皆殺しを国策として決めた建物が、いまでは記念館となっている。

「ユダヤ人などの殺害は戦争犯罪と呼ばれました。本来は戦争犯罪ではないのですが、1950年代から60年代にかけて意識的に混同され、公式の表現でも戦争犯罪としてあつかわれたんです」

エアフルト大学教授シェルゲンも「ホロコーストはもちろん戦争犯罪ではありません。あれは何かまったく別のものです」と述べた。「ドイツ人の第2次世界大戦に対する態度というのは、まず忘れようとしたということです。ドイツの戦争において特殊だったこと、つまりホロコーストをまず忘れることだったんです」。そして今日、「ホロコーストのような犯罪は、だれも聞いたことがないものだから、これだけ議論の対象になるんでしょう。〈平和に対する罪〉つまり侵略戦争は実際にどこでも起こったことであり、だれでも知っていることだから、いまさら話す必要などないとみんな考えたんです」。

戦争責任と戦争の罪責

ロシアの文豪トルストイに『戦争と平和』という有名な作品があるが、戦後、「戦争と平和」

という対語観念を日本人に刷り込んだのは東京裁判だった。ドイツ語にKriegsschuld（戦争の罪責）という言葉があり、独和辞典には「戦争責任」という訳語も載っている。しかし、ドイツでは、特に第2次世界大戦について、戦争と言えばホロコーストを連想するのが一般的で、国と国とが戦う戦争およびその責任、つまり戦争責任という考え方そのものが、第1次世界大戦のケースをのぞけば定着していないのだ。

筆者がドイツで取材したときも、同行したアネッテはあえてKriegsschuldを使わず、英語のwar responsibilityを使って、日本で「戦争責任」という言葉が意味するところを、取材相手にあらかじめドイツ語で丁寧に説明してくれた。そうしないと、筆者と相手が主に英語で交わす会話がかみ合わなかった。

戦犯国とされた日本

日本では侵略戦争の指導者として裁かれた人びとを、東京裁判の訴因にもとづき「A級戦犯」と呼ぶ。ドイツには、もちろん、そういう言葉はない。日本語のこの言葉をあえてドイツのケースで使えば、元大統領ヴァイツゼッカーの実父は、ヒトラー政権の外務次官であり、ニュルンベルク裁判のA級戦犯だった。

ヴァイツゼッカーは、戦争が終わると戦役から復学し、法学生として戦犯である父の支援に奔走した。だから、戦後40年の演説でも「侵略」とすべきところを「進駐」とし、侵略戦争（A）

や戦争犯罪（B）のことにはほとんど言及しなかったし、謝罪もしなかった。立場上、言及できなかったとの見方もできる。

これだけの例からも、東京裁判がいかに先入観を生み出し、いかに日本社会をマインド・コントロールしてきたかがわかる。

一方、ニュルンベルク裁判は、ドイツ人をマインド・コントロールしなかった。その理由として、ドイツ人歴史家らは「ドイツ人はこの裁判をタブー化し無視した」「すでに完了した一章と考えた」と説明した。エアフルト大学教授シェルゲンは「人びとには生きていかねばならない現実的な必要があり、裁判のことをすっかり忘れてしまった」と語った。

取材したすべてのドイツ人歴史家に、ニュルンベルク裁判の訴因ABC（abc）の英語原文コピーを示して意見を聞いたが、それを知らない人が何人かいた。歴史家さえニュルンベルク裁判を無視しているのには驚かされた。

日本は、ドイツとともに、世界史上例のない国際軍事裁判の戦犯国となり、国際社会から日本人全体が〈悪い日本人〉として非難されたかのようだった。そのなかで、自己保身のため、自分たちは〈善い日本人〉だと強弁する者たちもたくさん出てきたわけだ。わが国では、戦争責任が盛んに議論されているようにみえて、じつは、自分たちの責任回避のための議論になっていることもよくある。

8 マインド・コントロールa4『真相はこうだ』『真相箱』

GHQは、『太平洋戦争史』をラジオドラマ化した『真相はこうだ』という番組を製作し、『太平洋戦争史』連載開始翌日の1945(昭和20)年12月9日から、毎週日曜の午後8時というゴールデンタイムに、10週間にわたってNHKで放送させた(もとは『眞相はかうだ』と表記した)。しかも、毎日のように再放送させ、日本国民への浸透を図った。

反軍国主義思想の持ち主である文筆家が、太郎という少年に戦中の話を聞かせていく形式がとられた。もともとは20週以上連続で放送する予定だったが、生なましい戦争体験をもつ当時の聴取者は、自分たちの記憶とちがう歴史観に反発し、抗議の投書がNHKに殺到したため、10週で打ち切られた。

『真相はこうだ』には質問箱のコーナーも設けられ、その箱は『真相箱』という番組タイトルで41週間にわたって放送された。2年間にわたって放送されたという説もある。のちに文章化してGHQ民間情報教育局(CIE)から出版された。

ジャーナリストの櫻井よしこは、2002年、番組台本を全編再録し、解説をそえて『GHQ作成の情報操作書「眞相箱」の呪縛を解く』を刊行した。櫻井は「悪しき国日本の、悪しき戦争」を「日本人が書いたかのような体裁を整えて、日本人に教え、浸透させようとした」「『眞相箱』を構成する物の見方は、今や見事に日本人のなかに定着した観がある」と解説している。『真相はこうだ』と『真相箱』をマインド・コントロールa4とする。

たとえば、日本が戦った戦争は、日清・日露戦争もふくめてすべて侵略戦争だったとする歴史観が展開された。これは後年、日本社会党が抱いた歴史観だったが、櫻井は「日清戦争も日露戦争も、一九世紀末から二〇世紀初頭にかけての国際社会の価値観から外れる戦いではなかった」と述べ、そうした侵略史観を否定している。

日露戦争を講和に導いてノーベル平和賞を受賞したアメリカ大統領セオドア・ルーズベルトは、「世界中の人々が権利のために戦うのは崇高な行為である」と述べて、戦争を肯定した（『日中戦争の「不都合な真実」』）。

「日本が戦った戦争は、日清・日露戦争もふくめてすべて侵略戦争だった」と『真相はこうだ』で断じたのは、アメリカのかつての戦争観とはちがい、ご都合主義で変造した歴史観を日本人と国際社会に植えつけようとする意図があったと言える。

保阪正康は次のように述べる。

「占領政策の二大柱（非軍事化と民主化）が、こうして始まったわけだが、日本の国民に軍事だけでなく、前述のマッカーサーへの指令を見ても思考形式、思考内容について『占領状態』にしてしまおうということが目的だった。……視覚と聴覚によって日本帝国主義の罪業が刷り込まれた」（『日本解体』）

言葉を換えれば、『真相はこうだ』と『真相箱』は耳からのマインド・コントロールだった。当時はもちろんテレビはなく、ラジオは日本人にとって情報を得る貴重なメディアだった。GHQはそれを知っていたから、ラジオドラマという形で、聴取者の脳裏にアメリカにとって都合のいい情報を直接インプリントしようと試みたのだった。国民のなかに反発した者たちもいたとはいえ、くり返しラジオで流れてくれば、じわじわと浸透し定説となっていったのだろう。七十余年経《た》ったいまふり返れば、その定着ぶりは明らかだ。

日本の敗戦より20年近くも前、バーネイズが著書『プロパガンダ』で詳述していた大衆コントロールの手法を、GHQは忠実に実行したとも言える。

ちなみに、『真相箱』にはこんな記述もある。「この南京の大虐殺こそ、近代史上稀《まれ》に見る凄惨なもので、実に婦女子二万名が惨殺されたのであります」。被害者数は、時系列があとになる東京裁判判決で20万人以上とふくれあがり、さらに後年、中国共産党は公式見解として30万人説を打ち出してきた。2017年2月に刊行された村上春樹の『騎士団長殺し』では、南京事件の犠牲者について40万人という数字が出てくる。

まるでネットオークションで値がつり上がる様を連想させるが、数字にはそれだけ学術的な根拠がないとも言える。

『真相箱』によるマインド・コントロール計画が、どんなものだったかを知る書物がある。近現代史研究家・水間《みずま》政憲《まさのり》の著書『ひと目でわかる「GHQの日本人洗脳計画」の真実』だ。ここでは、『真相箱』によるプロパガンダ一つひとつが、証拠の写真を多用して論破されている。

9 マインド・コントロールa5 憲法9条

マッカーサーは、1946（昭和21）年2月3日、①天皇制存置②戦争放棄・戦力不保持③封建制廃止――の3項目を憲法草案に盛り込むようGHQ民政局長ホイットニーに伝え、天皇制は存続させても実質的に国民主権となるように指示していた。民政局（GS）はすぐに憲法の起草作業に取りかかり9日間で英文草案を完成させた（読売新聞連載『昭和時代　第4部』）。

ただ、マッカーサーとホイットニーがオーストラリアにいた1942年から1945年8月までのあいだに、すでに憲法草案は練られていたとの説もある（蔭山克秀『やりなおす戦後史』）。

なお、ジャーナリスト堤堯《つつみぎょう》は、首相・幣原喜重郎《しではらきじゅうろう》とマッカーサーの1月24日の密談で、幣原のほうから戦争放棄と戦力放棄を申し出た、との説を唱える。

戦争放棄は、フランス革命のおりに掲げられ、以後、ブラジル、スペイン、イタリア、フィリピンなどが採用した。1928年、最終的に63か国が参加した「ケロッグ＝ブリアン条約」（パリ不戦条約）にはじまるもので、目新しいものではなかった。

だが、戦力放棄は前代未聞のアイデアだった。幣原のねらいは、戦勝国側から「断罪せよ」との声が強かった天皇を守ること、軍備にかける金を経済再建に回すこと、将来アメリカに戦力の供出を要求されないようにすること――などにあったとの説もある（堤堯『昭和の三傑　憲法九条は「救国のトリック」だった』第二章～第四章）。

当時のアメリカ世論は「天皇を処刑せよ」が33％、「天皇を裁判にかけるか、終身刑に処するか、外国へ追放せよ」が37％、「天皇をそのまま残すか、操り人形として利用せよ」が7％だった（平川祐弘『戦後の精神史』）。

しかし、喜重郎の息子の幣原太郎は「言いたいことも言えず、書きたいことも書けないまま、八十歳の生涯を閉じた父の無念さを知る私にとって〝第九条幣原提案説〟だけはどうしても我慢ならない」と週刊文春に語っているという（WiLL ２０１６年11月号）。

ＧＨＱの草案から国会の一院制を衆参二院制にするなど一部を変更しただけで、おおむねそのまま日本国憲法として公布され、１９４７（昭和22）年5月3日に施行された。

経済学者で著名なブロガーの池田信夫はこう指摘する。「『第二次大戦が最終戦争で、枢軸国がなくなればもう戦争は起こらない』というのが、丸山眞男から石原莞爾《かんじ》に至る幅広い日本人の認識で、憲法改正のときも第九条にはほとんど反対がなかった」（『戦後リベラルの終焉』）

だが、政治学者・境家史郎《さかいや》によると、日本共産党は新憲法反対の最大勢力だった。代議士・野坂参三は戦争放棄と戦力不保持の9条について、１９４６年8月24日の衆議院本会議で「我が国の自衛権を抛棄《ほうき》して民族の独立を危うくする危険がある」とし、反対意見を公然と表明した（『憲法と世論』)。現在の日本共産党は主張を180度変えている。

GHQは、幣原の申し出があったかどうかはともかく、日本の非武装化を狙って憲法草案に極端で非現実的、空想的な条項を加えた。現在の9条は、マッカーサーの最初の草案では第1条に記され、GHQがこの条項を最重要視していたとされる。戦争放棄・戦力不保持の規定は日本の安全保障政策だけでなく、日本人の思考や戦争責任観に計り知れない影響を与えてきた。前文にある「平和を愛する諸国民の公正と信義に信頼して、われらの安全と生存を保持しようと決意」という文言も同様だ。

国際大学学長・北岡伸一は、憲法制定をめぐる重要なエピソードを明らかにしている。

「幣原内閣は、GHQ憲法草案を受け入れなければ天皇が東京裁判に引き出される可能性があると示唆され、受け入れた。こうした憲法制定プロセスは、占領下に占領者が憲法を作ることを禁止した国際法に違反する。ポツダム宣言には、日本の将来の政治は日本国民の自由な決定によるとあり、これにも反する。それゆえGHQは、みずからが草案を作ったという事実を厳重に隠した」(読売新聞2015年2月8日朝刊)

北岡が言う国際法とは、ハーグ陸戦条約第43条のことで「占領者は占領地の現行法律を尊重する」とうたわれている。

「憲法はGHQに押しつけられた」とする主張への反論もある。たとえば、作家の半藤一利は「GHQ案に日本人の意思と気持ちをこめてどんどん筆を加えたものが憲法です」と語っている

（朝日新聞取材班『この国を揺るがす男』）。近代以降の国家では安全保障条項が憲法の根幹とされるが、日本人がかかわったのはほとんど論議の対象にもなっていないその他の条文だ。肝心の9条が事実上、GHQ作成であるなら、日本人も積極的に参加して新憲法を作ったという論には説得力がない。

まとめると、GHQこそ、バーネイズが「目に見えない統治機構」と呼んだ大衆コントロールの主体以外の何者でもないことを物語る。

朝日をオピニオンリーダーとする護憲派は、GHQの心理操作にまんまと引っかかった。もしくは、ある目的から、そのふりをしてきた者もいるのかもしれない。いずれにせよ、独善的な護憲イデオロギーへとなっていった。

世界の憲法に詳しい駒澤大学名誉教授・西修は、こう指摘している。

「日本国憲法の特異性は、平和を訴えるだけで、その平和を担保する明文の条項がまったくないことです。自国の平和を維持するためにいかなる防衛体制をとるのか（国防条項）、万が一、平和と秩序を侵された場合、どのようにしてそれらを回復するのか（国家緊急事態）、世界の憲法では『常識』となっている条項が存在しません」（『世界の憲法を知ろう』）

憲法9条も、日本人を心理操作するきわめて大きな要因となった。これをマインド・コントロールa5と呼ぶことにする。

ドイツの場合は、「大戦に負けて降伏したのはナチス政権とその軍であり、戦後のドイツの政権はその継承者ではない」という論理から、『基本法』（憲法）を「ドイツ国民が自由な自己決定を行えるまでの暫定的なもの」として自主的に制定した。その制定の際、議会制民主主義と軍隊の保持というふたつの条件を出した（ロンドン勧告、フランクフルト文書）。

わが国では、仮に幣原から戦力放棄などを申し出たのが事実としても、昭和天皇を言わば〝人質〟にとられていたためであり、ドイツのようなわけにはいかなかった。

10 マインド・コントロールa6 平和教育

左翼を使った画策

マインド・コントロールa1～a5を、教育の現場で浸透させたのが日教組だった。日本の教員・学校職員による労働組合の連合体である日教組もGHQの主導で作られたが、当初から左翼とのつながりがあった。

教育史に詳しい明星大学教授・髙橋史朗は、「戦後の歴史教育はすべて『太平洋戦争史』に沿って教えられています」としている（『日本が二度と立ち上がれないようにアメリカが占領期に行ったこと』）。

髙橋によると、占領軍は、日本人の「精神的武装解除」を実現しようと、日本人に犯罪意識を刷り込むため、共産主義者や社会主義者を利用した。教育の名の下に左翼などを使って「内部からの自己崩壊」を画策した。

評論家・江崎道朗《えざきみちお》によると、進歩主義と社会主義が「欧米を代表する思想」として日本に入ってきたのは、すでに明治の日清戦争より前の1880年代だった。進歩主義は「歴史・伝統・文化を敵視し、それらを解体しなければ進歩がない」とするもので、軍人をふくむエリートたちは日本の近代化にそれが不可欠と信じていた。「戦前の日本では、労働問題や貧困問題に真面目に取り組んでいたのはキリスト教徒と社会主義者であった。また、日本のアカデミズムは戦前からすでに社会主義に染まっていた」（『コミンテルンの謀略と日本の敗戦』）

元駐ウクライナ大使の馬淵睦夫によれば、大戦中にアメリカ大統領だったフランクリン・ルーズベルトの取り巻きの多くは社会主義のイデオロギーをもった者たちだった。大統領夫人のエレノアは根っからの社会主義者であり「レッド」と呼ばれていた。第1の側近ハリー・ホプキンスも社会主義者だったという（『「反日中韓」を操るのは、じつは同盟国・アメリカだった！』）。

元米太平洋艦隊司令官ジェームズ・A・ライアンは、こう語っている。「ソ連とルーズベルト大統領の関係について知ることで、日米開戦の経緯についての正しい認識を得ることができます。ルーズベルトは、『ダム』を放流したかのように、ソ連の工作員をアメリカの政府機関に潜入させてしまいました」（WiLL 2018年2月号）。ソ連のスパイが日米開戦のシナリオを書き日本を追い込むように仕組んだというのだ。

ヴェノナ文書

アメリカ政府は、1995年、「ヴェノナ（VENONA）」と名づけた文書を公開した。江崎道朗によると、これは1940〜44年、アメリカにいるソ連のスパイとソ連本国との暗号文をアメリカ陸軍が傍受し、1943〜80年、アメリカ国家安全保障局（NSA）がイギリス情報部と連携して解読した「ヴェノナ作戦」についての文書のことだ。

この文書公開によって、ルーズベルトの側近だったアルジャー・ヒスらがソ連のスパイだったことが立証された。これをきっかけに、アメリカでは「ルーズベルトと共産党の国際機関コミンテルンの戦争責任を追及する」という視点から、近現代史の見直しが進んでいる（江崎道朗『アメリカ側から見た東京裁判史観の虚妄』）。

また、この文書などによって、日本国憲法の骨格を決定したのがアメリカの内部に入り込んでいたソ連のスパイたちだったことも判明しつつある（WiLL 2016年11月号）。

しかし、わが国の左派現代史研究者は、ヴェノナ文書をほぼ無視している。日本の憲法制定過程や戦後史にソ連のスパイがかかわっていたという事実は、左派にとって「不都合な真実」だかららしい。

日本近現代史研究家の渡辺惣樹《そうき》によると、米ハーバード大学出身のロークリン・カリーは、ルーズベルト政権で史上初めて米大統領付き経済アドバイザーとなったが、戦後、ソ連のスパイだったことが明らかになった（『戦争を始めるのは誰か　歴史修正主義の真実』）。

コミンテルンの史観とアメリカの史観は、本来、質がまったくちがうはずだ。髙橋史朗は、そのふたつの史観の合体が可能となったのは、「日本が対外戦争を起こした軍国主義や超国家主義の根底に天皇制・天皇信仰を中心とする日本文化や神道があり、それらに根差した日本人の国民性があるという共通理解があったから」だとみる。そして「占領軍と共産主義者が癒着して戦後日本の歴史教育をつくっていったことは注目すべき点です」とする（『日本が二度と立ち上がれないようにアメリカが占領期に行ったこと』）。

GHQと〈反日日本人〉

アメリカの戦時情報局（OWI）の任務は内外への広報・宣伝活動で、1930年代後半に「カルチュラル・フロント（文化戦線）」と呼ばれる左翼文化運動に参加した者が数多く所属していたとされる。『菊と刀』のルース・ベネディクトが勤務していたあの機関だ。ここには、プロパガンダと世論操作の専門家であるバーネイズが、顧問として参加していた（『タヴィストック洗脳研究所』）。

GHQは、そのOWIが研究・分析していた対日心理作戦を継承した。GHQが作成した憲法草案には、土地などを「国家に帰属する」とした共産主義的な考えの部分があった。占領軍には左翼のルーツがはっきりとあったわけだ。

髙橋史朗は、さらに重要な現代史の暗部を発掘し、産経新聞2014年8月16日朝刊に書いている。

「在米占領文書によれば、米軍は日本の歴史、文化、伝統に否定的な『友好的日本人』のリストを作成し、占領政策の協力者として『日本人検閲官』（約５０００人）など民政官を含む各分野の人材とし高給を与え積極的に登用した。これらの占領軍と癒着した〈反日日本人〉が戦後日本の言論界、学界、教育界などをリードしてきた事実を直視する必要がある」

占領政策の協力者となった約５０００人の日本人検閲官とはだれか。彼らの名前や活動内容が、今後明らかになれば、相当な反響を呼ぶだろう。

ＧＨＱ民間情報教育局（ＣＩＥ）は、「マルクス主義の歴史学者だった羽仁五郎と密談を重ねて日本教職員組合の結成を擁護」した（『日本が二度と立ち上がれないようにアメリカが占領期に行ったこと』）。羽仁五郎は「左翼の大インテリ」と呼ばれのちに参議院議員、日本学術会議議員となり、教育界にも大きな影響を与えた。戦前に思想弾圧されたため戦後は脚光を浴びたが、じっさいにははなはだ問題のある人物だったとされる。

日教組の正史である『日教組十年史』は、「進駐軍、ＧＨＱの後押しがあってこそ我が組織は誕生した」と記述し、ＧＨＱが〝誕生の立役者〟であることを公然と認めている（山村明義『ＧＨＱの日本洗脳』）。

ＧＨＱは、都合の悪い教員をつぎつぎとパージ（公職追放）しながら、〝占領体制に従順〟で〝民主的な〟教員を飼い慣らすことに成功した。「ＧＨＱが去った後も、日本の教育が自虐史観に支配されているのは、かつてGHQが日本の占領支配を完成させるために、日本に対して行った洗脳および教育システムが無秩序に改悪されて蔓延《はびこ》っている」ためとされる（『日本洗脳計画　戦後70年　開封GHQ』）。

社会主義化の実験場

戦後の平和教育に左翼の存在が大きく影響した背景には、以上のようないきさつがあった。右派の論客は、この平和教育を「自虐史観教育」として批判する。日本人が日本を貶《おとし》めるから自虐史観とみえるが、より客観的に言えば、〈善い日本人〉による「反日教育」だ。

GHQは、占領当初は共産主義者を利用したが、1950年に朝鮮戦争が起こると方向転換し、共産主義者を排除していった。

これについては、GHQの内部対立説がある。ホイットニーが局長を務めていた民政局（GS）が占領初期には実権をにぎり、日本共産党幹部の釈放、社会党・片山哲の首相への推薦など左翼的な占領政策をつぎつぎと実行に移し、わが国は「社会主義化の実験場」となっていた。だが、GSに絶大な権力が集中したため、日本の企業や政治家からの贈賄など汚職が蔓延《まんえん》し、代ってライバルの参謀第2部（G2）が台頭した。G2はGHQ内のタカ派で、強固な反共主義者として知られた少将チャールズ・ウィロビーが主導し、日本を「反共の砦」とするようマッカーサーに進言した。ちょうど米ソ冷戦が深刻化する時期にあたり、いわゆるGHQの「右旋回」がおこなわれた（『やりなおす戦後史』）。

G2が実権をほぼにぎったのは、民主党の芦田均が1948年3月に首相となってまもなくとされる。それが事実なら、民政局（GS）の天下は30か月余りしかつづかなかったわけだ。戦後日本の左傾化は、そのわずかのあいだに礎《いしずえ》が築かれたことになる。

日本でGS衰退後も左派が勢力を保ったのは、髙橋史朗の指摘する日本人検閲官の存在が大きかっただろう。日教組は、1960年代、70年代以降、教育の場を政治活動の場に変え、日の丸・君が代反対闘争などを展開した。

バーネイズは『プロパガンダ』のなかで、こう述べている。「プロパガンダは、大衆を知らないうちに指導者の思っているとおりに誘導する技術なのだ」。そしてこうも言う。「教育には、すなわち教師としての側面と、プロパガンディストとしての側面がある」。プロパガンディストとはプロパガンダをする主体のことだ。ここでは、現場の教師でありその陰にいる日教組のことだと言える。

平和教育のないドイツ

ドイツについて筆者にも少し意外だったことがある。東京からベルリンへ出張中、取材助手のアネッテに何気なく日本の平和教育のことを話題にすると「平和教育って言葉は、聞いたことがありません」と言われた。以後、筆者はドイツ人にインタヴューするたびに、この言葉について聞いてみることにした。

ベルリン市中心部の展示館「テロの版図」の館長ガブリエレ・カンプハウゼンは次のように言った。この展示館はナチ犯罪を包括的にあつかい、専門家や市民から高い評価を得ている。館長は、マスメディアにも登場するちょっと知られた女性歴史家だ。

「かつて東ドイツでは、その『平和教育』という用語が政治的に使われました。ですから、こういう言葉はいまでは嘘のようなものです。わたしがこうした用語を好まないのはそのためです」

ベルリンの代表的な反ナチズム博物館の責任者が、平和教育という言葉は共産主義用語だったからという理由で、嫌悪感を隠そうともしない。館長は「州の教育指針には、そういう言葉があったかもしれません」と言った。

ベルリン州の学校教育法には、「民主主義、平和、自由、人権、男女平等にもとづき政治的、社会的生活を築く」という表現があった。しかし、アネッテが具体的に調べると、平和教育という用語も概念もなかった。

ただ、ベルリンの反戦博物館のトミー・シュプレーは、平和教育が「教会の宗教教育との関連で細ぼそとはじまったばかりだ」と語っていた。また、ベルリン自由大学教授クラウス・ツェルナクによると、1970〜80年代に、西ドイツとポーランドが両国和解のためにおこなった有名な共同の教科書勧告にからみ、ユネスコが平和教育という言葉を使った例があるという。だが、一般には知られていない。

ドイツで実施されてきたのは、ナチスの過去への反省によるドイツ流の歴史教育、つまり人権や人道、寛容や平等のための教育だった。ドイツは１９９０年に再統一されるまで東西冷戦の最前線にある分断国家であり、戦争は常に現実のものとしてありえた。このため、日本のような観念的な平和教育をおこなう〝平和ぼけ〟の環境にはなかったと言える。

誤解で消された教育勅語精神

われわれは、戦後教育のなかで、戦前の教育勅語体制から教育基本法体制に１８０度転換したと教えられてきた。２０１７年２〜４月ごろには、国会で森友学園騒ぎにからみ教育勅語が問題化した。

だが、明星大学教授・髙橋史朗は、ある重要な歴史秘話を明らかにする。髙橋がずっと前、教育基本法を作ったときの日本側の生き証人に「なぜ教育勅語を廃止されましたか」と聞くと「私たちは教育勅語を否定していません。教育基本法の中に教育勅語の精神は引き継がれているのです」と語ったそうだ。教育基本法の日本側文案の前文には「伝統を尊重して」という言葉が入っていたという。それがあとで、GHQの圧力で削られることになった（『日本が二度と立ち上がれないようにアメリカが占領期に行ったこと』）。

髙橋は、後年、アメリカ留学中に、GHQ民間情報教育局（CIE）の教育課長補佐だったJ・C・トレーナーという人物に会うためわざわざ遠くまで出かけ、「伝統を尊重して」という言葉をなぜ削るよう命令を出したのかたずねた。それに対する答えにはあきれさせられる。「自分は日本語の意味がわからなかった。それで日系人の通訳にこれはどういう意味だと聞いた。すると通訳が〝伝統を尊重するということは、封建的な世の中に逆戻りするという意味です〟といった」（同書）

いまでも、教育勅語を評価するようなことを口にすると、右翼呼ばわりされかねない風潮がある。だが、通訳がきちんと訳していれば、いまも教育基本法の土台となる道徳として伝統は引き継がれていたことになる。

1948年、衆参両院で教育勅語の排除・失効の確認決議がおこなわれた。それはGHQによる間接統治下でのことだったという事実に留意する必要がある。教育勅語は天皇主権下のもので非民主的だ、と左派は主張する。

だが、それなら左派はなぜ、「天皇主権下での改正手続きによって制定されたいまの憲法の制定過程は非民主的だ」とし、「主権を得た日本国民による制憲議会をつくって自主憲法を制定すべきだ」と訴えてこなかったのだろうか。

ここにも、マインド・コントロールの好例がみられる。

日本の平和教育

戦後の教育史の裏面を知ると、平和教育が恐ろしいものに思えてくる。筆者はさいわい、小学校から高校まで、授業をだまって聞いているのが大の苦手でほとんど聞かなかったから、テストの成績はあまり良くなかった。特に、高校は理数科だったのでカリキュラムに日本史はなく、いま考えればそれが良かったかもしれない。

たとえば、朝日新聞に入るような学生は受験エリートの集まりだから、戦後の平和教育をそのまま受け取った者がほとんどではなかっただろうか。朝日に入社して特別な〝思想教育〟など受けなくても、もともと左翼イデオロギーや右派の言う自虐史観を知らず知らずのうちに刷り込まれ、マインド・コントロールされた人材の宝庫だったのだろう。

平和博物館

日本で平和教育の場などとして利用されている平和博物館は、約50施設ある。「世界全体では100余りある」と日本ではされているが、そのなかには、日本で言う平和博物館ではなく人権博物館と呼ぶほうがふさわしいものも少なくない。

たとえば、1995年に発行された『世界の平和博物館』（西田勝、平和研究室編）には、ベルリンの「チャーリー検問所博物館」も収録されている。これは、全体主義の東ドイツから自由な西側へ命がけで逃れようとした市民の記憶をのこすための典型的な人権博物館だ。平和博物館のカテゴリーに入れるのは、ガラパゴス化した平和主義を信奉する編者の我田引水と言える。

ドイツでは、「平和」という言葉が使われるケースは、日本に比べ非常に少ない代わり、「寛容」や「人権」がキーワードとなっている。ベルリンの反戦博物館のシュプレーは、こう述べていた。「(戦後の)ドイツでは軍事的な伝統があるため、平和運動は常にごくかぎられた人びとのものでした」「ドイツは、公的観点から、戦争に反対し平和を求める博物館を建設するというような考えはもっていないんです」

ニュルンベルクには、1993年、国立博物館に併設した「人権通り」がつくられ、路肩に立ち並ぶ石柱に各国憲法の条文が刻まれている。日本関連では「第二十六条　教育を受ける権利」と日本語で刻まれた柱もある。戦争と平和を念頭に置いた施設ではないため、「第九条　戦争放棄」はない。

ドイツで戦争と平和をあつかっているのは、筆者が詳しく現地取材した3館(ドイツ＝ロシア博物館、ベルリンの反戦博物館、レマゲン鉄橋博物館)など5つしかなく、知名度もほとんどない。

日本に平和博物館が集中して存在しているのは、戦争責任論に密接にからみ、また、マインド・コントロールと決して無縁ではないからだろう。ただし、日本の平和博物館は、戦争の悲惨さを強調する展示が多く、訪れた外国人専門家のなかには「これは平和博物館ではなく、戦争博物館だ」との印象をもつ人が少なくないようだ。

一方で、大戦より多い総計1億人とも言われる数の犠牲者を生んだ旧ソ連や中国など共産主義国家の凄惨さ、残虐さを展示している人権博物館は、日本で聞いたことがない。これも平和教育が左翼思想礼賛者によって主導されてきたことの証左と言えるだろう。

11 マインド・コントロール a7 プロパガンダ映画

ドイツで〈善いドイツ人〉と〈悪いドイツ人〉を二分する国家トリックが完成した陰では、米ハリウッドと旧西ドイツで製作されたプロパガンダ映画が大きな役割を果たした。ニュルンベルク市博物館局長の歴史家ゾネンベルガーやエアフルト大学教授シェルゲンが教えてくれたことだ。

日本でも、GHQによる「助言」という名の強制によってプロパガンダ映画が作られた。髙橋史朗によれば、「軍国主義者と一部の政府の人間が侵略戦争を導いたことをそこかしこで匂わせるような内容」で、同時に、日本人に贖罪《しょくざい》意識を植えつけることを狙ったものだった。

『犯罪者は誰か』は1945（昭和20）年12月27日に大映製作で封切られ、観客は約300万人だった。『民衆の敵』は翌年4月25日に東宝製作で封切られ、観客は約200万人だった。『戦争と平和』は1947（昭和22）年7月10日に東宝製作で封切られ、観客は空前の約550万人にのぼった（『日本が二度と立ち上がれないようにアメリカが占領期に行ったこと』）。

GHQが占領期に日本の映画会社に「助言や奨励をして」作らせた映画は9本だったとされる。いずれも、観客がそれと気づかないうちにマインド・コントロールするものだった。

ＧＨＱが影響力を直接行使した映画は意外に少ないが、その後、日本で製作された映画やテレビ・ラジオのドラマ、ドキュメンタリーには、マインド・コントロールを受けた作品が無数にある。

プロパガンダ映画などをマインド・コントロールa7とする。

第Ⅲ章　GHQ極秘計画と〈推定有罪〉

1　GHQの宣伝計画文書(WGIP)

マインド・コントロールa0〜a7は脈絡もなく実施されたのではなく、はっきりとした計画にもとづいていた。その計画文書は、"War Guilt Information Program"(WGIP)と名づけられていた。日本語には訳しにくい名称だ。

WGIPについてケント・ギルバートは、「ルーズベルト大統領が密かに立案し、戦後、GHQが(日本に対し)ペナルティーとして実施した」としている(『まだGHQの洗脳に縛られている日本人』)。

ノンフィクション作家の山村明義はこう指摘する。

「日本人に戦前・戦中の罪の意識を植え込む『WGIP』の出発点は、明快である。昭和20年9月2日、GHQは指令第一号である『SCAPIN-1』の一般指令として、『各層の日本人に、彼らの敗北と戦争に関する罪』などを『周知徹底せしめること』を指令し、その後実際に日本人への『精神的非武装化』を実施していった」(『GHQの日本洗脳』)

9月19日に発布された『SCAPIN-33(日本に与うる新聞遵則=プレスコード)』は10項目あり、これにより報道機関の検閲が実行された。

山本武利も次のように述べる。

「CIEは『戦争責任の覚醒』を日本人に自覚させるための準備を戦中から行い、占領とともにただちに各メディアを使った宣伝工作を開始した。まずは各メディアを使った『戦争罪悪感』工作を浸透させるようになった」（『GHQの検閲・諜報・宣伝工作』）

“War Guilt Information Program”（WGIP）の全文を日本人で最初に入手した江藤淳は、1980年代に執筆したその著書『閉された言語空間』の［第二部第五章］で、この計画文書は、GHQの民間情報教育局から参謀第2部民間諜報局あてに出されたとしている。文書の日付は、1948（昭和23）年2月6日となっているが、その文書によれば、占領の初期つまり1945（昭和20）年秋にはすでに活動が開始されていた。山村明義の指摘と符合する。『太平洋戦争史』『真相箱』などがその具体的な例だった。

江藤は計画文書のタイトルを、『閉された言語空間』でこう大胆に意訳している。

「戦争についての罪悪感を日本人の心に植えつけるための宣伝計画」

命令文書は、次のように指令していた。

「各層の日本人に、彼らの敗北と戦争に関する罪、現在および将来の日本の苦難と窮乏に対する軍国主義者の責任、連合国の軍事占領の理由と目的を、周知徹底せしめること」

日本が戦争に負けたこと、いま食糧難などに苦しんでいること、それらすべては軍国主義者の責任であり、連合国は日本を再生させるための正当な理由があって占領していることを日本人に教え込め、という意味だ。

この計画の特徴は、3点ある。

1. 日本を非軍事化する。
2. 日本を民主化する。
3. 日本の軍国主義者と一般国民を分ける。

これらは、ナチス・ドイツ敗北後、英米仏ソで分割統治した占領政策の柱である民主化政策、非ナチ化政策に相当するものだ。占領軍はドイツにおいて、ナチスと非ナチスを分けようとした。

ナチスとドイツ人

筆者が取材したドイツ、ポーランド、チェコの歴史家、政治学者らは、異口同音に「ナチとは、ナチ党員だったかどうかではなく、思想的にナチズムを信奉していたかどうかだ」と解説してくれた。

ニュルンベルクのドイツ人歴史家ヘルマン・グラーザーによれば、ドイツでは、ヒトラーの全盛時代、85%から90%くらいの国民がナチズムに感化され、思想的にはナチス（国家社会主義者）だったと言える。だが、戦後は、「ナチ党員、親衛隊などナチ機構のメンバーらこそがナチスだった」という言葉と心理のトリックを使い、ナチスをスケープゴートとして、われ先にと非ナチスつまり〈善いドイツ人〉になりすました。

「ドイツは、ナチスをスケープゴートにした」とドイツの知識人に指摘すると、多くは強く否定し、「とんでもない。われわれは、長いあいだ議論をしてきた」と判で押したように、釈明にもならない言葉を返す。

「ナチスをスケープゴートとする考え方は、非常に強い先入観です」と筆者に最初に教えてくれたのは、「国防軍の犯罪」展を主催したハンブルク社会研究所のドイツ人研究員グライナーだった。筆者がベルリンに駐在していた1997年のことだ。この展示では、ドイツが、戦後、いかに過去の罪と責任を定義のあいまいなナチスに押しつけ、ナチ機構とはいちおう別だった国防軍のクリーン神話を伝えてきたかを告発し、ドイツで大論争を呼んだ。元国防軍のすべての将兵は〈善いドイツ人〉だったとされてきた欺瞞《ぎまん》・心理トリックを、正面から突いたものだ。

ドイツの過去をめぐる記念碑、記念館では、必ずと言っていいほど主語が「ドイツ人」ではなく「ナチ」「ナチス」とされている。これこそ、スケープゴートの好例だ。

たとえば、2012年10月、ベルリンに完成した「虐殺されたシンティ・ロマの記念碑」のプレートには、元西ドイツ首相ヘルムート・シュミットの言葉が刻まれている。

「シンティ・ロマはナチの独裁政治によってひどい不正を受けた。彼らは人種的な理由によって迫害された。この犯罪はジェノサイドだった」

シンティ・ロマは、ジプシーという蔑称でさげすまれてきた人びとのことだ。大統領ヴァイツゼッカーの後任ヘルツォークは、1994年8月1日、ポーランドの首都ワルシャワの「ワルシャワ蜂起記念碑」の前に立ち、ナチスという呼称を使わず、ポーランドに苦難をもたらしたのは「ドイツ人」だったと明言した。国家的トリックからの決別だった。

その2年後、告発の書『普通のドイツ人とホロコースト　ヒトラーの自発的死刑執行人たち』でドイツにセンセーションを巻き起こしたユダヤ系アメリカ人歴史家ダニエル・J・ゴールドハーゲンも、こう書いた。「ホロコーストをやったドイツ人たちのためのもっともふさわしい、そして唯一の適切で一般的な名前は（ナチスではなく）『ドイツ人たち』である」（筆者訳）

その重大なスケープゴートの意味を、いまでも大半のドイツ人はわかっていない。というより、深層心理的に受けつけないのだろう。

日本のメディアは〈善い日本人〉に

［3．日本の軍国主義者と一般国民を分ける。］は、非ナチ化政策とおなじ占領目的を達成するための手段だったと考えられる。マインド・コントロールa1連載『太平洋戦争史』の項で述べたように、ドイツでヒトラーおよびナチスの〈悪いドイツ人〉と一般国民の〈善いドイツ人〉を分けたのとまったく同じ構図だ。しかし、戦争が終わってまもないときの日本人は、その構図が

事実とはかけ離れていることを知っており、すぐには受け入れなかった。

これについて、国民はどう対応したか。保阪正康は「軍事・政治指導者と国民を切り離すというのが露骨だが、結果的にはこれが成功したといえるだろう」（『日本解体「真相箱」に見るアメリカGHQの洗脳工作』）とする。だが、具体的にどう成功したのかにはふれていない。

たとえば、戦争を煽《あお》った朝日新聞、毎日新聞、NHKなど当時の主要メディアは、戦後、「国民」の側にこっそり入り、〈善い日本人〉として振る舞い、もっぱら「軍国主義者」の過去を糾弾してきた。『太平洋戦争史』によるマインド・コントロールalは、メディア史研究者の有山輝雄が指摘するように、メディアにとって「極めて居心地が良かった」のだ。メディアの戦争責任が問われなかった最大の理由がそこにあった。

上智大学名誉教授だった渡部昇一は、それを「敗戦利得者構造」とし、「敗戦利得者による利権構造、別の言葉で言えば、これが戦後レジームかもしれない」とした（正論2014年6月号）。

常磐大学教授・樋口恒晴は、こう指摘する。

「戦勝国では戦勝を正当化する史観が圧倒的多数派になるので、国内の分裂は少ない。しかし敗戦国には、戦後秩序で得をしたいわゆる『敗戦利得者』が少なからずいる。だから歴史観は大きく分裂する」（正論2014年5月号）

朝日新聞が最大の敗戦利得者だったことは、のちに詳しく述べる。

左右論争

"War Guilt Information Program"（ＷＧＩＰ）をめぐっては、インターネット上で、左右両派による激しい論争が延々とくり広げられてきた。江藤淳は、著書でＷＧＩＰ文書について詳しく論じながら、その英語原文を公開しなかった。このため、ＧＨＱによる呪縛を認めたくない左派は、文書そのものの存在を否定する論陣を張った。

しかし、２０１５年３月、近現代史研究家の関野通夫が、『日本人を狂わせた洗脳工作――いまなお続く占領軍の心理作戦』というブックレットを刊行し、そのなかで、"War Guilt Information Program"という表題のついた複数の文書を国立国会図書館と明星大学戦後教育史研究センターで入手し、内容も江藤の著作とほぼおなじことを、写真つきで明らかにした。さらに、関野は正論２０１５年５月号でも論文を書き、事実上、左右論争は左派の敗北で終止符を打った。

いまでも、ＧＨＱによるマインド・コントロールそのものを否定したり、その影響を過小評価したりする声はある。現代史家・秦郁彦は、ＧＨＱはアメリカに不利な事実も明らかにしており、「果たしてそんな大それたものだったのか」とする（『陰謀史観』）。だが、ＧＨＱは、ノイズ・マーケティングと呼ばれる手法をＷＧＩＰで使ったとみられる。あえて不利なことを一部あげ、逆に情報の信憑性《しんぴょうせい》を高める心理操作テクニックのイロハだ。ノイズ・マーケティングのルーツは、すでに１９１０年代の米ハリウッドにあるとされる。

ＷＧＩＰを陰謀史観として否定する論者は、秦は別だが、日本独特の左翼思想に傾倒しているか、その人自身がふかくマインド・コントロールされている可能性が高い。

朝日新聞の名

関野通夫は、〝War Guilt Information Program〟（ＷＧＩＰ）関連文書を入手し精査している。ＷＧＩＰは「ＧＨＱの施策の根底」をなし、「ＷＧＩＰの肝は、日本を戦犯国と規定し、そのことを日本人の頭に、子々孫々まで刷り込むことにありました」とする（『日本人を狂わせた洗脳工作』）。「国家の存立を根底から危うくしている〈幻覚剤〉なのに、見えづらいという点では、史上最大にしてもっとも巧妙な〈危険ドラッグ〉というべきでしょう」

関野によると、ＷＧＩＰのどの文書でも「洗脳」や「マインド・コントロール」という言葉は巧みに避けられていた。関野は、「その計画の内容から、manipulate（心を操る、の意）が適当」と判断している。これは、「〝こちらが、他人が考え行動することを望む通りに、他人が考え行動するように仕向けること〟を意味する」。

関野は、もうひとつ重大な事実を指摘している。１９４８（昭和23）年３月３日付けで出された「〝War Guilt Information Program〟第３段階」と表記された極秘文書だ。その「Ⅳ　特定の方法と活用すべきメディア」の［４Ｃ］の項には「戦犯裁判における、検察側の最終弁論の全文を発行するよう、朝日新聞或《ある》いは他の同様な出版社に推奨《すいしょう》する」という一文がある。

関野は「ＣＩＥの手先に使う出版社として、具体的に名指しされているのは、朝日新聞だけです」としている。朝日新聞からは『東京裁判第７輯《しゅう》 最終論告・弁論（各論）』（朝日新聞法廷記者団編）という書籍が出版されている。朝日とＧＨＱ民間情報教育局（ＣＩＥ）はどんな関係だったのか、関野は「今後の解明が待たれるところです」とする（正論２０１５年５月号）。

洗脳の原点と日本の共産主義者

明星大学教授・髙橋史朗は、著書『「日本を解体する」戦争プロパガンダの現在』の第２章で、ＷＧＩＰの源流と形成過程を詳しく論じている。米英で一次資料を収集しての研究をもとに上梓《じょうし》したもので、こう書いている。

「占領軍によって戦後の日本人に植え付けられた『洗脳の原点は何か』という疑問であるが、結論から述べれば、その原点がタヴィストック研究所にあったのだ」

ロンドンにあったタヴィストック人間関係研究所の所長に、１９３２年、「社会心理学の父」とされるクルト・レヴィンが就任した。レヴィンらは、第２次世界大戦の勃発によってアメリカの政府機関と軍からの要請を受け、敵の「精神的武装解除」について研究した。レヴィンを中心とした研究会にアメリカから参加したのが、文化人類学者ルース・ベネディクトらで、「どういう心理戦争の方法を用いたら、もっと効果的に敵の抵抗精神を弱めることができるかという問題」について議論を重ねていった。

それが、のちにＷＧＩＰへとつながる。髙橋はこう書いている。

「毛沢東は日本人捕虜を洗脳教育によって『親中派』に転換させ、先兵として日本に送り込まなければ日本軍国主義には勝てないと考えたのだが、兵士を味方にするために兄弟として待遇し、そして洗脳に成功している。

この毛沢東の戦略に基づく洗脳教育が米対日心理戦略の土台となり、ＷＧＩＰとして結実したことが明らかになった」

先に述べたように、ＧＨＱは日本へ進駐する前に「フレンドリージャパニーズ」（友好的日本人）というリストを作成し、占領政策に協力を求める社会主義者、共産主義者らをあらかじめ調査していた。マッカーサーの政治顧問付補佐官だったジョン・エマーソンによる、１９５７年３月12日の上院国内治安小委員会での証言には、野坂参三（元・日本共産党議長）の名も登場し、ＷＧＩＰの実働組織として日本共産党が大きくかかわっていくことが推察されるという。

ＷＧＩＰは、「軍国主義者と国民」という架空の対立が骨格となっている。それが連載『太平洋戦争史』や新聞とラジオの言論統制、東京裁判報道などで実践された。

2　マインド・コントロールと洗脳

保阪正康は端的に述べる。

「GHQの『太平洋戦争史』や『真相箱』は、促成栽培の一粒の種であった。ところがこの空間で急激に肥大し、それが占領が解けたあともますます独自の生き物として拡大していった」（『日本解体』）

江藤淳はGHQの巧妙な工作について「洗脳」、保阪正康は「刷り込み」、櫻井よしこは「この国の精神の完全なコントロール」という言葉を、それぞれの著書で使っている。また、髙橋史朗は、「東京裁判が倫理的に正当であることを示すとともに、侵略戦争を行った日本国民の責任を明確にし戦争贖罪意識を植えつけることであり、いわば日本人への『マインドコントロール計画』だった」と論じている（産経新聞「戦後六十年 歴史の自縛（3）」2005年8月4日）。

マインド・コントロールの受けやすさ

「マインド・コントロールの受けやすさは、その人のパーソナリティの特性、情動コントロールや意思決定にかかわる脳の機能、現在および過去に受けてきたストレス、心理的な支えといった要因によって左右される」（『マインド・コントロール』）

誰でも、自分がマインド・コントロールされているなどという事実は恐ろしくて認めたくない。敗戦後の日本人は、マインド・コントロールされる条件がそろっていた。一時期の反発はあったにせよ、戦勝国に都合のいい歴史観は、いつのまにか定着した。

バーネイズの『プロパガンダ』によると、戦時宣伝としてのプロパガンダは、第1次世界大戦にまでさかのぼる。交戦国の国民をことさら悪者のように描く宣伝行為が双方の政府や戦争指導者によって行われたといい、それは大衆の心理操作つまりマインド・コントロールの明確な実践例と言える。

概念の定着

日本でマインド・コントロールという言葉が広まったのは、1993年春、元オリンピック新体操選手で統一協会の信者だった山﨑浩子が、ある報道番組で自身の脱会について口走ったのがきっかけだったとされる。

『マインド・コントロールとは何か』（西田公昭著）などによると、洗脳という技術は第2次大戦中に中国で発達した。特に大戦後の1950年代、朝鮮戦争で中国・北朝鮮軍の捕虜となったアメリカ軍兵士や中国の反共産主義者に対しておこなわれた、薬物投与や独房への監禁による強制的な心理操作を洗脳と呼ぶ。洗脳という言葉自体が中国で作られ、英語のブレイン・ウォッシングはその訳語だ。アメリカでは、1980年代前半まで、破壊的カルトが信者らに対して使うテクニックを洗脳とおなじものとしてとらえていた。だが、それは似て非なるものだった。古いテクニックである洗脳は、結果としてあまり成功しなかったとの説もある。

日本メディアへのアメとムチ

GHQは、巧みな方法で日本のメディアをコントロールした。それを心理学では、「オペラント条件付け」と呼ぶ。その原理は単純で、コントロールする対象が好ましい行動をしているときには、ご褒美（心地よい刺激）を与えて正の強化をはかり、好ましくない行動をしたときには、罰（不快な刺激）により負の強化をはかる。たったそれだけのことを、首尾一貫しておこなうことによって、好ましい行動が増え、好ましくない行動が減る（『マインド・コントロール』）。

GHQは、日本のメディアが指令に反した行動をおこなえば発行停止にした。意に適《かな》う記事を載せた場合にはそれを評価した。まさに、アメとムチで思いのままに操ったのだった。

相手に意識させない心理操作

マインド・コントロール研究の第一人者である西田公昭は、『マインド・コントロールとは何か』で、「破壊的カルト」と呼ばれる組織集団などがおこなう精神操作の技術にほぼ限定して論じている。一方で、「社会心理学者は、社会に起こっているさまざまな現象を客観的に理解したり、説明したりして、社会の福利のために奉仕する使命があると思う」とも述べている。

２０１５年1月に発売されたムック『別冊宝島　洗脳のすべて』では、広く社会のどこにでもある「洗脳」の実情を取り上げている。〈ＡＫＢ48〉や〈ももいろクローバーＺ〉を目指すアイドル志望の女の子たちと、それを応援する男性ファン、薄給できびしい労働環境にあるブラック企業の従業員、スマートフォンにはまる人――などなどのケースだ。社会心理学では、「洗脳」と「マインド・コントロール」を分けて考察するが、別冊宝島は、両者をまとめて広い意味での「洗脳」としてリポートしている。

そのサブタイトルはこうだ。『知らないうちにあなたも洗脳されている！』。ごく日常的におこなわれている洗脳、マインド・コントロールの実態を正面からあつかう出版物は、わが国では初めてではないだろうか。

このムックのなかで、西田公昭はこんな指摘をしている。

「程度としては比較的軽いですが、過剰なまでの原発への反対や推進を主張する方も、一方的な情報に統制されるなどのマインド・コントロールを受けているのかもしれません」

これは注目すべき発言だ。日本の社会心理学者が、カルト集団に限定せず、特定の政治イデオロギーとマインド・コントロールの関連性について述べるのは、異例だからだ。

２０１５年夏から秋にかけての安保法制をめぐる国会デモ騒ぎ、２０１７年以降の森友学園・加計学園騒ぎも、マインド・コントロールの観点からみるとよく理解できる。自分の意思だと思い込んでいる人びとも、政治的立場のちがう複数の意見を比較・熟考したうえではなく、特定のメディアや政党の「一方的な情報に統制」されていたのではないか。心理操作によって〈思考の自由〉を奪われていたのではないか。

テレビ朝日の番組『中居正広のミになる図書館』は、2015年9月1日、ネットで話題というマインド・コントロールテストを特集した。そのなかで、危険な例として布団を売る詐欺商法があげられていた。消費者をある部屋に集め「限定○枚」とか「早い者勝ち」とか言って会場を熱狂させ、クライマックスで布団を売りつける。また、スタジオで、中居や劇団ひとりは、メンタリスト眉村神也に心を操られ、暗示通りの絵を描くなどした。眉村はメンタリストのテクニックをテレビで明かす理由のひとつとして、詐欺師に騙《だま》されないようにすることをあげた。

マインド・コントロール術を使う詐欺師は、犯罪者だけでなく、政界やメディア界、学界にも左右を問わずいると思っておいたほうがいい。

3 〈推定有罪〉＝踏みにじられた司法の原則

推定無罪

司法には、推定無罪《すいていむざい》という重要な言葉がある。刑事裁判で、「証拠にもとづいて有罪判決を下されるまで、被告人は無罪と推定されるべきである」という近代法の基本原則だ。

せまくは、「検察官が被告人の有罪を証明しない限り、被告人に無罪判決が下される」という意味となる。これによって、被告人には自分の無実を証明する責任がない。

広くは、「有罪判決が確定するまではだれでも犯罪者として取り扱われない権利がある」ことを意味し、国際人権規約に明文化されている。

日本国憲法31条には「何人も、法律の定める手続によらなければ、その生命若《も》しくは自由を奪はれ、又はその他の刑罰を科せられない」とあり、せまい意味での推定無罪の原則がふくまれると解釈されている。つまり、推定無罪は憲法でも認められている原則であり、国際的にも定着している。

だが、日本のメディアや一般国民の感覚においては、被疑者・被告人の推定無罪は有名無実化している。刑事事件で逮捕・起訴された者はほぼ有罪だ、との誤った認識が社会で定着していることは否定できない。

日本の過去は〈推定有罪〉

日本の戦争の過去や戦争責任に関する問題でも、この推定無罪の司法の原則は頭から無視され、〈推定有罪〉と決めつけられるケースがほとんどだ。それは、マインド・コントロールa0～a7、なかでもa3 東京裁判によって、脳裏に先入観が刷り込まれているからにほかならない。

言葉を換えれば、思考が操作されているからだ。「自分の意志でその道を選択したと思いながらも、いつのまにかマインド・コントロールを受けているのである。一番騙された人は、自分が騙されたことにさえ気づかない」(『マインド・コントロール』)

第I章で述べたように、朝日の相次ぐ虚報や自称・人権派弁護士らの通常なら考えられない反日行為を、日本のメディアや国民の多数は、あまり疑問を抱くこともなく受け入れた。これは、マインド・コントロールを背景として過去を〈推定有罪〉とする心理メカニズムが働いたからだった。〈推定有罪〉は、心理学で言う「ステレオタイプ」となって戦後日本にすっかり定着してきた。

特筆しなければならないのは、法律の専門家である弁護士の団体・日弁連が、いともたやすく司法の原則を踏みにじり、戸塚悦朗や高木健一の言動について〈推定有罪〉でものごとを判断し支持したという事実だ。推定無罪こそ弁護士の最重要原則のはずなのに、マインド・コントロールが利きすぎていて、「自分たちの思考は〈推定有罪〉になっている」という意識さえなかったのだろう。これがステレオタイプの恐ろしさだ。

慰安婦虚報について言えば、朝日新聞以外のメディアにも責任がある。読売新聞は1991年8月26日の朝刊で「太平洋戦争中、朝鮮人女性が『女子挺身隊』の名でかり出され、従軍慰安婦として前線に送られた。その数は二十万人ともいわれているが、実態は明らかではない」と伝えた。毎日新聞なども、このころは、ほぼ同様の内容で報道している。

これらはいずれも、朝日新聞が1982年以降、吉田清治の虚言などを報道しつづけてきたあとのことだ。読売や毎日などは、独自にじゅうぶんな裏づけ取材をしないまま、朝日の報道に引きずられる形で書いたと思われる。「過去にはきっとそういうことがあったのだろう」という〈推定有罪〉のステレオタイプが働いてしまっていた。

首相・宮澤喜一が訪韓し「反省、謝罪という言葉を8回使った」（韓国側発表）のも、日本政府として事実関係を調査したうえでのことではなかった。ここにも、〈推定有罪〉の原則がみられる。いわゆる河野談話の作成過程でも、おなじ心理メカニズムが働いていたのはまちがいない。

〈推定有罪〉は海を越えている。LA・日本をよみがえらせる会代表のクリス三宅は、こう語る。

「いま、アメリカで暮らしている日系三世、四世の親世代は第二次世界大戦を経験し、アメリカの教育を受けています。つまり、日本に対して敵国教育を受けている。『日本は野蛮で、人殺しをした悪党だ』というイメージが刷り込まれています。ゆえに、慰安婦像についても、強制連行はあったと彼らは思い込んでいる。そのイメージが彼らの子供や孫まで受け継がれていったのです」（WiLL 2014年6月号）

何でも穏便にの愚挙

首相・吉田茂は、1951（昭和26）年1月、外務省の若手官僚にひそかに命じ、戦争中の日本外交の失敗と過誤について研究させた。その報告書は、2003年に外務省から公表され、2010年には小倉和夫著『吉田茂の自問　敗戦、そして報告書「日本外交の過誤」』として出版された。ここでは、満州事変から太平洋戦争敗戦に至る十五年戦争の外交の失敗を総括した5項目があげられている。

「5. 重大事にあたって、何でも穏便におさめようとしたことが、結局、亡国につながった」

これはまさに、韓国政府とのあいだで慰安婦問題を穏便におさめようとし、ソウルで8回も謝った首相・宮澤喜一、さらに、慰安婦への強制性を認める官房長官談話（記者会見での発言をふくむ）を出した河野洋平の愚挙にもあてはまる。宮澤は、英語は堪能でも外交の最高責任者としてあまりにも国際オンチであり、河野洋平はふかくマインド・コントロールされた人物だったとみられる。息子の外相・河野太郎は父と政治信条が正反対のようだが、それはマインド・コントロールをほとんど受けていない世代だからだろう。

第Ⅳ章

日本人によるマインド・コントロール

洗脳がほぼ一方的におこなわれるのに対し、マインド・コントロールは、されたほうもまた、だれかに対しマインド・コントロールをする場合が少なくないという。以下、GHQによってマインド・コントロールされた日本のある組織や個人が、ときには自らをふくむ日本人に対して心理操作をおこなったケースをつづる。

1 マインド・コントロールb1 ソ連への傾斜

GHQは、日本の占領政策に社会主義者、共産主義者を利用した。だが、冷戦のはじまりとともに、アメリカは「右旋回」し、日本を反共・自由主義陣営の橋頭堡《きょうとうほ》にしようとした。それにもかかわらず、戦後、知識人のほとんどは左翼思想に傾倒し親ソ反米になった。

「無公害ソ連」信仰

朝日新聞OBだった稲垣武は、大阪本社に勤めていたころのエピソードを書きのこしている。社会部のふたりと雑談していたとき、当時は日本で公害や環境汚染が大きな社会問題になっていたので、こう言ったという。

「公害は日本だけじゃなくソ連にもあるんじゃないか。アメリカの雑誌で読んだのだが、カスピ海の汚染など相当ひどいらしいよ」

ところが、ふたりは頭からそれを信じようとしなかった。

「私利を追求する資本主義とちがって、社会主義に立脚するソ連に公害問題など発生するはずがないでしょう」

稲垣は重ねて言った。

「ソ連の国営企業はノルマに追われて公害対策にまで手が回らないのじゃないか。それに西側と違って世論による監視もないだろうしね」

それでも、ふたりとも頑強に否定した。

「ソ連に西側のような公害などないことは、やがて歴史が証明しますよ」

ゴルバチョフ時代のソ連末期、ペレストロイカ（改革）の重要な一環として展開された情報公開政策グラスノスチが実施され、ソ連や東欧、中国では、西側をはるかに超える深刻な公害・環境汚染問題があることが明らかになった（『朝日新聞血風録』）。

朝日大阪社会部の記者ふたりは、ソ連のプロパガンダにまんまとマインド・コントロールされていたことになる。そして、朝日はその記事によって読者をマインド・コントロールした。

マルクス主義の福音

１９９４年に稲垣武が上梓した『「悪魔祓い」の戦後史』の第二章には、日本の敗戦後まもなくの思想状況と、右から左へ転向した知識人たちの心理メカニズムが、よくまとめられている。その記述をもとに、敗戦の日をはさんで日本の知識人に何が起こったのかをざっとふり返ると、次のようになる。

戦時中は、思想がきびしく統制されていた。特に、マルクス主義者、社会主義者、共産主義者らは投獄され、思想的転向を迫られた。だが、彼らは、日本の帝国主義戦争に反対する意思を曲げず、非転向を貫いた。

戦後、その共産党幹部らは、「占領軍によって解放され」出獄した。ソ連は、ナチス・ドイツとの苦闘に勝利し、日ソ中立条約を一方的に破棄して対日戦争に加わり、日本の軍国主義にとどめを刺した。そのソ連が、ある意味で「日本の解放」を実現したかのように受けとめる者たちもいた。

ここでも、「解放」という言葉が使われている。敗戦を、実感として解放と受けとめた人びとがいたのはたしかだろう。しかし、それは国民のほんのひと握りだった。なかには、軍国主義に染まっていたのに、自己保身から「敗戦によって自分は解放された」と思い込んだ者たちも多かった。ドイツの例にもみるように、「解放」は、人間の心理にふかく作用する呪文だ。

かつて時流に流され軍国主義者だった日本のほとんどの知識人たちは、「敗戦でそれまでよりどころにしていた価値観、イデオロギーが転倒し茫然《ぼうぜん》自失していた」。その知識層にとってマルクス主義の説くところは「福音《ふくいん》」であり、ひとつの救いだった。「労働者階級がブルジョワから権力を奪取することによって、恒久の平和と永遠の至福を実現しうるとする、マルクスの説く千年王国説のほうが遥かに耳に入りやすかった」

マルクス主義は、労働者や農民など労働者階級を高く評価するが、知識層の多くはそうした階級の出身ではなく、負い目を感じていた。だからこそ逆に、知識層から熱心なマルクス主義者が出たのは、日本の場合はある意味で当然と言えた。

その陰にはGHQがいて、さらに、その陰にはソ連・コミンテルンのスパイがいた。コミンテルンとは、ソ連指導のもと各国の共産主義政党がつくった国際組織だ。

日中戦争から大東亜戦争（太平洋戦争）の敗戦までの日本を支配していたイデオロギーを全体主義とすれば、その対極にあったのは自由主義、個人主義のはずであり、「オールド・リベラリスト」と呼ばれる戦前からの自由主義者も決して少数ではなかった。筆者の父が学んでいた旧制高校、帝国大学の学友にも、数はとても少ないが自由主義者がいたという。

しかし、敗戦直後の危機的状況のもとでは、そうした者たちの説くところはあまりにもまだるっこく、その福音は不徹底で弱々しく思われ、知識人の支持を集めるには至らなかった。

また、日本の戦争に反対できなかったばかりか、身すぎ世すぎのために戦争に協力し軍部に迎合する言説を書きちらしていた知識人連中にとっては、「戦前、戦中は何をしていたか」と個人の戦争責任を追及されれば、ぐうの音も出なかった。その点でも、日本の帝国主義戦争に断固反対を貫き通した共産党幹部らは、彼らにとって眩《まぶ》しすぎる存在で、共産党幹部らの言説に表だって異を唱えることはできなかった。

しかも、マルクスの理想が実現された国としてソ連がある、と日本の知識人らは信じた。**彼らの多くは、戦時中、ナチス・ドイツに理想をみていたが、それが崩壊したいま、新たな理想の国としてソ連があると思い込まされたのだった。**

京大名誉教授の竹内洋は、『革新幻想の戦後史』でこう書く。

「第二次世界大戦後のソ連の指導者の立場は、……『赤裸々なまでに現実主義的』だった。にもかかわらず、日本の知識人は平和主義、理想主義の範としてソ連をとらえていた。悲劇はここから生まれた」

慶大教授の細谷雄一も『安保論争』でこう述べる。イギリスでも「多くの左派系メディアや知識人が、ソ連の社会主義体制を理想的なものと観て、一定ていどの共感を示していた」。

だが、ドイツはちがった。ニュルンベルク市博物館局長のフランツ・ゾネンベルガーはこう語った。「わたしが小さいころの想い出として非常によく覚えているのはハンガリー蜂起でした。1956年、わたしは5歳で、何かよくわからないが、東側には非常に大きな敵がいて、人びとの自由が脅かされているということを学びました。わたしたちはその敵を軍事力によって追っ払わなければならないんだと。わたしたちは、そういう環境のなかで育ちました」

5歳の子どもでも、ソ連と軍事的に対峙《たいじ》しなければならないと思っていたわけだ。

国際情勢とはまったく関係ない〝平和ぼけ〟した島国日本で、左翼思想の浸透は度を越し、ガラパゴス化したのだった。

朝日岩波文化人

岩波書店の月刊誌『世界』が急速に左傾化していったのは、1950年代初めのころとされる。先の大戦の敗戦を境に右から左に転向した人びとを多くふくむ知識人らも進歩主義に傾倒し、自らを「進歩的文化人」と呼ぶようになった。彼らは、主に、朝日新聞や岩波書店を言説の場としたことから「朝日岩波文化人」とも呼ばれ、『世界』はその牙城となった。

その代表格として、1914（大正3）年に生まれた丸山眞男《まさお》があげられる。サンフランシスコ講和条約をめぐる論争では「平和問題談話会」の中心人物のひとりとして、いわゆる「全面講和」と再軍備反対を主張した。全面講和というのは、米ソ冷戦構造下で東西両陣営に属するすべての国と講和し、どの国とも同盟関係を結ばず中立を堅持することを意味した。丸山は、戦前、立憲主義的君主制の立場をとっていたが、戦後は国民主権の立場に大きく変わった。1960（昭和35）年の安保闘争を支持するなど、アカデミズムの領域を超え戦後民主主義のオピニオンリーダーとして発言をおこない、世論に大きな影響を与えた。

丸山は「悔恨共同体」という言葉を作ったことでも知られる。『革新幻想の戦後史』によると、この言葉は、「敗戦後、戦争を食い止められなかった自責の念と知識人として将来の日本を新しくつくっていかなければならないという気負いとがないまぜとなって形成された感情共同体である。そこから『過ちを二度とくりかえすまい』という主張が展開されることになる」。

「しかし、左派あるいはリベラル知識人があれば右派知識人があるのと対応して、悔恨共同体に対してもうひとつの共同体感情が伏流していたことも事実である。もうひとつの悔恨共同体を視野に入れなければ、戦後日本の感情についての偏向史観となる」

竹内は、丸山眞男らの歴史観は偏向していたとする。ここでふれられた「もうひとつの悔恨共同体」についいては後述する。

進歩主義（progressivism）は、進歩に一定の高い価値を与える考え方であり、ここでの進歩は、変化という事実に加え、その変化が好ましいものであるという価値判断をもふくむ。政治の世界では保守主義に対比され、革新という言葉ともほぼおなじ意味とされる。そうしたイデオロギーは、大学や学校の関係者、官僚、弁護士などにも広まっていった。したがって、進歩的文化人という言葉は定義があいまいだが、本書では「進歩主義に感化された人びと」の意味で使うことにする。

ただ、評論家で演出家だった福田恆存《つねあり》（1912～94年）は、進歩的文化人を定義している。「日本が共産主義になる事を好まない人でも、結果としてはさうなる事に、少なくともさうなる可能性を助長する様な事に手を貸してゐる」人だそうだ（『福田恆存全集』第六巻）。

進歩的文化人への批判は、1960年の安保反対闘争後の全共闘のあいだではじまり、セクトを超えて学生に広がっていったとされる。だが、平成のいまも進歩的文化人の残党などは、大学や法曹界、メディア界などで生き延びている。

極限状態での改心

精神科医の岡田尊司《たかし》は、主に洗脳について論じた文章のなかで、「自発的な『改心』」のケースでも極限状態におちいれば「振る舞い方を百八十度変えるきっかけとなる」とする。

空襲で都市は焼け野原となり、インフレと食糧難に苦しみ、それまでの思想も人生観も社会的地位も木っ端《こっぱ》みじんになった知識人らにとって、敗戦は当然、極限状態だったのだろう。

彼らの180度の改心、転向は、一面で自発的ではあるが、じっさいにはGHQによるマインド・コントロールが契機だったとも言える。ただ、そのベクトルはやがて反米へと向かい、皮肉にもGHQが意図したほうへは必ずしも向かなかった。戦後のもうひとつの潮流であり、このソ連への傾斜をマインド・コントロールb1と名づけておく。

仮想のユートピア

戦前・戦中には、日本を支配した全体主義的思考、現実の裏づけを欠いた願望のみが自己肥大して、ついにはたんなる夢想に至る。

知識人らの仮想のユートピアは、戦前はナチス・ドイツであり、戦後は、ソ連や中国だった。戦前、その幻影を基礎に日本の現状を論難し模倣させようとする傾向が強かったが、それは戦後の進歩的文化人がたどった軌跡と驚くほど類似している。「右翼と左翼の違いはあれ、それは表の看板だけで、頭の構造は同一ではないかとも疑われるほどだ」（『「悪魔祓い」の戦後史』）と稲垣武は喝破《かっぱ》していた。

戦前に右翼だった知識人が、戦後は左翼に走ったが、その精神メカニズムはおなじだったという指摘だ。これについては、第Ⅵ章でふたたびふれる。

経済学者で東宮御教育常時参与として皇太子（いまの天皇明仁陛下）の教育の責任者となった小泉信三は、当時の左傾化した政治風土について、話題を呼んだ著書『共産主義批判の常識』でこう書いている。

「日本はまだ占領下にあったが、当時、何故か人々は、ことに知識階級と呼ばれるものの間には、共産党または共産主義に対する批判をはばかり、何か一目置いて議論するという風が見えた。自然、この風潮に動かされ、別段所信もなしにこれに追随するものが少なくないように見えた」

知識人の多くが共産主義に走ったのは、ふかい考えもなく時流に乗ったためだったと言うのだ。稲垣の指摘とおなじで、戦前は軍国主義の空気に流され、戦後は左翼思想の空気に流されたということだろう。その新しい潮流は、平和主義や戦争責任の問題とふかく結びついている。

左翼思想への憧憬の有無

日本の進歩的文化人は、左翼思想に傾倒した。それは観念的な憧れにすぎず、本場・ソ連の実情を知ったうえでのものではなかった。欧米でも左傾化した知識人は少なくなかったが、日本の場合は独特で左翼のガラパゴス化がみられた。

では、東西に分断されたかつての西ドイツでは、左翼思想はどう考えられていただろうか。再統一されたドイツで、あるドイツ人歴史家が語った言葉が、いまも筆者の記憶にはっきりとのこっている。

「ソ連が戦車でドイツにやってきて、ナチス・ドイツという全体主義国家を破壊しました。しかしその後、ソ連は占領したドイツの東地区に、共産主義というもうひとつの全体主義国家を作りました。わたしたちは、それを認めることは決してできませんでした」

戦後、西ドイツにはドイツ共産党（ＫＰＤ）という弱小政党があったが、１９５６年、「マルクス主義にもとづく非民主的な政党だ」とする憲法裁判所の判決によって非合法化された。祖国を分断された東側に全体主義国家があった旧西ドイツの知識人の多くは、マルクス主義や左翼勢力について幻想を抱くことはなかった。日独の差は、ここでもはっきりしている。

ドイツ社民党の現実路線

日独のちがいは、ドイツ社会民主党と日本社会党の差にも表われた。ドイツ・ボン市郊外バート・ゴーデスベルク近くに、筆者一家は住んだことがある。ドイツ社民党は、１９５９年にその地で党大会を開き、有名な「バート・ゴーデスベルク綱領」を採択して、マルクス主義と最終的に決別し現実的政党に生まれ変わった。徴兵制やNATO加入も容認する大胆な路線へ切り換え、保守のキリスト教民主・社会同盟との大連立政権を組んだ。

これは、西ドイツの社民党メンバーが、東ドイツというもうひとつのドイツに注目し、社会主義や共産主義とはどれだけ抑圧的で残虐なものか、皮膚感覚で知っていて嫌悪感をおぼえたのが素地になっていたとされる。旧東ドイツの実態は日本ではあまり知られていないが、いまの中国や北朝鮮をイメージすれば、大きくはちがわないだろう。

日本社会党の強硬路線

日本社会党の鈴木茂三郎は、1951年、「青年よ銃をとるな」と委員長就任演説で訴え、「非武装中立論」を唱えた。非武装中立とは、自衛力を含めた軍備をすべて放棄し、いかなる軍事同盟にも属さず中立主義を実践するという考え方だ。社会党は1960年、全精力を傾けて日米安全保障条約改定に反対する「安保闘争」を闘うことになる。その底流にあったのは親ソ反米の強硬左翼路線であり、ドイツ社民党とはかけ離れたものだった。

日本の進歩的文化人や朝日など左派メディアとちがい、ドイツ知識人には社会主義、共産主義への観念的な憧れはほとんどなかった。そのちがいは、日独が戦後に歩んだ方向性をまるで異なるものにした。

日本社会党、日本共産党とソ連

稲垣武著『「悪魔祓い」の戦後史』によると、1992年6月24日、モスクワ発共同電は、石橋政嗣《まさし》が書記長だった1972年3月、日本社会党が総選挙資金調達のため、ソ連共産党に貿易操作による10万ドルの秘密援助を要請、同共産党はこれを受け入れる決定をしていたことが極秘文書から明らかになったと報じた。そして社会党を離党した前調査部長・上住充弘は、週刊文春「社会党『ソ連秘密資金』はあった」で、問題の資金は貿易操作の機関であった「日ソ貿易協会」を牛耳っていた石橋派の懐に収まっていると党内ではみられていた、と証言した（同誌1992年7月16日号）。

これが事実なら、日本社会党は、ソ連から現金をもらいソ連のリモート・コントロールで動いていたことになる。

拓殖大学教授・名越健郎によると、日本共産党にも、ソ連から計85万ドルの資金援助があった。だが、日本共産党は、「国際共産主義運動の秘密資金の流れはあったことは暗に認めながらも、それを受け取っていたのは、ソ連と内通していた野坂（参三）、袴田《はかまだ》（里見）らソ連追随グループであり、党中央は一切関与していない」との立場を貫いている（『クレムリン秘密文書は語る　闇の日ソ関係史』第二章　日本共産党のソ連資金疑惑）。野坂や袴田はスケープゴートとされた。

日本で、反核運動や平和運動を展開する団体は、アメリカ、フランスなど西側の核兵器や核実験には大声で反対を唱えるが、ソ連や中国の核実験、北朝鮮の核保有にはあまり批判をしてこなかった。その背景には、左翼思想への根拠のない憧憬や幻想があったからなのだろう。

もうひとつ、重要な要素があった。「日本で反核運動や平和運動が盛んになればなるほど、かつてのソ連や中国、北朝鮮といった共産圏国家にとっては、軍事的に有利になる」という点だ。過去、ソ連や中国から、日本の左派系団体に水面下で資金が流れていた可能性があるのはこのためだった。

2015年最大の政治的争点となった安保法制についても、これはあてはまる。野党や左派メディアとそれに煽《あお》られた市民が、反対の声をあげればあげるほど、中国や北朝鮮などには有利になるというメカニズムがあった。

2017年に入ると朝鮮半島の危機が高まり、最悪の場合、わが国にもノドンなどのミサイルが多数飛来する恐れがあるとされた。だが、野党や左派メディアは緊迫感に欠け、国会などでも国際情勢がまるで念頭にないかのような議論に終始した。ある高校生が実名で産経新聞に投書した「野党は森友学園問題などにかまけていていいのか」という文章が、ネットで広まり多くの共感を得るなど、一般国民のほうがよほど危機感をおぼえていた。そのため、野党第一党だった民進党は国民から相手にされなくなり、10月の総選挙を前に衆議院では事実上、消滅した。

「反戦」のトリック

日本では戦後長らく、左翼勢力が論壇の中心だった時期があり、その影響で「かつて戦争に抵抗し反対したのは共産党をはじめとする共産主義者、社会主義者だった」というのが定説のようになった。戦時中、戦争に抵抗し投獄されても信念を曲げなかった共産党幹部らが、戦後は称賛された。

だが、**左翼が反対したのはいわゆる日本の帝国主義戦争であって、社会主義の祖国とされていたソ連の戦争には無条件で賛同していた。**日本国民が戦争一色に染まっていたなかで、その戦争に反対した共産党幹部らの経歴が、戦後の価値観では一見立派に思えるというのは心理的な錯覚にすぎなかった。左翼はその錯覚をプロパガンダに利用した。

青山学院大学教授・福井義高は、「日本に限らずどこの国の共産党もソ連共産党の完全な統制下にあったことを抜きに、当時の共産主義運動の本質は理解できない」とする。そして、当時の日本共産党最高幹部・鍋山貞親《なべやまさだちか》が、後年、著書『私は共産党をすてた』で、戦争反対は「徹頭徹尾、ソ連擁護」が目的だったことを明らかにしている（正論2014年7月号）。

ここにも、言葉と心理のトリックがあった。帝国主義戦争に表向き反対していた者は、戦後、平和主義者だったかのように左派メディアや進歩的文化人は喧伝《けんでん》した。だが、じつは、日本の戦争に反対していただけで、ソ連の戦争は断固支持していたのだ。戦後日本の平和主義や戦争責任観は、そうしたトリックの上に構築されてきたものだった。

日本でのソ連のスパイによる戦争誘導

有名なゾルゲ事件でソ連のスパイとして逮捕された**元朝日新聞記者の尾崎秀実《ほつみ》**も、戦後に評価されたような平和主義者でも何でもなかった。**共産主義者として祖国ソ連を守り、世界の資本主義体制の崩壊を促進しようと、日本対米英といった彼らの言う帝国主義相互の戦争へと日本を誘導しようと図ったのだった**（『朝日新聞血風録』）。朝日ＯＢの長谷川熙《ひろし》も、２０１５年末に上梓した『崩壊　朝日新聞』などで、この問題をあらためて追究している。

江崎道朗によると、尾崎秀実やリヒャルト・ゾルゲなどのスパイ活動は氷山の一角にすぎない。「ヴェノナ」文書にはモスクワと東京の交信記録もあり、「日本国内でもソ連のスパイたちがコミンテルンの指示で暗躍していたことは間違いない」（『アメリカ側から見た東京裁判史観の虚妄』）。

「一般兵士レベルには『反戦平和』を訴える一方で、政府や軍部に入り込んだスパイは帝国主義戦争を引き起こし混乱させるべく暗躍する」「外務省や陸軍による度重なる和平交渉とは裏腹に、尾崎の主張は戦線拡大一辺倒だった」「軍部が戦争に反対したのに、コミンテルンのスパイが戦争を長期化すべく、和平工作を妨害したのだ。日本の左翼系のメディアや学者たちは『軍部の侵略戦争が日本と世界を悲劇に導いた』と強調するが、あまりに一面的としかいいようがない」（『コミンテルンの謀略と日本の敗戦』）

スターリンをスケープゴートに

ソ連共産党第1書記フルシチョフは、1956年、独裁者スターリン執政期における秘密の一部を暴露し、それまでおこなわれていたスターリンへの個人崇拝を批判した。また、スターリン批判にもとづく政治路線を打ち出した。

しかし、スターリン批判のあとも、朝日や進歩的文化人は、「それはスターリン個人の罪」だとするソ連側の見解に安心して寄りかかった。このため、日本では社会主義体制そのものに対する懐疑はほとんど生まれなかった。

それは、進歩的文化人のあいだに、現実から遊離した根拠のない憧憬《しょうけい》としての社会主義・共産主義信仰が根強かったためにほかならない。

しかし、江崎道朗は共産主義諸国で計1億人近くが犠牲になった史実を指摘し、こう述べる。

「歴史家や研究者の中には、そのようなことが発生した原因をもっぱら指導者の人間性に求める意見もあるが、それは明らかに間違いである。異論を唱える者の粛清や殺戮《さつりく》、徹底排除は、コミンテルンの基本的構図として、組織論として入っているのだ」（同書）

スターリンは、共産主義そのものが内包している負の要素をすべて押しつけるためのスケープゴートとされた。

日本の進歩的文化人や朝日、岩波などによる〝自主的な〟反米ソ連傾斜マインド・コントロールb1は、日本人のなかでも特に知識層に対しa0〜a7に劣らず強烈に作用した。［第Ⅴ章　7　日本をダメにしたA層の研究］でふたたび述べる。

2 マインド・コントロールb2 中国・北朝鮮への傾斜

毛沢東は守り本尊

1956年2月のソ連共産党大会におけるスターリン批判まで、日本でのソ連礼賛は、素朴なユートピア信仰だった。ソ連を批判する声があっても、「それは、反共デマ宣伝だ」というのが進歩的文化人の決まり文句だった。だが、おぞましいスターリンの暴政がほかならぬソ連共産党第1書記フルシチョフの口から告発されると、そういう言い訳も通用しなくなった。

そこで、朝日や進歩的文化人たちは、もうひとつの共産主義大国・中国に希望を託した。

特にスターリン批判にかんし、その4月に人民日報が発表した論文「プロレタリアート独裁の歴史的経験について」は、進歩的文化人らの共産主義体制擁護の聖典となった。この論文は「スターリンの暴政は単にスターリンの個人的資質の罪」とし、日本の進歩的文化人もそれをオウム返しにくり返した。「共産主義という体制の罪ではない」と強弁したのだった。

粗暴で冷酷なスターリンに比べ、中国のリーダー毛沢東は「哲学者であり詩人であり、偉大な戦略家」と持ち上げられた。毛沢東にはスターリンにはない豊かな人間性とロマンティシズムという後光が射していた、と神格化されていった。

毛沢東を「進歩的文化人の守り本尊」と呼んで揶揄《やゆ》する声も出てきた。1950年代後半には、進歩的文化人という言葉が嘲笑的に使われ出したとされる。わかる人には、彼らの馬鹿さ加減がわかったのだろう。

朝日の文革礼賛

ＴＢＳ報道局記者出身の作家・井沢元彦は、エセ・ジャーナリストと反日左翼はおなじ意味だとし、その典型として朝日新聞ＯＢのテレビキャスター筑紫哲也（１９３５～２００８年）を名指しして、こう述べる。

「エセ・ジャーナリストたちは、ソビエトが『地上の楽園』でないことに気が付くと、今度は別の共産国家『中国』を理想化し始めた。朝日新聞の文化大革命礼賛は有名である」（『「反日」日本人の正体』）

中国のいわゆる「文化大革命（文革）」は１９６６年5月にはじまったとされる。まもなく文革は、その立派な名とはうらはらに、毛沢東による党組織を破壊してまでの権力奪取闘争という陰惨な顔をみせはじめた。

毛沢東を神格化し心酔する紅衛兵らは、要人たちを自宅や役所から引きずり出し、名前と罪状を大書した三角帽子をかぶせ、トラックの荷台に乗せ市中を引き回し、さらし者にしたりした。ふつうの中国人市民も、たとえば妻が日本人というだけで「外国のスパイ」とされ獄死させられたりした。

紅衛兵を扇動し指示を与えていたのが、毛沢東の妻・江青《こうせい》だった。

文革をめぐる日本のメディアの批判的な報道内容を中国当局が問題視し、日本人の北京特派員がつぎつぎと国外追放などの憂き目に遭った。1970年には、ついに朝日の特派員・秋岡家栄《いえしげ》だけになった。秋岡の原稿は、通常のチェックルートである外報部デスクを通さずに、広岡社長に送られ、社長室から直接、見出しをふくめ紙面のレイアウトをする整理部へとどくようになった。

その内容は「毛沢東の妻・江青がピアノ伴奏をした」という写真つきの記事だったりした。どんなにくだらなくてもボツにはできず、他の重要ニュースを押しのけてでも使わないわけにはいかなかった。編集局長や部長クラスまで社長の怒りを買うのを恐れ、秋岡らの中国べったり報道が許された。「中国にはハエ一匹もいない」などという馬鹿げた報道がくり返された。

文革では大量の殺戮がおこなわれ、最終的に、その犠牲者の合計数は数百万人から1000万人以上とも言われている。2000万人とみるひともいる。

北朝鮮礼賛

井沢元彦は著書で、こう書いている。「文化大革命も実態は大量虐殺であることがわかった。そこで、（日本のエセ・ジャーナリストは）今度こそは『やっぱり共産主義はエセ民主主義なんだ』と反省し謝罪し、そのような言論を自粛するようになったか？　とんでもない。今度は最後の『聖域』である北朝鮮礼賛に走ったのである」そして、「筑紫哲也のなかに『反日』という、日本という国に対する『差別』があり、同時に『左翼』という共産主義に対する強烈な『信仰』があるからだろう」とした（『「反日」日本人の正体』）。

日本に対する差別とは、第Ⅰ章で述べたように、自己愛性パーソナリティー障害的傾向をもつ勢力による、日本と日本人をスケープゴートとする心理メカニズムのことだろう。

朝日の北朝鮮礼賛と擁護は、一時期、とどまることを知らなかった。朝日ジャーナル１９８８年2月26日号には、辛淑玉《シンスゴ》のこんな記事が載っている。

「北が日本人女性を拉致したというのは嘘《うそ》だと思う。工作員教育係なら在日同胞を使えばすむからだ。もし、仮に北が日本人を拉致したとしても、それを日本人は批判できるのだろうか。戦時中、日本は膨大な数の朝鮮人を国家の名の下に拉致した歴史的事実がある」

北朝鮮のトップ金正日は、２００２年9月の日朝首脳会談で、首相・小泉純一郎に日本人拉致を認めた。それでも、日本の左派メディアは、朝鮮人強制連行の過去を持ち出して罪を相殺する論調をくり返した。

その「膨大な数の朝鮮人を国家の名の下に拉致した歴史的事実」というのは、朝日などのお得意の言説だった。だが、それは辛淑玉のコメントから16年後、まったくの虚偽だったと完璧に論破されることになる。それについては、第Ⅶ章で述べる。

北朝鮮による日本人の拉致が疑われるようになっても、日本の各メディアは当初、深刻に受けとめなかった。それでも、事実が明らかになるにしたがい、北朝鮮による犯行の可能性を報道するようになった。だが、最後まで、それを認めようとしなかったのが朝日だった。かつてのソ連や中国のケースとおなじで、北朝鮮の共産主義楽園説に固執したためだ。

1999年8月31日朝日朝刊の社説は「日朝の国交正常化交渉には、日本人拉致疑惑をはじめ、障害がいくつもある」と書いた。これに対し、拉致被害者の象徴的存在となっている横田めぐみの父・滋は「拉致問題で騒いでいる私たち自体が、交渉の障害になっているかのようにとられる」などとの抗議文を送り、親の代から購読していた朝日をとるのを中止したという。

加害者と被害者の入れ替えトリック

麗澤《れいたく》大学教授・八木秀次《ひでつぐ》は、注目すべきレポートを書いている。以下、そのポイントを述べる。

「従軍慰安婦」のストーリーが日韓両国にまたがる問題として浮上したのは、1980年代の北朝鮮による日本人拉致を日本政府が認定しつつあるときだった。共産主義の落日が明らかになると、日本内外の共産主義勢力は、未来が語れなくなったがゆえに余計に、唯物史観における発展段階の正しさを証明するために「日本帝国主義」の蛮行のシンボルとして従来からあった主に男性の「朝鮮人強制連行説」を強調した。そこにフェミニズム・ジェンダー論が加わって新たに「慰安婦強制連行説」が作りあげられた。

韓国で慰安婦問題に熱心な韓国挺身隊問題対策協議会（挺対協）は、北朝鮮からの支援を受ける親北団体であることが、西岡力《つとむ》らの研究ですでに明らかになっている。慰安婦問題で日韓の関係が悪化すれば「漁夫の利」を得るのは北朝鮮だ。慰安婦問題をことさらに取り上げる勢力は、北朝鮮の拉致事件を否定し冷淡にあつかってきた勢力と重なる。日本のメディアでは朝日がその筆頭だった。

八木はこう分析する。「慰安婦問題は、拉致という北朝鮮の国家犯罪を矮小化し、慰安婦を強制連行した日本に拉致を問題視する資格があるのかと主張するための仕掛けだったのではないか」（正論2014年10月号）

慰安婦強制連行を糾弾すれば、拉致の被害者を出した日本を加害者に、日本人拉致の加害者である北朝鮮を被害者に入れ替えるトリックが生まれる。

たしかに、八木や井沢の見方をすれば、日本の〈反日日本人〉が慰安婦問題を持ち出し、韓国の北朝鮮シンパ勢力・挺対協がそれに呼応して外交問題化させ、日本と韓国を離間させた構図がくっきりする。陰のポイントは、北朝鮮コネクションと北による日本人拉致事件だった。

八木はこう総括する。「慰安婦問題とはなにか。簡単に言えば、共産主義勢力が仕組んだ現在進行形の国際的謀略である」

慰安婦問題にかぎらず戦争責任と国際的謀略のテーマは、戦後、わが国の歴史研究が進歩的文化人によって主導されてきたため、ほとんどタブー視され無視されてきた。今後の大きな研究課題となるだろう。

共産主義敗北の理由

筆者が、中学2年のころだったと思う。ある教科の担任が、授業を脱線して共産主義について話し出した。ドイツのカール・マルクスという偉い学者が考えた説だと説明した。だが、「そんな、みんなが経済的に平等の世界になったら退屈だな。人間って欲も強いし、そんなきれいごとが長くつづくわけはない」と思ったことを覚えている。

いま「共産主義」を大辞泉で引けば、「財産の私有を否定し、生産手段・生産物などすべての財産を共有することによって貧富の差のない社会を実現しようとする思想・運動」とある。それは果たして理想だろうか。

稲垣武は率直に述べている。

「共産主義を信じた人たちは、人間理解にきわめて浅薄な部分があったと思う。人間は本性として階級を問わず利己的な動物だが、共産主義は人間観においても善悪二元論だった。ブルジョアは悪魔でプロレタリアは本来は天使だという教義である。そして共産主義下ではそれが『社会主義的人間』に改造され、私利私欲を忘れると期待した。いくら立派な計画があっても、それを実行するのは人間である。共産主義は人民が全て神様になってはじめて円滑に運営できるシステムなのだろう。しかし人間は神にはならないので、壮大な失敗を演じたわけだ」(『「悪魔祓い」の戦後史』)

共産主義は、善悪二元論だった。これは重い意味をもつ。いまの中国や北朝鮮をみれば「貧富の差のない社会」など笑い話以前の問題だろう。そして、善悪二元論は、「第Ⅰ章　2　勧善懲悪メディア」で述べたように、朝日の創業社訓の柱のひとつで虚報体質を分析するときのキーワードともなってきた。

共産主義者は、たとえば、農業生産が上がらず農民など勤労階級が窮乏する状況に陥ることを望む。そうすれば、資本主義の打倒を目指す共産主義革命が近づくからだ。

小泉信三は、1949（昭和24）年という左翼思想全盛の時代にありながら、著書『共産主義批判の常識』で次のように皮肉を込めて見抜いていた。

「例えば今日の日本において米麦の豊作は何人もが願わなければならぬことである。しかし豊作によって少しでも生活が緩和され、民衆が少しでも現状に甘んずる気分となることは、共産主義者にとってはけっして願わしいことではない。この点からいえば、現在秩序の下においては、けっして豊作を願わぬということも、誠実なる共産主義者の容認するところであろうと思われる」

戦後まもない日本では、そうした左翼思想が圧倒的に強かった。それは、共産主義の本場であるソ連や中国、北朝鮮の実態とはほとんど関係のない空想的な政治思想だった。朝日や進歩的文化人らは、自ら仕掛けたマインド・コントロールb1ソ連への傾斜とb2中国・北朝鮮への傾斜に、自ら踊らされていたのだった。

3 マインド・コントロールb3 革新幻想

はずされた殉国派

竹内洋は、［朝日岩波文化人］の項で具体的にはふれなかった「もうひとつの悔恨共同体」について「戦争をやむを得なかったと思い、敗戦を悔しく思う感情共同体である」とする。そして、1949（昭和24）年に刊行され空前のベストセラーとなって映画化もされた戦没学徒の手記『きけわだつみのこえ』を取り上げ、「この有名な書は『反戦』派か『リベラル』派の学生の手記のみが選択されてできたものである。『殉国』派学生の手記は意図的に採択されなかった」と述べる（『革新幻想の戦後史』）。

こうした手記などは「戦前期の学生《インテリ》がはじめから反戦派ないしはリベラル派であり、『殉国』派ではなかったとして過去を捏造《ねつぞう》してしまうものであった」と竹内は強く批判し、「二度と戦争は起こすまいという侵略戦争の悔恨だけが複数の敗戦感情を押しのけていった」とする。そして、反戦・平和が革新幻想の中核を構成し、その革新幻想が戦争体験のない若いインテリのあいだに広められたとする。

これが、わが国に定着した戦争責任論、ガラパゴス化平和主義の核心ではないか。

竹内は、戦争や国家体制などについて国民の感情は複雑だったにもかかわらず、戦後、進歩的文化人の代表格である丸山眞男らによって、単純化した「単一の敗戦感情の造形」がおこなわれたと指摘する。

1940年、大学教授連盟による大学在学者父兄6万人への意識調査が行われ、約1万2000人が回答した。これはヨーロッパでナチス・ドイツがポーランドへ侵攻し大戦を引き起こした翌年で、日米開戦の前年に当たる。竹内は、そのデータをもとにこう解説している。

「ドイツの勝利を願い、日米戦争を辞さずとした者が圧倒的に多かったのである。大学生の父兄といえば、ただの庶民ではなく、有産階級やインテリが多かったはずだが、かれらにしてこれなのである。こうした国民や学生たちのなかには、単に時勢に迎合していただけの者もいただろう。また、敗戦後は反動形成で、左旋回した者も少なくはない。しかし、**殉国への情熱を、やむにやまれない近代後発日本の運命として受け入れ、戦い、敗戦を無念の思いで迎え、他人事史観（東京裁判史観）による一億総懺悔《ざんげ》の戦後に割り切れない感情を引きずった者も少なくない**」（太字は筆者）

小説『ビルマの竪琴』（1947～48年）で知られるドイツ文学者で、「戦後論壇では一大知識人として群を抜く存在感があった」（平川祐弘『戦後の精神史』）評論家の竹山道雄も、著書『昭和の精神史』で進歩的文化人＝朝日岩波文化人や東京裁判をこう批判している。

「規定の前提から発する『上からの演繹《えんえき》』は、論理によって事実をゆがめてしまう。『天皇制ファッショ』がそのプログラムにのっとって歴史をつくったとする進歩主義の主張も、被告たちが全体としてはじめから侵略の野心を蔵して共同謀議をしたとする極東裁判（東京裁判）の判決も、共にこのあやまちを犯している」

演繹法は「ひとつの事柄から他の事柄へ押しひろめて述べること」「一般的な理論によって、特殊なものを推論し説明すること」を言う。竹山は、進歩的文化人がそれを上から下に向けてやったと強く批判しているわけだ。

これと反対なのが帰納法で、さまざまな事実や証拠をひろい集め、そこから一般的な法則や仮説、結論などを導き出す。新聞記事などを書く場合は、この方法が用いられる。

朝日新聞の元社長・中江利忠自身も、こう認めているという。

「下から地道に事実を積み上げるのではなく、上から観念的、教条的に物事を決めつける。これが朝日の伝統の中に過剰にあったことは否定できない」（『崩壊　朝日新聞』）

徹底していた革新幻想

朝日新聞は、1951年、世論調査で「『日本も講和条約ができて独立国になったのだから、自分の力で自分の国を守るために、軍隊を作らねばならぬ』という意見があります。あなたはこの意見に賛成されますか、反対されますか」と国民に聞いている。賛成は71％、反対は16％で圧倒的に再軍備支持派が多かった。

だが、わずか5年後の1956年には、再軍備について反対が賛成を上回る。これは、革新幻想の効果が反映されているためなのだろう。筆者は、竹内洋より11歳下であり、革新幻想の空気はわずかしか知らない。しかし、それがさぞかし強烈で徹底していただろうことは、この世論調査データからも想像はできる。

革新幻想は知識人にかぎられたものではなく草の根にまで行きわたり、時代の空気を作っていった。その担い手として、竹内洋は、作家の石坂洋次郎（1900〜86年）が朝日新聞に1947年の4か月間連載した小説『青い山脈』をあげる。竹内は「石坂作品は、草の根革新幻想をもたらした『歴史資料』なのである」と述べる。「革新幻想は、進歩的文化人が旗振りをしたが、それが戦後社会現象となったのは、戦後の大衆にその受け皿が存在したからである」

丸山眞男らによって生み出され大衆にまで広まった革新幻想は、マインド・コントロールb3と呼べるだろう。その革新幻想が戦争責任論と表裏一体だったのは、言うまでもない。

4 〈善い日本人〉と〈悪い日本人〉

反日路線へと暴走——朝日

教育史研究者の髙橋史朗は著書で、GHQのWGIPの目的を列記したGHQ民間情報教育局長ダイクの1945（昭和20）年12月21日付けのメモを紹介している。その第6項には、「政治家、実業家、指導的扇動家など、日本国内のさまざまなグループに戦争責任があることを示すこと」とあるという（『日本が二度と立ち上がれないようにアメリカが占領期に行ったこと』）。

かつて国民を軍国主義・戦争へと煽ったマスメディアの代表格のひとつ朝日新聞は、このメモにしたがえば、まちがいなく「指導的扇動家」に該当し、本来なら〈悪い日本人〉のカテゴリーに入れられるべき存在だった。だが、解体もされず伝統を引きついでいた朝日は、戦後、なんとか〈善い日本人〉になろう、なりすまそうとして大きな心の葛藤＝ストレスを抱いていたのではないか。

そして選んだ道が、ＷＧＩＰに沿った〝まるで占領軍のような上から目線〟による軍国主義の否定、戦前の価値観の否定路線だった。進歩的文化人のほとんども朝日とおなじ心の葛藤を抱いていたから、この朝日路線に寄り添った。それを本書では朝日イズムと呼ぶ。竹内洋の言う革新幻想の背景には、そういう心理メカニズムがあったのだろう。

それは軍国主義に走った負い目のある戦後日本社会全体にもあてはまることであり、朝日はやがて部数を伸ばして経営的にも絶頂期を迎えた。つまり、左へ急旋回した戦後の路線は、ビジネスの論理にもかなっていた。

だが、次第に路線をエスカレートさせ、虚報などによる反日路線へと暴走する。慰安婦問題がもっとも影響甚大だが、それ以前にも南京事件、教科書問題、靖国参拝問題などをめぐる数かずの煽り報道をして、中韓の反日感情を刺激してきた。

〈善い日本人〉とは

進歩的文化人とガラパゴス化した平和主義が結びつき、そうした人が良識派とされた。彼らは〈善い日本人〉の代表格であり、良識派の代表的メディアが朝日だった。英語で言うポリティカル・コレクトネス（政治的公平性、政治的に正しいこと）を盲信する人びととほぼ重なる。いま風の言葉で言えば「意識高い系」に近いだろうか。

戦後の日本に〈善い日本人〉というネーミングがあったわけではないが、人びとの意識のなかには明らかに存在した。それは主に、ＧＨＱのＷＧＩＰによる壮大なマインド・コントロールa0～a7などの結果生まれたと思われる。

加えて日本国内の事情もあった。竹内洋は『革新幻想の戦後史』で、戦前の１９２６～31年に左派学生の時代があったが、そういう左傾キャンパス文化は軍国主義の昂進《こうしん》とともに解体されたと述べ、次のように書く。

「戦後の大学キャンパスにおけるマルクス・レーニン主義をはじめとする左翼理論覇権の背後には、左傾キャンパス文化の解体にあの戦争への道があったのだ、左傾キャンパス文化の蘇生こそ破局を避けるものである、というムードや感情が蔓延《まんえん》していた」

「そうしたキャンパス文化のなかでは、共産党員になるほどの勇気はないが、『良心的でありたい』、つまり左派の陣営にありたいという分子が大勢生まれた。『世界』はそのような分子たちの受け皿雑誌だった」

慰安婦問題に即して言えば、〈善い日本人〉の典型は、元首相・村山富市や元官房長官・河野洋平などが該当する。

〈悪い日本人〉とは

戦後日本で〈悪い日本人〉とされてきたのはどのような人たちだろうか。神仏や天皇制をふくむ伝統文化を重視し、ポリティカル・コレクトネスや共産主義、エセ平和主義などには本能的に大なり小なり抵抗を感じる人びと——と言えるのではないか。

最近の例で言うと、〈善い日本人〉からみて、安保法制を強引に成立させた首相・安倍晋三などは〈悪い日本人〉の典型となる。終章で述べるが、朝日が総理の天敵となったのにはそうした心理的理由があった。〈善い日本人〉と〈悪い日本人〉の水と油の関係だ。

朝日新聞は、昨今も、森友学園・加計学園問題などで安倍打倒キャンペーンを展開してきた。その動機は善悪二元論による〈善い日本人〉が〈悪い日本人〉をやっつける『水戸黄門』のようなアナクロの勧善懲悪劇と考えれば理解しやすいだろう。

ノーマル派

人は善悪で単純に二分されるものではない。〈善い日本人〉と〈悪い日本人〉のどちらにも部分的にあてはまる、あるいは、どちらにもあてはまらない、という人も多い。特に、戦争の過去から遠く離れて生まれ育った若い世代ほど、そういう人が増えているだろう。そうした人ほどa0～a7、b1～b3のマインド・コントロールと縁遠いから、心理学的には正常《ノーマル》と言っていい。最近の各種世論調査で年代別の分析をすると、その傾向がはっきりうかがえる。朝日イズムや進歩的文化人は、すでに過去の遺物となりつつある。

第Ⅴ章

左派エセ平和勢力の没落

1　9条記事を組織的に捏造・隠蔽

1面の不審な記事

「アメリカ9条の会（Article 9 society USA）」の創設者チャールズ・M・オーバビーが、2010年、さる日本人を介して、筆者にちょっと驚くべきメッセージと質問を伝えてきた。オーバビーの活動に影響され、日本に約8000もの「九条の会」が生まれている。その護憲団体ネットワーク会員らにとって、彼はカリスマのような存在だという。

オーバビーの用件は、1999年5月16日までさかのぼり、朝日新聞がその日に掲載した記事は虚偽だと告発するものだった。やはり朝日は組織として記事を捏造・隠蔽していたのだ、と筆者はある種の感慨にちょっとひたった。

この捏造記事は、護憲派を中心とする読者や政界、メディア界に影響を与え、国会で取り上げられたこともある。しかも、憲法をめぐるバトルがヒートアップしている現在、この捏造問題はきわめて今日的だ。

朝日朝刊は、次のような記事を1面に載せていた。

〈【ハーグ（オランダ）15日＝山本敦子、深津弘、斎藤孝治】非政府組織（NGO）の呼び

憲法9条、各国は見習え

ハーグ平和市民会議

「10原則」冒頭に

採択し閉会

【ハーグ（オランダ）15日＝山本敦子、深津弘、斎賀孝治】非政府組織（NGO）の呼びかけで、百カ国以上の約一万人が参加して開かれていた「ハーグ平和市民会議」は最終日の十五日、「公正な国際秩序のための基本十原則」を行動目標として設け、第一項に「日本の憲法九条を見習い、各国議会は自国政府に戦争をさせないための決議をすべきだ」との文言を盛り込んだ。日本国憲法の理念が世界の平和運動の共通の旗印として初めて前面に掲げられた。

会議はこの基本十原則を含む「二十一世紀の平和と正義のための課題」（ハーグ・アジェンダ）を採択、アナン国連事務総長に手渡し、四日間の日程を終えた。アジェンダは十八日からの政府間会議と十一月の国連総会に提出される。

十原則は憲法九条の理念の普及を訴えているほか、各国政府に対し▼政府、国際機関、市民社会の協力による「新しい外交」の追求▼国際刑事裁判所設立条約と地雷禁止条約の批准▼核軍縮交渉の進展▼小火器取引の規制▼国際司法裁判所の裁判権の無条件受け入れ▼平和教育の尊重▼「経済上の権利」も重要な市民的権利として受け止めること▼戦争回避のための世界行動計画を平和的な世界秩序の基礎とすること、などを求めている。

閉会式でアナン事務総長は、ユーゴスラビア問題に触れ、「戦争防止で最も大切なことは、政治家や外交官が和平の機会を逃しないよう、市民社会が平和を求めていることを認識させることだ」として、NGO活動の意義を強調した。

日本からは今回、約四百人のNGOメンバーが参加。日本反核法律家協会などでつくる「ハーグ平和アピール1999日本連絡会」事務局長の大久保賢一弁護士は「日本の参加団体が立場を超えて協力したことが成果につながった」と話している。

1999年5月16日朝日新聞1面

かけで、百カ国以上の約一万人が参加して開かれていた「ハーグ平和市民会議」は最終日の十五日、「公正な国際秩序のための基本十原則」を行動目標として設け、第一項に「日本の憲法九条を見習い、各国議会は自国政府に戦争をさせないための決議をすべきだ」との文言を盛り込んだ。日本国憲法の理念が世界の平和運動の共通の旗印として初めて前面に掲げられた。

会議はこの基本十原則を含む「二十一世紀の平和と正義のための課題」（ハーグ・アジェンダ）を採択、アナン国連事務総長に手渡し、四日間の日程を終えた。アジェンダは十八日からの政府間会議と十一月の国連総会に提出される。〉（以下略）

ヨーロッパはそのころ、NATOが「人道介入」としてバルカン半島のコソボを空爆しているさなかだった。「人道的介入」と呼ばれることもある。ハーグの会議が平和団体主催とはいえ、戦争や武力行使、戦力を放棄したいわゆる絶対平和主義の9条を、この状況で採択文書に盛り込んだりするだろうか。筆者は疑問を感じ、結果として2年余りかけ入念な取材をした。

国連の英文サイトをチェックすると、ハーグ平和市民会議の採択文書はあったが、記事にある「十原則」は載っていなかった。

国内で入手した「十原則」の日英テキストにはこうあった。

1　各国議会は、日本の9条のように、自国の政府が戦争に走るのを禁止する決議を採択すべきだ（Every Parliament should adopt a resolution prohibiting their government from going to war, like the Japanese article number nine）

筆者の問い合わせに、ハーグ平和市民会議の最高責任者は、「基本十原則」は「参加者の気持ちをまとめた非公式の要約」だなどと詳細にわたって確認した。筆者は、「十原則」は採択文書ではないとするその英文メールをいまも証拠として某所に保管している。ハーグの会議事務局から郵送してもらった採択文書全文（英語）にも「十原則」はなく、これも証拠となる。そして、国連サイトに「十原則」が存在しない事実が最大の証拠だ。

しかも、採択文書では「人道介入のため国連常備軍を創設する」とされ、絶対平和主義とは相《あい》容《い》れないが、朝日の記事はそれにふれていない。

つまり、完全な虚報だった。

いきさつを調べると、朝日をオピニオンリーダーとする護憲派は、「9条の世界化」を目指してハーグに約400人の大代表団を送り込んだ。だが、その主張は通らず、やむなく虚偽の記事を載せたようだった。「世界化」を最初に主張したのは朝日社説だが、問題の記事が載った日の社説では「十原則」についていっさいふれなかった。1面の記事が虚偽だと知っていたからだろう。

この会議は共同通信と北海道新聞も現地取材していた。現地の記者らが非公式の要約にすぎない「十原則」を採択文書と誤解した可能性は、ふつうありえないがゼロとは言えない。朝日がその後もくり返しハーグ平和市民会議の虚偽の事実を記事化する一方、共同、道新は続報を掲載していない。筆者が取材したかぎりでは、朝日が主導し憲法学者ら代表団幹部と結託して虚偽の記事を掲載したものと思われる。

ただ、代表団幹部のある憲法学者は、ハーグ平和市民会議の結果を自分の研究室のウェブサイトに掲載しながら「十原則」にはふれておらず、虚報に反対の立場だったことがうかがえる。

2000年11月の衆院憲法調査会（当時）では、日本共産党の議員がこの記事にもとづいて質問した。

筆者は、自分が主宰するウェブマガジンで2001年6月26日、「捏造」とはせず「朝日が9

条で虚報」としてスクープした。それを、週刊文春同年7月5日号が「たった一人でスクープした」と3ページにわたって記事化した。

その掲載後、筆者は、関係した朝日記者と代表団幹部の計数人に電話したが、全員そろって「ノーコメント」とし、ある学者は「ノーコメントと言ったことも書くな」と語気を荒らげた。一方で、だれも「スクープの内容はまちがっている」と反論しなかった。

チャールズ・M・オーバビー氏
（写真提供 朝日新聞社）

やはり捏造　苦言は無視

そして約10年が経《た》ち、「アメリカ9条の会」創設者オーバビーの話となる。彼はハーグ平和市民会議にずっと参加していて、日本人記者、代表団幹部とも親しく接触していた。9条をめぐりそれ以上の権威はないオーバビーが「（十原則が）採択された事実はない」「護憲派が嘘《うそ》を喧伝《けんでん》している」と断言している、と仲介者は言う。筆者のくだんのスクープをだれかが英文に翻訳し記事化したのを、オーバビーは偶然にも読んで、長い年月のあと、ある事情からスクープしたいきさつなどを知ろうと筆者に接触してきたのだった。

オーバビーのメッセージで、取材記者らのミスによる誤報の線は完全に消え、「記事の捏造」という言葉こそふさわしいと確認できた。仲介者によると、オーバビーは、朝日や代表団幹部の憲法学者らにこの件で苦言を呈したものの、無視されたらしい。

護憲運動は破綻

ハーグ平和市民会議で護憲派幹部らは、「9条の世界化」を狙い猛烈なロビー活動をしたが、ヨーロッパで人道介入という名の武力行使がおこなわれている現実から、相手にされなかった。しかし、世界化に失敗すれば、日本の護憲運動そのものが国際社会や国際平和運動体から否定されたことになり、その致命的な破綻《はたん》を明るみには出せない。

正式な採択文書に入れさせるのは無理とみて、最初から記事を捏造する意図で討議メモ「十原則」の執筆者に9条の一文を入れさせたのか。あるいは、たまたまあった討議メモを苦肉の策として、悪用し記事を捏造したのか。前者の可能性のほうが高いと筆者はみる。採択されなかった討議内容が第1項に書かれているのは不自然で、しかも、「日本の9条のように」とあるだけで、「憲法（constitution）」という文言さえない杜撰《ずさん》なものだ。

この朝日の記事捏造・隠蔽《いんぺい》は、社長直属で社説を担当する論説委員室などもからんでいたことから、編集局幹部の独断というより、社のトップが決断した可能性が高い。当時、ハーグの代表団幹部と朝日の東京本社では、激しいやりとりがあったのだろう。捏造・隠蔽にかかわった幹部は、少なくとも数十人と推測される。

記者個人が暴走したのではなく、組織として捏造した。これだけ明白で悪質なケースは、日本の一般紙・通信社メディアの歴史でも聞いたことがない。こんなことが許されるだろうか。〈自由の濫用〉を禁じた憲法12条に違反するジャーナリズムへの冒瀆《ぼうとく》だ。メディア報道のあり方は、21条の〈表現の自由〉のもと、法律で規定されてはおらず法的責任はない。そのぶん、捏造事件の時効もなく、朝日新聞には現在でも道義的責任と説明責任がある。

「9条が世界化された」と思い込んでいる護憲派の政治家や市民はいまでも少なくなく、この捏造事件は現在の憲法論議にふかくかかわってくる。

オーバビーが筆者に接触したのは、万にひとつの偶然からだった（この捏造・隠蔽事件の詳報については「あとがき」を参照）。

ハーグ平和市民会議が容認した「人道介入」は、10年後、アメリカ大統領オバマがノーベル平和賞受賞演説で語ったことそのものだった（本章の「4　戦争を絶対悪としない思想」参照）。わが国の護憲運動は、世界からまったく認められていない。

2　朝日虚報の動機と理由

朝日は、なぜ、組織として捏造をふくむ虚報をつづけてきたのだろうか。動機、理由、原因はひとつではない。さまざまな側面があり、それらは互いにからまり合っている。主なものを列挙しておく。

○マインド・コントロール説

まず考えられるのは、マインド・コントロールa0〜a7、b1〜b3の影響だ。日本の過去については、組織としての朝日新聞の脳裏に、〈推定有罪〉のステレオタイプがふかく刷り込まれており、ほとんど無意識のうちに行動してしまうのだろう。

○抑圧された罪責感と使命感説

虚報が戦争責任をめぐるテーマにほぼ集中しているのは、戦争を煽《あお》った過去の罪責感が抑圧されて無意識の底に沈んでおり、精神に歪《ゆが》んだ影響を与えているからだと言える。詳しくは、第Ⅵ章で述べる。

○勧善懲悪説

朝日の創業以来の勧善懲悪という考え方も大きい。常に自己を絶対的な善の立場に置き、他者を糾弾してきた。つまり、度の過ぎた独善だった。

○自己愛肥大化説

心理学、精神医学の言う自己愛が、朝日の場合は極端に肥大化したのではないか。春日武彦は「自己愛が妄想方向へ突っ走りがちなのは、どうも縦軸での成功や立身出世ばかりが気になる人たちのようである」(『自己愛な人たち』)とする。いわゆる南京事件を書いてスター記者になった本多勝一などはその典型だ。

○自己陶酔説

メディア業界ではよく知られたことだが、朝日には、国家権力を監視しなければならないという意識が強烈で、自己陶酔している記者が多すぎる。それにもかかわらず、民主党政権のときは政権べったりで、そのダブルスタンダードが顰蹙《ひんしゅく》を買った。自己陶酔がエスカレートすると、事実よりも権力の監視・批判に比重がかかりすぎ、虚報につながりやすい。

○戦争責任ビジネス説

ドイツには「ホロコースト・ビジネス」という言葉があるそうだ。エアフルト大学教授シェルゲンに聞いた話だ。国民のホロコーストに対する関心は高く、そのテーマをめぐる記事や著作、ドキュメンタリーはいい金になるとされている。日本の場合は、まさに「戦争責任ビジネス」「護憲ビジネス」と呼ぶべきものがあり、それでもっとも稼いできたのが朝日新聞だった。

○反日ビジネス説

朝日は、マインド・コントロールされた日本人の心にある戦争の贖罪《しょくざい》意識、加害者意識を巧みにくすぐり、中韓の反日感情を利用して商売につなげてきた。この反日ビジネスは、戦争責任ビジネスの一種とも言える。

ヨーロッパに、「ドイツやドイツ人はきらいだ」と言う人はいるが、反独を国是とするような国はない。ドイツに対し、反省と謝罪と補償を強く迫ったのは主に国際ユダヤ人ロビイストであり、ドイツ人はユダヤ人に対してはホロコーストの過去から根強い加害者意識と贖罪感を抱いている。

ベルリンの喫茶店で取材助手のアネッテと〝ドイツ名物〟と筆者が呼ぶミルクコーヒーを飲みながら、ユダヤ人の国イスラエルについて話題にしたことがあった。筆者が、罪もないパレスチナ人の女性や子どもたちまでイスラエル軍の砲撃で犠牲になっていることを話した。パレスチナ側も反撃し双方に犠牲者は出ているが。すると、アネッテはしみじみ言った。「たしかにそうですね。戦争やホロコーストについて取材を積み重ねてきたから、いまならその話はよく理解できます。以前だったら、イスラエルを批判するなんて思いもしませんでした」

ドイツのタブーとなっているイスラエル批判をしたのが、ノーベル文学賞受賞者のギュンター・グラスだった。2012年、「核保有国イスラエルが世界平和を危険にさらしている」との詩を発表し、ドイツ国内外で物議をかもした。グラスは、イスラエルから入国禁止措置をとられた。

ナチス・ドイツに侵略されたポーランドなど周辺国は、いまでも補償を求めることはあっても、侵略の過去そのものを政治・外交問題にするようなことはない。筆者が、ポーランド人の歴史家マリアン・ウォジェハウスキーに取材しているとき「侵略戦争（aggressive war）」という言葉を口にしたら、「それは歴史学の専門用語で、一般には使いませんし、知られてもいません」と言われた。ポーランドのベテラン女性ジャーナリスト、コウォジェイチクもおなじことを言い、同行したアネッテもうなずいていた。

第2次世界大戦では、日本、ドイツ、イタリアが枢軸国として連合国と戦った。しかし、1943年9月、イタリアは降伏文書に調印し、翌10月には連合国軍の一員としてドイツに宣戦布告をした。イタリアは、その後、連合国側と枢軸国側に分かれて内戦状態になったが、事実上、内戦の枢軸国側はドイツ軍が主役だった。このため、1943年以降のイタリアは連合国とみなされ、日独のように国際軍事裁判で裁かれることもなかった。すでに述べたように、ドイツはニュルンベルク裁判をタブーとし、周辺国もそれを問題とはしていない。

つまり、**「戦争の過去」「侵略の過去」をことあるごとに糾弾されているのは世界で日本だけだ。**

ドイツには、発行部数約100万を誇る高級週刊誌シュピーゲルのようにリベラルで、ときには政府との対決を辞さない有力メディアはある。だが、反独ビジネスなどというものは日本のような意味では成り立たないし、朝日のような形で祖国を糾弾するエキセントリックなメディアは、もちろんない。

○文学としての虚報説

慰安婦報道に関して「朝日の報道は『文学になっている』」という春日武彦の言葉は、第Ⅰ章12で紹介した。

朝日が、慰安婦「誤報」の一部を取り消したあとのいまも、本心ではなんら反省していないことを考えると、春日の指摘はまさに正しい。春日に取材したのは、朝日が「一部誤報」を認め記事を取り消すより3か月以上も前だったが。

筆者が「スクープの場合はふつうの記事の何倍、何十倍もの細心さをもって裏づけをとって書くわけですが、朝日はそうではなかった」と話すと、春日はこんなことを言った。

「サンゴ事件のときだって、自分たちのストーリーがあってそれを託しやすいテーマだった。日本人のモラルが低下したということを言いたいときに、たまたまそういうものがあった。時どきそういう何かを託すようなものを見つけ出すのが朝日は好きなんだが、あれはそのひとつだったんだろうという気がします」

朝日の動機が「文学」だということについて、井沢元彦もおなじような見方をしている。

「従軍慰安婦問題でも、戦前の日本を否定する何かがほしいと考え、吉田清治の書いた『私の戦

争犯罪』という捏造に飛びついた。目的のためなら嘘にも飛びつくわけです」（WiLL 2014年8月号）

○キャンペーン体質説

朝日が、慰安婦報道で設置した第三者委員会の報告書で、委員のひとり岡本行夫は個別意見としてこう書いた。

「当委員会のヒアリングを含め、何人もの朝日社員から『角度をつける』という言葉を聞いた。『事実を伝えるだけでは報道にならない、朝日新聞としての方向性をつけて、初めて見出しがつく』と。事実だけでは記事にならないという認識に驚いた」

これは、朝日の「偏向体質」「煽り体質」「キャンペーン体質」を指摘したものとして、大きな反響を呼んだ。森友学園・加計学園騒ぎでも、その体質は変わっていないことを露呈した。

○外国機関による工作説

スパイや諜報の世界では、積極工作（active measures）と呼ばれる謀略活動がある。ハニートラップなどもふくまれる。対象国の政策や世論などを、自国にとって都合のいい方向に誘導することだ。親ソ、親中、親北朝鮮の朝日の背後に、そうした工作があった可能性は捨てきれない。

元陸上幕僚長・冨澤暉《とみざわひかる》は著書『逆説の軍事論　平和を支える力の論理』で、中国の「文攻武《ぶんこうぶ》嚇《かく》」について述べている。

「『文攻』というのは、外交、メディア、あるいは友好的な人脈を使い、相手国内に混乱、分裂をもたらし、最終的に相手国を弱体化、衰弱させるという手段です」「中国は現在、自ら『三戦』（広報宣伝戦・心理戦・法律戦）を実施するといっていますが、この『三戦』がすなわち『文攻武嚇』のことなのです」

中国による対日本メディア工作戦のメインターゲットのひとつが朝日新聞と思われる。中国共産党の独裁体制がいつか崩壊すれば、朝日との暗部が明るみに出る可能性が高い。

また、朝日と北朝鮮との暗部を指摘する見方も根強く、いわゆる金王朝が倒れたときに何が出てくるか興味ぶかい。

いまわが国は、中国、韓国、北朝鮮から、歴史戦を加え「四戦」を挑まれているとも言える。

○ポピュリズム説

朝日は、戦前、国民のあいだに高まる戦意を受け、軍国主義を煽った。戦後は、国民の平和志向に沿って絶対平和主義を基調とし、それを少しずつ変化させながらも、自衛隊のＰＫＯ派遣、安保関連法制などでは大反対キャンペーンを張った。いずれも、国際情勢の冷静な分析をしたうえでのことではなく、国民に軍事アレルギーがあるからそれに便乗しただけだった。朝日は、戦前も戦後もポピュリスト・メディアと言える。

日本の過去糾弾に異常な熱意

藤岡信勝は、朝日新聞最大の虚報にからんでこう述べている。

「慰安婦問題は、一九八〇年代後半の米ソ冷戦の終結と社会主義世界体制の崩壊という時代背景のなかで、社会主義・共産主義の未来を語れなくなった左翼勢力が、自分たちの存在意義をかけて日本の過去を糾弾することに異常な熱意をもち、つくりあげたものである」（WiLL 2013年9月号）

慰安婦問題炎上に情熱を注いだとみなされている戸塚悦朗、高木健一、福島瑞穂ら自称・人権派弁護士は、イデオロギー上の動機で活動しただけでなく、強くマインド・コントロールされてきた知識人と言える。その独善ぶりには、自己愛性パーソナリティー障害の傾向も認められるだろう。

朝日は、吉田清治を慰安婦虚報の主な拠《よ》り所とした（吉田証言）。吉田の長男に焦点を合わせて2017年6月に刊行されたノンフィクション『父の謝罪碑を撤去します』（大高未貴著）は、虚報に便乗した勢力として日本社会党、韓国の挺対協、北朝鮮などの存在を浮かび上がらせている。スポンサーだったソ連が崩壊したのを背景に、日本政府から国家補償を引き出すのが主なねらいだったという。イデオロギーがだめなら金ということだった。

3　世界の憲法を知らない護憲派

ドイツ（旧西ドイツ）では、戦後、『基本法』という名の憲法を60回改正している。だが、何回などと知っている人はあまりいない。たとえば、日本で道路交通法を改正するのとおなじ感覚だ。

ドイツの基本法に詳しい武蔵野大学准教授・上代庸平《じょうだいようへい》は、こう述べている。

「ドイツでは、憲法はあくまでもルールだという考え方が強い。時代と状況に合わせた国家の責務とその制限を憲法に盛り込むことで、ルールを時代に合わせて変えていく、という考えが徹底している」（読売新聞2016年5月9日朝刊）

ドイツの基本法改正には、「連邦議会議員の3分の2以上の同意および連邦参議院の表決数の3分の2以上の同意を必要とする」とされている。国民投票はおこなわれないものの、改正のハードルはある程度高い。それでも、施行以来、平均して1年に1回近く改正してきたのは、日本とちがって憲法観に病的・宗教的なものがないからだろう。

駒澤大学名誉教授・西修の著書『世界の憲法を知ろう』によると、ベルリンの壁瓦解・湾岸戦争以降の1990年から2015年9月までに、新しい憲法を制定した国は103あった。このうち、平和条項を設けた国は101か国（98・1％）あった。また、成典化された憲法をもつ全

189か国のうち、平和主義と呼べる条項を備えている国は159か国（84・1％）だった。

特に、スペイン、フィリピン、ニカラグアなどは、国際紛争を解決する手段や国家政策を遂行する手段としての戦争を否認ないし放棄している。国際紛争を平和的方法によって解決することをうたっている憲法は、オランダ、ポルトガル、アイルランドなどにある。

反対に、世界のほとんどの国の憲法には、日本にない国家緊急事態条項が設けられている。

「日本国憲法が世界で唯一の平和憲法」という護憲派の言い方は、世界の憲法を知らない国内向けのプロパガンダにすぎない。

国連憲章第2条第3項にもこう明記されている。

「すべての加盟国は、その国際紛争を平和的手段によって国際の平和及び安全並びに正義を危うくしないように解決しなければならない」

護憲派の選民思想

「われわれは平和憲法をもっている」と胸を張る護憲派には、戦争や武力行使をする国を見下す一種の選民思想がうかがえる。だが、西修は、平和主義憲法はいまや当たり前で日本固有のものではないとし、「世界の常識は平和主義条項を憲法に盛り込み、一方で平和な暮らしを脅かす緊急事態に備えて国家緊急事態条項も導入している」とする（読売新聞大阪本社版2016年5月9日朝刊）。

朝日をはじめとする護憲派は、国家緊急事態条項の導入に反対するが、それは国際社会から浮いた非現実的なガラパゴス的思考からとも言える。

同胞を見殺しにする9条

ノンフィクション作家・門田隆将《りゅうしょう》著『日本、遥かなり エルトゥールルの「奇跡」と邦人救出の「迷走」』は、1985年のイラン・イラク戦争で、テヘランにいた215人の日本人が、イラクによる本格的な空爆寸前、トルコ航空によって脱出し「九死に一生」を得た事件を活写する。さらに、1990年の湾岸戦争で「人間の盾」とされた日本人、1994年のイエメン内戦から脱出した日本人、2011年のリビア動乱からの日本人脱出を描く。

いずれのケースでも、自衛隊は動けなかった。世界の主要国で、同胞の命を救うために軍用機を飛ばさない国などない。日本には、憲法9条2項があるためそれができず、現状のままならおなじ出来事がこれからもくり返されるだろう。

安保関連法制の一翼である自衛隊法も改正された。だが、当該国が安全と秩序を「維持」しており、当該国の「同意」があり、さらに当該国との「連携・協力」の確保が見込まれる場合にのみ、自衛隊は、海外にいる日本人の「救出・保護」をおこなえるとされた。

つまり、戦争や紛争の地では、そういう条件がおそらく満たされず、事実上、自衛隊は動けない。現在、海外在留邦人は約130万人におよび、海外へ旅行や出張で出かける日本人は、年間約1700万人に達する。

門田は、護憲派についてこう書く。

「自衛のための武力の行使は、憲法でも認められ、そのために自衛隊も現に存在している。だが、そのことを認めず、『命は見殺しにしていい』という人々やマスコミが大手を振っているのが日本である」

また、元海将の香田洋二は、こうしたケースを書いている。

「たとえば北朝鮮から飛来したミサイルが一発、日本の都市に落ちても、これまでの政府解釈や国会での論議の内容を厳密に適用すると、それだけでは自衛隊に防衛出動を下命できない可能性があるのです。憲法九条を持つ日本は、自衛権の発動に対して厳しい制約を課しているからです」(『北朝鮮がアメリカと戦争する日　最大級の国難が日本を襲う』)

国連憲章51条は加盟国に自衛権を認めているが、その発動の前提となる「武力攻撃」を、日本政府は「一国に対する組織的計画的な武力の行使」と解釈している。「つまり、受けた攻撃が『組織的』で『計画的』なものであることが明らかにならないかぎり、日本は個別的自衛権を行使できず、それが証明できないあいだは、自衛隊に防衛出動を命じることもできないのです」(同書)

朝日新聞は、連載『改憲の足音』で、かつて南スーダンに国連ＰＫＯのため派遣された陸上自衛隊についてこう書く(２０１８年1月9日朝刊)。

「憲法9条を踏まえ、ＰＫＯ協力法は、紛争当事者の停戦合意など『参加5原則』を定めている」「先に撃たれるまで相手を殺傷できない。危急の民間人や他国軍を助けられない……。本来は侵略行為の歯止めであるはずの憲法9条は、リスクが高い地域への派遣を命じられた隊員たちには、必要な安全確保策さえ妨げる『足かせ』に映る」

論理で言えば、だから9条を改正すべきだ、となるところだ。しかし、朝日は決してそうは書かず、陸自幹部のこんな匿名コメントで記事を締め、読者を煙に巻く。「憲法に自衛隊を書き込むだけでは何も変わらない。我々は安倍さんを究極の『護憲派』と呼ぶしかない」

4　戦争を絶対悪としない思想

ミュンヘンの宥和

イギリスなどの教科書では、日本とちがって、戦争が絶対悪とはされていない。それは、ヨーロッパ指導者・知識層のトラウマとなっている「ミュンヘンの宥和《ゆうわ》」が根底にあるからとする見方が一般的だ。

史上有名な話だが、1938年9月末、ドイツ・ミュンヘンで、イギリス、フランス、イタリア、ドイツの首脳が出席した会議が開かれた。ドイツ系住民が多数を占めるチェコスロバキア・ズデーテン地方のドイツ帰属をヒトラーが主張したのに対し、イギリスとフランスの首脳は、

「これ以上の領土要求をおこなわない」との約束をヒトラーと交わす代わりにその要求を全面的に認めた。

後世の歴史家の多くは、「もし、あのとき英仏がヒトラーの野望を阻止するためあえて戦争に踏み切っていれば、第2次世界大戦は防げた」と分析した。

この苦い経験もあって、現代でもヨーロッパでは戦争を単純に絶対悪と考えることはない。1991年の湾岸戦争のときも、イギリス首相サッチャーは「ミュンヘンの宥和」に言及し「侵略には断固抵抗しなければならない」と言い切った。

アメリカ大統領オバマも、こう語っている。

「戦争は、いかなる形にせよ、最初の人類とともに現れた」「やがて、法体系による集団内での暴力の制御が図られ、哲学者や聖職者、政治家らは戦争の破壊力を規制しようとした。『正しい戦争（just war）』なる概念が生まれ、最終手段として、または自衛のために遂行されるか、行使される武力は適正であるか、可能な限り民間人が暴力から回避されているかといった一定の条件が満たされたときにのみ、戦争は正当化できるとされた」

「わたしは信ずる。バルカン半島や、戦争で傷ついた他の地においてそうであったように、人道的見地にもとづく武力行使は正当化されうると」

「なぜ戦争が好まれないのかは承知している。だが、わたしは、平和が望ましいとの信条だけで平和を達成できることは稀《まれ》だということをも知っている。平和は責任を要求する。平和は犠牲を伴う」

注目すべきことに、オバマが語ったのは、２００９年12月10日、ノルウェーのオスロ市庁舎でおこなったノーベル平和賞受賞演説の場だった。演説の重要なこのくだりを、日本のメディアはほとんど無視した（演説英文テキストとウィキソースの日本語訳を参照し抄訳した）。

半島有事と護憲イデオロギー

現代の問題としては、イスラム教スンニ派過激派組織『イスラム国（ＩＳ）』への対応があげられる。アフガニスタン、バングラデシュなどアジア太平洋地域でも、イスラム国の過激思想が浸透しつつある。

ＩＳに対し、アメリカなど60以上の諸国が有志連合を結成し、空爆などをおこなった。ドイツは、ＩＳ掃討作戦に約１２００人を派兵しフランス軍などを支援した。ドイツ軍のＮＡＴＯ域外派兵としては、アフガニスタンやコソボでの活動規模を上回り、過去最大となった。ここにも、戦争を絶対悪とはしない思想がある。

朝鮮半島有事をふくむ現実世界の状況に対し、日本の護憲論、ガラパゴス化平和主義で対応できることはない。

5 マインド・コントロールb4 虚報の朝日

テレビ・ラジオをふくむ日本の各左派メディアは、慰安婦報道について朝日社長が正式謝罪するまで、慰安婦をめぐる事実の検証をして日韓摩擦の沈静化ないし東アジアの平和に貢献しようとはしてこなかった。

むしろ、朝日の慰安婦報道を「過去を反省する良識派の姿勢」として、好意的に報道するメディアさえたくさんあった。〈推定有罪〉の心理メカニズムを背景とした〈善い日本人〉ぶった姿勢だった。言葉を換えれば、朝日イズムがわが国のメディア界を席巻してきた。進歩的文化人とその系譜に連なる知識人も、朝日イズムの一翼をなしている。

大阪市長・橋下徹は、2013年、「世界各国の軍にも慰安婦制度はあった」という内容の発言をし、2014年には、NHK会長・籾井勝人《もみいかつと》も同様の発言をした。メディアは「他国にもそういう制度が本当にあったのか。あったとすれば、なぜ、政治・外交問題になっていないのか」を調べ、報道すべきだった。だが、そういう動きをするどころか、発言者を根拠もなく叩《たた》いた。

それは、メディア関係者や知識人の多くがマインド・コントロールされ、倒錯した正義感にとらわれているためにほかならない。日本の多くのメディアも、朝日の亜流《エピゴーネン》として病んでいる。

ドイツにも、強制売春という名の慰安婦制度があった。日本とちがい大がかりな強制連行の事実も歴史家らによって裏づけられている。

ワルシャワでポーランド高級紙『ジェチュポスポリタ』の女性論説委員コウォジェイチクにインタヴューしたとき、なぜドイツの強制売春の過去を問題にしないのか聞いた。彼女はこう答えた。

「ドイツ人はどんな残虐なことでもしました。ドイツ兵たちは、妊婦を殺すまえにお腹をふみつけ赤ん坊が出てくるかどうか試した、などという記録さえあります。1か月とか1年ではなく、6年ものあいだ毎日毎日、こうした残虐行為がつづきました。ポーランド人は、ただ殺されたり強姦《ごうかん》されたりしただけではなかったんです。強制売春はドイツ人による迫害のほんの一部にすぎません」

だから、強制売春などいまさら問題にならないというのだ。筆者の取材に応じてくれたヨーロッパ3国の歴史家、政治学者、ジャーナリストらは、旧日本軍の慰安婦問題とその成り行きに関心を寄せ、みな韓国側が最初に持ち出し外交問題になったと思い込んでいた。筆者が「いや、朝日新聞など日本の一部が火を点《つ》けて大騒ぎになり、日韓関係はこじれにこじれてしまった」といきさつを説明すると、信じられないようだった。そういう病的でアブノーマルな〈反日日本人〉らの話を、ヨーロッパ知識人が理解できるわけがない。日本でさえ、問題の本質は、これまであまり理解されていなかった。

世界の標準は産経路線に近いか

日本の主要活字メディアを、その論調によって、右から左へ筆者の独断でざっと並べると次のようになる。毎日と共同の差はほとんどない。

産経新聞
読売新聞
時事通信
日本経済新聞
毎日新聞
共同通信
朝日新聞

では、世界の主要メディアの標準というのは、だいたいどの辺りにあるのだろうか。韓国のメディアやネットユーザーなどは、産経新聞を「極右新聞」と非難する。世界の基準線を引くのはむずかしいが、おおまかに言えば、産経辺りかその少し左に引けるのではないか。

たとえば、ドイツ随一の有力紙という見方もあるフランクフルター・アルゲマイネはどうだろう。大統領ヘルツォークが、ワルシャワで１９９４年、国家的トリックを排除して「(ナチスではなく）ドイツとドイツ人のすべての罪」に言及し、しかもポーランド人に許しを求めた演説を、1行も報じなかった（「第Ⅲ章　1　GHQの宣伝計画文書（WGIP）」を参照）。

まったく報道しないなどということがありうるだろうか、と記事データベースをチェックしたアネッテに、もう一度該当記事を探すよう指示したが、やはりなかった。

もし、天皇か首相が戦争被害国へ行って同様のスピーチをしたとき、まったく報道しない日本のマスメディアがあるだろうか。

フランクフルター・アルゲマイネは、ドイツとドイツ人を主語とした演説の内容が、深層心理的に受け入れられなかったのではないか。つまり筆者のみるところ、産経よりかなり右に位置する。

南ドイツ新聞やニューヨーク・タイムズは、リベラルとか左派と見なされているが、非武装中立を唱えたり、集団的自衛権は認めるべきではないなどと主張したりすることは絶対にありえない。

そうすると、朝日新聞はどんな位置を占めるだろうか。仮に、朝日の一連の慰安婦虚報と時代背景の解説、関連史料などの文献をドイツ語に全訳し、ドイツ人の歴史家やジャーナリストらに熟読してもらえば、まちがいなく、「極左新聞」「エキセントリック・メディア」と判定するだろう。

世界を見渡せば、どこの国の主要メディアも国益を第一とし、祖国の不名誉になること、不利益になることを伝えることは少ない。

そのいい例が、強制売春（慰安婦）をめぐるドイツ・マスメディアの沈黙だろう。大阪市長・橋下徹が外国の慰安婦の例を具体的にあげても、ドイツのメディアがそれを自国内で取材して伝えるようなことはなかった。

それは、国益につながらず国の恥になるからだ、と言えばそれまでだ。日本では、日本の過去について、あることとないことを探しだしたり作りだしたりして公にする〈反日日本人〉がいて、それに飛びつく中国や韓国、北朝鮮といった反日国家がある。

高橋史朗は、こう書いている。

「〈反日日本人〉が戦後日本に与えた影響について歴史的に検証し総括する必要があろう。単純な米中韓との対立図式では捉えられない戦後の思想的混迷の原点がそこにあると思うからである」（産経新聞2014年8月16日朝刊）

朝日は、慰安婦問題にかぎらず戦争責任をめぐる一連の虚報で、日本をマインド・コントロールしてきた。安保関連法案反対、森友・加計学園騒ぎの大キャンペーンで国民を煽ったのも、もちろんそれだ。朝日のそれをマインド・コントロールb4としておく。

朝日イズムの罪責を、他メディアは徹底的に検証すべきだろう。

6 〈善い日本人〉があふれる日本

〈善い日本人〉はあらゆる分野にまたがって存在する。大きな組織としては日教組、日弁連などがあげられる。活字メディアでは朝日新聞のほか、共同通信とその加盟地方紙、毎日新聞、中日新聞（東京新聞）、北海道新聞などがあげられる。もちろん、読売新聞のなかにもいるが表面にはあまり出ない。テレビ局で言えば、テレビ朝日、TBSが顕著で、NHKもそうだ。日本テレビも近年そうした傾向がうかがえる。

〈善い日本人〉とは、一面で左傾化した人びとでもある。左傾化の理由は、特にマインド・コントロールb1〜b3などの項で述べた。

問題は、自分たちはマインド・コントロールされ左傾化している、という自覚がないことだ。

日独の〝世論の重心〟

おなじ敗戦国でもドイツは事情がちがい、〝世論の重心〟は右に傾いているようにみえる。それは、冷戦が終わるまで全体主義の共産圏と軍事的に対峙《たいじ》し、国防軍クリーン神話がつづき、最近まで徴兵制もあったからだろう。いまも、NATOはロシアと向き合っている。そして、多数の移民・難民を受け入れていることへの反発も大きな要因だ。

ドイツの各種世論調査によると、国民の少なくとも十数パーセントは右翼思想の持ち主とされる。有名な世論調査会社アレンスバッハが1975年に行った調査では、「ヒトラーのような人物を肯定的に評価する人びとは二割前後もおり、戦争さえしなければヒトラーはドイツ最大の政治家であったと考える人びとにいたっては、四割近くもいた」(望田幸男『ナチス追及』)。

あるドイツ人歴史家は、「近現代史の研究で、保守派からの強い圧力を感じることがよくある」と筆者に語った。それが、ドイツ社会の陰の一面だ。日本で、左からの圧力があるとされるのと対照的だ。

ウィキペディア・ドイツ語版などによると、代表的な極右・ネオナチ組織であるドイツ国家民主党(NPD)は、2016年の時点で、約5200人の構成員を持ち、連邦議会(下院)には進出していないものの各州議会に計5議席をもっている。NPDを自由・民主的な憲法秩序を定めた基本法21条に照らして違憲とし禁止するかどうかを争う憲法訴訟手続きが、いま連邦憲法裁判所で進行している。

ネオナチは、狭義では、国家社会主義ドイツ労働者党(ナチ党、NSDAP)の世界観や綱領にもとづく活動をおこない、第三帝国とヒトラーを称揚し、強制収容所のガス室における大量虐殺を否定する団体とされる(フランツィスカ・フンツエーダー『ネオナチと極右運動』)。過去、社会主義帝国党をはじめかなり多数の団体が禁止されたが、活動家らは地下に潜って新たな組織化をしているケースも少なくない。

ＮＰＤのほかにも大小の極右・ネオナチ組織がいろいろあり、その勢力は潜在的構成員をふくめると約3万人とされる。極右・ネオナチのテロによって、毎年、少なくとも数人から十数人の死者が出ており、暴力事件は「ほぼ毎晩起こっている」とされる。ドイツ人ジャーナリストのフンツエーダーによると、ドイツのサッカーファンの１割が極右陣営と結びついているとの見方もある（同書）。それが事実なら、数百万人の極右周辺勢力がいることになる。

２０１７年4月、ドイツで極右思想を持つ陸軍中尉（28）らがシリア難民になりすまして前大統領ガウクらの暗殺を企て、それを難民の犯行に仕立てて世論を反難民に誘導しようとしていた事件が発覚し、ドイツ社会に衝撃を与えた。「ドイツ連邦軍当局と情報機関は、軍内部の約２８０人が極右思想に共感している疑いがあるとして調査している」との報道もある。容疑者の中尉が作成した「死のリスト」も警察によって見つかっており、暗殺の対象には左派や反ファシストの活動家の名前もふくまれていたという。

政府の難民政策を非難し反イスラムを公言して極右的な面をもつ新興右翼政党・ドイツのための選択肢（ＡｆＤ）が、２０１７年9月の連邦議会総選挙で、前回の0議席から今回90議席を超え第3党となった。その躍進は、右に傾いた政治的風土と無縁ではない。

日本では、自衛隊に極右思想の隊員がいて摘発されたなどと聞いたことがない。一般に右翼団体とみられている組織の多くは、暴力団対策法からのがれるために政治団体を名乗っているケースが多いとされる。警察白書をみると、軍国主義や大日本帝国の復活を唱える団体などは言及されておらず、そうした勢力は、事実上、皆無だろう。右翼では、大日本愛国党（創設者・赤尾敏）など7団体が、いちおう破壊活動防止法の調査対象とされている。だが、仮に思想傾向の全国世論調査をしても、ドイツとちがい、真性の右翼・極右はほとんど統計に表われないほど少ないとみられる。

日本最大の右翼団体である日本青年社は、1989年の総選挙に候補者を出し、1万8953票をとった。任俠《にんきょう》系で反共・民族主義・脱原発の組織とされるものの、選挙では、戦後体制との決別、自主憲法の制定、貿易摩擦の解消という穏健な3本の柱を訴えていた。

在日特権を許さない市民の会（在特会）は、2015年末時点で、1万6399人の会員をかかえ1500～2000人の動員力をもつとされる。暴力事件を起こしたことはあるが、死者を出すテロ事件などは起こしていない。いわゆるヘイトスピーチの団体は、韓国の「反日」に対し直接的な対抗策がとれないため、「日韓の国交断交」を訴えるほか、矛先を手近な在日コリアンに向け無理にスケープゴートとしているようにみえる。

また、韓国での反日がエスカレートするにつれ、わが国でもネット右翼（ネトウヨ）が増え、その数は200万～400万人と推定されている。だが、それは左派からみた「右翼」の数で、世界基準で言えば大半は中道ではないか。しかも、ネトウヨの活動はほぼネットの世界にかぎられたものであり、流血事件を起こすドイツの極右・ネオナチなどとは比較するまでもない。

日本の左派のメディアや識者、中韓は、日本の「軍国主義の復活」「右傾化」などを警告する。

だが、〝世論の重心〟はドイツに比べればまだまだずっと左にある。

ただし、ベクトルは左から右に向かっている。それは、戦後、左傾化が極端だったことへの反動であり、行きすぎさえしなければ必ずしも悪いことばかりではないだろう。

「ドイツでは振り子のように左右に揺れる傾向があります。とても極端なやり方で」と、ニュンベルクの歴史家ゾネンベルガーは語っていた。日本もおなじだが、ドイツより動きはずっと穏やかだ。というより、イデオロギーの対立が若い世代ほど薄まり、すでに右とか左とかが意味をなさなくなっているのではないか。

7　日本をダメにしたA層の研究

朝日イズムに席巻されてきたのはメディア関係者などだけでなく、すでに述べたように、知識人の多くもおなじだった。

哲学者・適菜収《てきなおさむ》の『日本をダメにしたB層の研究』という本がある。「B層とは、大衆社会の成れの果てに出現した、今の時代を象徴するような愚民です」とあり、「マスコミ報道に流されやすい『比較的』ＩＱ（知能指数）が低い人たち」と定義されている。

著者・適菜の造語ではなく、２００５年に当時の首相・小泉純一郎が主導したいわゆる郵政選

A層、B層などのイメージ

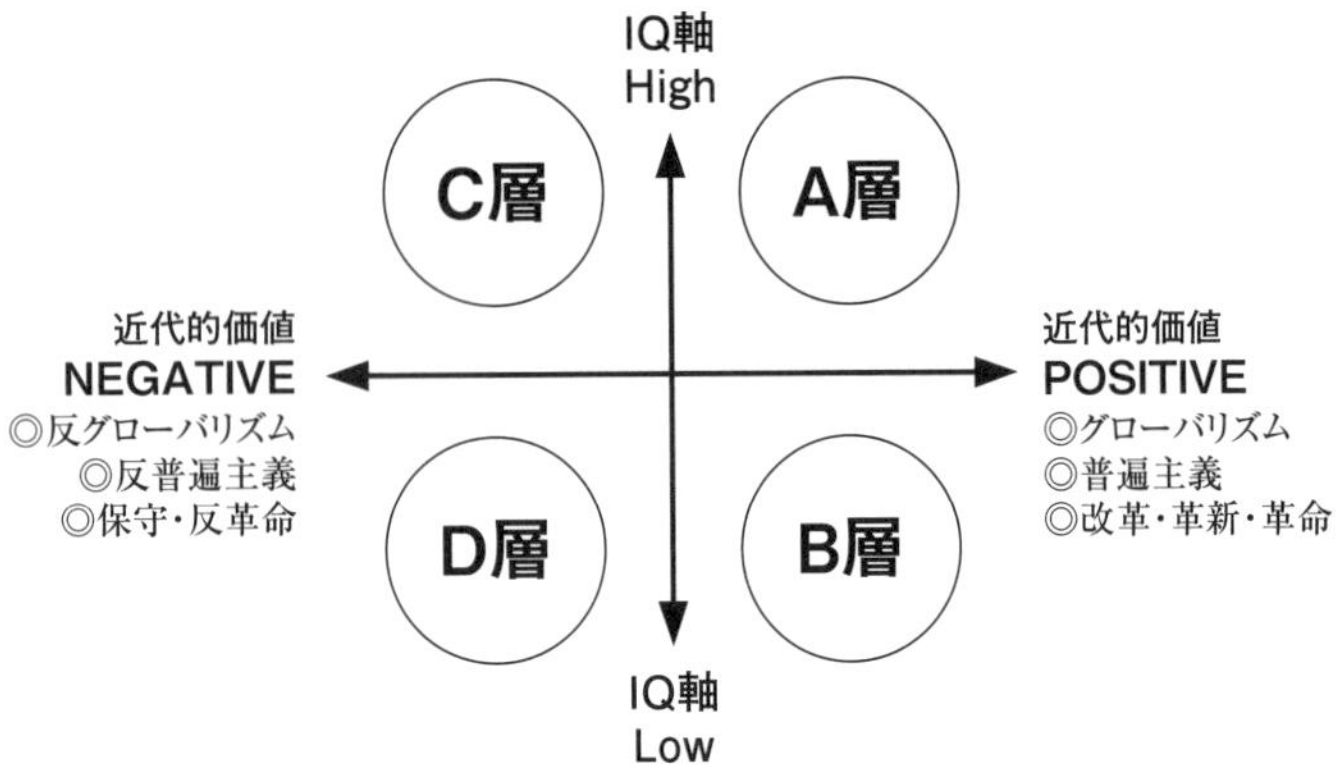

出典:『日本をダメにしたB層の研究』(適菜収著、講談社)

挙の際、自民党が広告会社に作成させた企画書「郵政民営化・合意形成コミュニケーション戦略(案)」による概念だという。

国民をA層、B層、C層、D層に分類して、「構造改革に肯定的でかつIQが低い層」「具体的なことはよくわからないが小泉純一郎のキャラクターを支持する層」をB層と規定したそうだ。総選挙では、「郵政民営化に賛成か反対か」「改革派か抵抗勢力か」と問題を極度に単純化することで、「普段モノを考えていない人々」の票を集め小泉自民党が圧勝したとする。ちなみに、C層は「構造改革抵抗守旧派」、D層は「既に(失業等の痛みにより)構造改革に恐怖を覚えている層」だそうだ。

適菜収は、B層を「平等主義や民主主義、普遍的人権などを信じ込んでいる人たち」とし、「都合のいい情報をネットで集めることにより、万能感、自己肯定感が高まっていく」とする。「B層は、自分の世界観を肯定するために本を読みます。簡単に理解できるもの、自分の世界をあたたかく包んでくれるものしか受け付けない。それが目的化しているので、都合の悪い情報は目に入ってきません」

そして、こう決めつける。「彼らは近代——進歩史観に完全に洗脳されており、〈共同体の慣習〉〈過去に対する畏敬〉〈良識〉〈日常生活のしきたり〉を軽視します」

A層は「財界勝ち組企業、大学教授、マスメディア＝TV、都市部ホワイトカラー」と規定されている。

筆者に言わせれば、B層の特徴とされているものがよりあてはまるのは、むしろA層ではないか。朝日など左がかった新聞を購読し、NHKやテレビ朝日、TBSのプロパガンダ番組に共感し、進歩史観、革新幻想に完全にマインド・コントロールされているA層の多くの者たち、つまり〈善い日本人〉ではないか。それが、朝日イズムの担い手だ。

筆者が個人的に知っている大学教授や弁護士、教員、ジャーナリストなどのなかには、IQは高くお勉強はできるのかもしれないが、「自分の世界観を肯定するために本を読み」「都合の悪い情報は目に入って」こない者が少なくない。彼らこそ、「普段モノを考えていない人々」ではないのか。

竹山道雄は、「インテリほど論理にたよって判断するから、インテリほど魔術にかかっている」と指摘している（『昭和の精神史』）。魔術とは、本書で言うマインド・コントロールのことだ。

イタリア在住作家の塩野七生《ななみ》も、「インテリとは、自負すればするほど一度染められた考えに縛られる性向を持つ」としている（文藝春秋2014年11月号）。

60年安保闘争では、国民の多数が日米安保条約改定に反対したような印象がある。だが、5か月後の総選挙では自民党が勝っている。自民党に一票を入れたのは、A層よりもやはりB層が多かっただろう。B層はマインド・コントロールから距離を置き、バランス感覚をもっていたのだ。

知識人だからこそ容易に欺かれる

「かつてドイツの若者だけでなく、知識人たちもこぞってナチズムを賛美し、熱烈な喝采を送ったのは、そこに新しい意味や希望が約束されていると感じていたからだ。強い確信をもって希望を約束する救い主が放つ魅力に、知識人さえも容易に欺《あざむ》かれ、自分から進んでマインド・コントロールされてしまう。それもまた希望のない時代が作り出す幻なのである」（『マインド・コントロール』）

岡田尊司《たかし》はこう述べるが、「知識人さえも容易に欺かれ」るのではなく、ヒトラー時代のドイツでは、知識人だからこそ容易に欺かれた。それは戦前、戦後の日本でもおなじではないだろうか。

非武装中立の夢想

朝日イズムや進歩史観は、とんでもないものを広めようとした。西の自由主義・資本主義陣営にも東の社会主義・共産主義陣営にも属さず中立国となり、自衛のための武力組織さえもたない、という非武装中立論だ。

戦後史をふり返れば、非武装中立論を支持、信奉していた中心は、適菜収の言うA層だった。そして、「それでは万一、外国が攻めて来たときにどうするのか」と、常識と分別をわきまえ非武装中立論など相手にせず否定したのが大衆のB層ではなかったか。

非武装中立論がメディアをにぎわしていた当時、何回かにわたって、その是非を問う世論調査がおこなわれている。そして、支持はいつも10％以下にとどまっていた。

稲垣武はこう解説していた。

「それは中立はよしとしても、もし外敵の侵略を受けた場合、丸裸でもいいのかという国民の基本的な不安を解消する理論や方策を持ち得なかったからであった」（『「悪魔祓い」の戦後史』）

大衆のB層のほうが、むしろ、現実を知っていたのだ。どちらの層の判断が正しかったかは、歴史が証明している。

だが、わが国の憲法学者の多くは、いまでも非武装中立論にこだわっているとされる。彼らは、北朝鮮の数百の弾道ミサイルが日本列島に向けられ、中国が南シナ海、東シナ海の覇権を狙っている現実にどう対処するのだろうか。

内閣府が2015年1月におこなった世論調査では、「日本の安全を守るための方法」として、

「日米安全保障条約をやめて、自衛隊も縮小または廃止する」を選んだのは、わずか2・6%だった。この数字には自衛隊の縮小もふくまれているから、非武装中立論の支持者はいまや0%に近いのではないか。

軍事同盟に属さない中立の国としてはスイスがあるが、国民皆兵の徹底した武装による中立制をとっている。現実の世界で、「非武装」と「中立」は両立しえず、非武装中立論は国際常識としてありえないものだ。

8 社説対決七十余年 読売vs.朝日

読売新聞に記者として入った筆者は、30歳のころ地方部勤務を終えて、東京本社編集局の外報部（現・国際部）へ配属された。その日のうちに、自分に大きな組織の一員として勤め上げる才能はないと感じ、いつかは退社すると心に決めた。そして、45歳で早期定年退職しフリーランスとなった。正月の箱根駅伝が読売共催と認識したのは退職してしばらく経ってからで、愛社精神の欠如にわれながら愕然《がくぜん》とした。そんな筆者だから、古巣といってもあまり思い入れはない。

そういう立場で、読売と朝日がどんな論調で社説を書いてきたか、どちらが歴史の試練に耐えるか、自分なりに検証してみようと思った。日本の新聞はどれも似たりよったりで、論調がちがいだしたのは米ソ冷戦が終わりソ連が崩壊した1991年以降だ、という俗説がある。それは事実だろうか。

『読売vs朝日　社説対決50年』（読売新聞論説委員会編　井沢元彦解説）という本がある。社説などというものは無味乾燥で、一般読者はあまり読まないかもしれない。でも、グルメ漫画『美味しんぼ』の「至高と究極の料理対決」みたいに比較してみると、けっこう楽しめることがわかった。

最初に取り上げられているのが、1951年のサンフランシスコ講和条約を前にした両紙の社説だ。GHQによる日本の占領体制がいちおう終わり、いよいよ国際社会に再デビューするための重要な歴史のひとコマだった。

朝日は、東西両陣営に属するすべての国と講和する「全面講和」を主張し、読売は西側陣営の国だけと講和する「単独講和（片面講和）」を主張した。つまり、論調ははっきりとちがい「日本の新聞はどれも似たりよったり」というのは都市伝説のようなものだった。

一般記事はともかく社説にかぎって言えば、両紙の立場は当時から先鋭的とも言えるほどに異なっていたことをこの本で知った。

日本は、結果としてアメリカを盟主とする西側陣営に属する道を選んだ。その後のソ連崩壊、そして中国共産党独裁体制によるチベット、ウイグル自治区への〝侵略〟、残虐な人権侵害、言論弾圧の実態などを考えれば、日本の選択は正しかったと言える。読売はこの対決で、まず歴史の試練に耐えていると思う。自由主義と民主主義は、日本の国是としてほぼすべての国民が支持している。

社説対決のテーマは、計31にのぼる。1988年の消費税導入問題では、読売が増税大反対の世論を抑える形で導入を支持したのに対し、朝日は世論に迎合するポピュリズムから猛反対したが、結果としては導入された。それから四半世紀以上が経ったいま、消費税そのものに反対する勢力は、朝日をふくめほぼなくなった。議論されているのは、増税の幅や時期だ。

1992年の国連PKOへの自衛隊派遣をめぐっても、読売は支持した。朝日は軍事アレルギーをもつ世論に迎合し、最近の集団的自衛権をめぐる大反対キャンペーンとおなじ強硬な姿勢で、絶対反対を唱えた。それに煽られた野党が、馬鹿げた「牛歩戦術」をとったことも、いまとなっては懐かしい笑い話だ。2017年初頭の時点で、南スーダンへ派遣された陸上自衛隊のいわゆる「駆けつけ警護」をめぐり、隊員のリスクなどを考慮して撤退問題が議論になったが、PKOそのものに反対する人びとは、いまでは見当たらなくなった。

朝日は、憲法施行70年の社説でこう書いた。「紛争の起きた国の再建を手伝う『平和構築』は憲法前文の精神に沿う。日本も『地球貢献国家』として、自衛隊が参加できるPKO任務の幅を広げたい。朝日新聞は憲法施行60年の社説で、そう主張した」

このように、朝日の論調は迷走してきた。虚心坦懐《きょしんたんかい》に朝日の社説の歴史をたどれば、支離滅裂としか言いようがない。論調を180度変えて平気な心理メカニズムとは何だろうか。それについても第Ⅵ章で述べる。

両紙の社説が「歴史の試練に耐えたか」という観点から、独断で各テーマに勝敗の星取り表をつけると、読売29勝、朝日29敗、引き分け2となった。引き分けたのは、1996年の首相・橋本龍太郎の靖国神社参拝をきっかけに起こった歴史認識問題と、1999年ごろからの外国人参政権問題だった。

読売は、つづいて『読売vs朝日　社説対決　北朝鮮問題』（読売新聞論説委員会編　辺真一・柘植久慶解説）を出版し、テーマを北朝鮮に絞った社説23本を比較している。朝日がいかに北朝鮮に入れ込み日本人拉致被害者らを無視してきたかが、あらためて浮き彫りになる。この対決は、勝敗が初めから決まっていた。

読売はさらに、『読売vs朝日　21世紀・社説対決』（読売新聞論説委員会編著）を出した。テーマはアメリカ同時多発テロから国旗・国歌、憲法など12にわたる。これらのテーマは、北朝鮮問題ほどにはっきりした判断基準があるわけではなく、単純に勝敗を決めにくいものもある。しかし、大体、読売の路線がその後の歴史に沿っていることだけは言える。

3冊の本を企画した読売論説委員長・朝倉敏夫は最初の『読売vs朝日　社説対決50年』の「はじめに」で、すでにこう述べている。

「朝日新聞の主張の根底には、社会主義国は本質的に侵略とは無縁であるとする『社会主義平和勢力論』が暗黙の前提としてあってのことではないかと思われる。これに対し読売新聞は、社会主義国の実態は一党独裁の専制恐怖支配体制であり、社会主義国の直接・間接の侵略から自由と民主主義という西側陣営共通の価値観を守らなくてはならない、というのが精神的基調だった。つまりは、世界の実像に関する認識が異なっていた、ということである」

ただ、3冊の本には収録されていないが、ベトナム戦争について、朝日は毎日とともに戦火拡大に反対し、アメリカが北ベトナム爆撃を開始すると、即時停止と国際会議による和平プロセスを呼びかけた。読売には、明確な立場を打ち出した社説は見つからなかった。したがって、このテーマにかぎっては、朝日に軍配があがるかもしれない。

2015年の安保関連法案をめぐる騒ぎで、法案が通過するまでに、朝日新聞に載った「戦争法案」という言葉の入る記事や投書は588本あった。毎日新聞は441本だった。こういう情緒的な言葉の使用は、世論に迎合し国民を煽るポピュリズムでありマインド・コントロールそのものでもある。これにより、国内に軽い集団ヒステリーの症状がみられた。読売新聞は100本だったが、それらは否定的な文脈で使われたものだった。

しかし、朝鮮半島情勢が緊迫した2017年に入ると、朝日紙面に「戦争法」という言葉はほとんど登場しなくなった。ガラパゴス化したエセ平和主義で解決できるような次元の問題ではないからだ。

朝日は、こういう危機のときこそ「9条があるから日本は大丈夫だ」と国民を安心させるべきだったが、そうした社説は見当たらなかった。もちろん、国民のほうが冷静で、まともな人たちはもうそんな妄言に耳を貸さないだろう。

憲法をめぐり、読売は1994年から3回にわたり改正試案を発表するなど憲法を時代にあわせるよう主張・提言してきたが、朝日は護憲にこだわってきた。この対決も近く決着する。

読売と朝日両紙の社説での方向性と歴史の試練という観点からは、大筋において次のように言えるのではないだろうか。

第2次世界大戦後の世界は左翼思想の敗北の歴史であり、戦後日本は朝日新聞の敗北の歴史であった、と。

第Ⅵ章

戦後を精神分析する

日本の戦後を知るためには、歴史やそれぞれの国家、集団を精神分析するという独創的な研究で広く知られる、和光大学名誉教授で心理学者の岸田秀《しゅう》に取材することが欠かせないと思った。筆者は東京都内にある岸田の自宅を訪ね、午前・午後にわたる長時間、じっくり話を聞いた。

1 歴史の精神分析

「先生の研究のきっかけになったのは、どんなことですか？」

「戦争の記録を読んでいくうちに、歴史を精神分析できないか、というのが着想のもとでした。旧日本軍の戦争のやり方はどうにも下手だった。効果のない戦法に固執するし、それをなかなか改めない。どうしてだろうという疑問をもったのがはじまりでした。それは無知や怠惰のせいではなく、病的症状としか思えなかった。戦争の記録を読みはじめたのは学部生のころだが、おかしいな、おかしいなと思いはじめたのは大学院生のころですね。

そのあとしばらくして書いた論文を博士論文として提出したのですが、はねられました。それまで早稲田大学の心理学科で博士論文が不合格になった前例はなかった。心理学は自然科学だから実験とか調査とかがないとダメだと言われた。ぼくの博士論文は実験も調査もないわけですから。

その博士論文は、エッセイとか随筆とか感想文、アームチェア・サイコロジー（肘掛け椅子の心理学）であって学術論文ではないと言われた」

何ごとであれ、パイオニアには立ちはだかる高い壁がある。1977年刊行の大ベストセラー『ものぐさ精神分析』を構成するそれぞれの論文は、博士論文を提出するより前に書いたもので、ある編集者から「好きなことを文章にして雑誌に連載してくれ」と言われたのがきっかけだったそうだ。

はねられた博士論文も、1985年、『幻想の未来』のタイトルで河出書房新社からハードカバーとして出版された。それはさらに2002年、『幻想の未来—唯幻論序説』として講談社学術文庫に収められた。岸田は、多数の著書を上梓しており、新聞・週刊誌などに対談・エッセイなどで登場することも多い。学会に所属したことはなく、孤高の心理学者だが、熱心なファン・読者は多い。歴史やある時代、ある組織を精神分析することにかけては、他の追随を許さない。

2　みんなマインド・コントロールされている

「先生の手法を戦後の日本にあてはめたらどういう分析ができるか、ということに非常に興味があります」。筆者はこう述べて、本書の第Ⅱ章、第Ⅲ章、第Ⅳ章で書いた戦後のマインド・コントロールについての仮説を説明した。

岸田は、まずこう言った。

「GHQに日本人をマインド・コントロールしようという意図があったことはまちがいない」。

そしてこうつけ加えた。「人間はみんなマインド・コントロールされています。だから、自分がマインド・コントロールされているということをどれだけ自覚しているかが問題です。たとえば、オウム真理教がマインド・コントロールや洗脳をしていたというのははっきりわかるが、一般の人は、自分たちはちがうと思っている。でも、じつはおなじなのです。社会常識と言ったって、それも一種のマインド・コントロールで、それはみんなが信じているから社会常識となっている。もちろん、常識が一般化するから社会秩序が保たれているという面もあります」

岸田の説明はつづいた。

「マインド・コントロールをする頭の良い人がいて、一方でマインド・コントロールをされる頭の悪い人がいるという単純な二分法ではありません。全知全能の賢明な人が大衆を導いたというような単純な図式ではなくて、マインド・コントロールをされる大衆にもそれを受け入れるだけの素地があるから可能になる。

戦争中の軍国主義も、あれはマインド・コントロールをされていたわけで、敗戦後は逆のマインド・コントロールをされてきた。意図しないのにマインド・コントロールの主体になっているというケースもよくあるでしょう」

意図的なマインド・コントロール

岸田に、マインド・コントロールa1の連載『太平洋戦争史』が載った朝日新聞のコピーをみせ、説明した。ＧＨＱの指示によってすべての日本の新聞に連載されたが、岸田は、当時まだ11歳だったから、この大連載のことは知らないという。ここでは、軍国主義者と国民をはっきり分け、国民を被害者として書いている。岸田は「自分たちが被害者と考えるほうが楽だから、国民は受け入れたのでしょう」と感想を述べた。

精神科医で精神分析家の土居健郎《どいたけお》は、１９７１年に刊行されベストセラー、ロングセラーとなった『「甘え」の構造』でこう書いている。

「被害者意識という便利な言葉が日本語特有の語彙《ごい》であるということは、いささか私を驚かすとともに、また非常に暗示的でもあった」。そして、「日本人の中に潜む被害的心理、結局は甘えの心理」とも指摘する。

岸田秀は、マインド・コントロールa3の東京裁判と合わせて、こう解説してくれた。

「ＧＨＱはそれだけ日本人をマインド・コントロールする必要があった。アメリカがやった日本の本土空襲や原爆投下は明らかに戦争犯罪だった。アメリカにはそういう戦争犯罪の責任を隠蔽《いんぺい》する必要があった。そもそも、アメリカは全然悪くない、日本だけが悪かった、ということを宣伝しようとした典型例が東京裁判だった。アメリカの場合はかなり意図的にマインド・コントロールをやった、とぼくも思います」

マインド・コントロールa4『真相はこうだ』『真相箱』についても、岸田は「記憶にない」と言った。戦火にも遭っていない香川県の少年だったそうだから、むりもない。

岸田は、「『菊と刀』という本も、そういうプロパガンダの一環です」と言った。この本の［第十三章　降伏後の日本人］には、「彼らは進んで、戦争を放棄する憲法の立案にとりかかった」と大嘘《おおうそ》のプロパガンダが書かれている。彼らとは日本人のことだ。実際には、マッカーサーが、「天皇制に対する連合国の批判に耐えきれなくなるかもしれない。しかし、われわれの草案の基本原則を受け入れれば、天皇の身は安泰になるであろう」と憲法草案を受け入れさせた（2017年4月30日NHKスペシャル「憲法70年〝平和国家〟はこうして生まれた」）。

しかも『菊と刀』はご丁寧に「そのような平和な国となった日本は、世界の国ぐにの間において、名誉ある地位を獲得することができるであろう」と念を押している。この文言は、日本国憲法の前文にある「われらは、平和を維持し、専制と隷従、圧迫と偏狭を地上から永遠に除去しようと努めてゐる国際社会において、名誉ある地位を占めたいと思ふ」と呼応する。

いまふり返れば、『菊と刀』の一文は、草案の戦争放棄、戦力不保持など核心部分をGHQが押しつけたことを示唆しているようにもみえる。ただ、憲法制定プロセスを著者のベネディクトが知っていたか、『菊と刀』の［第十三章　降伏後の日本人］を本当に本人が書いたのかはわからない。

憲法について

マインド・コントロールa5の憲法9条について、岸田はさらに踏み込んだ解説をしてくれた。

「日本が二度とアメリカに戦争を仕掛けないように日本の軍事力を奪う、というのがアメリカの目的だった。日本国民のあいだにも戦争でひどい目に遭ったから、もう戦争はごめんだ、という意識があったのも事実だ。憲法9条を日本国民のほうが求めたという一部の説は嘘《うそ》だと思う。9条がアメリカの押しつけであるということは事実だと思うが、押しつけに屈したとすると日本人のプライドにかかわるので、日本国民のほうが求めたということになっているのではないか。そういうお話にしないとアメリカの戦争犯罪が浮かび上がってくるわけだから。

　平和憲法の下で繁栄している平和な日本よりも戦前の軍国主義のほうが良かったか？　という風に反論されると、言葉に詰まるわけです。とはいえ、日本はそれ（憲法）を受け入れたがどこかでは納得しておらず、モヤモヤとした気分はある」

　アメリカが日本に憲法を押しつけたかどうかでは、日本国内に左右両派の論争がある。だが、2016年8月15日、アメリカ副大統領バイデンは日本国憲法について「われわれが書いた」と公の場で発言し、日本人の意思で書いたとする左派はブツブツ言いながらもほぼ沈黙した。首相の安倍晋三は、これより半年前の2月4日、「占領下にあるなか、当時の日本政府といえどもGHQの意向には逆らえない。その中において憲法が作られたのは事実だ」という内容を衆議院予算委員会で述べていた。

戦中と戦後を比較するプロパガンダ

戦前と戦後を比較する論法には、事実上、言葉のトリックがあると岸田は指摘する。

「アメリカの日本占領政策はうまかったと思う。戦後の日本が高度成長して豊かになり、戦前の軍国主義時代をふり返ってみると、戦後のほうがはるかにいい。戦前にはできなかった贅沢などもできるようになった。アメリカの洗脳にしたがい、それを信じこむほうが現実的にも良かった。だが、1930年代、40年代の戦時中を戦前とし、現代と比較するのは占領軍のプロパガンダだった。1931（昭和6）年の満州事変ごろから日本は軍国主義に傾いていくが、この比較論はそれから以後だけを考えている」

たしかに、それよりも前には大正デモクラシーなどいい時代もずっとあったはずだ。歴史家の半藤一利はこう書いている。

「大正デモクラシー的な気分というか、昭和改元いらいの自由主義的な風潮というか、それはまだ残っており、昭和十年はむしろまだ平穏な年であったといったほうがいい。思いもかけないような好景気の到来で、生活は楽になった、それで大いに民草《たみくさ》は享楽的になりはじめていた、とするのが正しい見方なのである」「満州事変のあった昭和六年からの軍需景気もあって、……十二年までの経済成長率は平均七パーセント、これは当時の世界最高で、〝躍進日本〟といわれていた」（『B面昭和史』）

岸田はこう述べた。

「江戸時代は徴兵制もないし、ペリーの黒船が来たから日本の近代が狂ったわけです。日米関係の出発点という意味では、アメリカが加害者であり日本が被害者だった。安定していた平和な江戸時代を壊したのはアメリカでした。しかし、アメリカのプロパガンダではそれは無視されて、戦争中の悲惨な状態と戦後の豊かな日本を比較対照する。そうすればアメリカ様さまということになるわけです」

岸田は、「それが戦後の日本の自己欺瞞《ぎまん》を支えているのではないか」とも言った。これについては、のちに詳しく書く。

日教組　平和教育　GHQ

次に、マインド・コントロールa6 平和教育についても聞くと、こう言った。

「日教組がおこなってきた平和教育の陰には、GHQの影響がかなりあったと思う。最近は日教組も勢力がだいぶん衰えているそうですが、長いあいだ日本の教育を握っていた日教組は、みんなそれが正しいと信じてやっていた。自分たちがマインド・コントロールされているという自覚はなかったと思います」

岸田は、そして、こう言った。「教育というのは洗脳ですね」

プロパガンダ映画

岸田秀は、マインド・コントロールa7のプロパガンダ映画について、こんな述懐をした。

「ぼくの家は映画館だったものですからいまでも覚えていますが、戦争に負けた子どものころ、戦前の日本がいかにまちがっていたかという話の『風雪二十年』などを観ました」

この作品は、1951（昭和26）年に東映が製作したもので、尾崎士郎の『天皇機関説』を原作とし、佐分利信、岡田英次、岸旗江などが出演した。

岸田の記憶にある映画のなかには、1945年12月20日に封切られた『最後の攘夷党』という作品もあった。

嵐寛寿郎主演で、ときは明治9年、尊皇攘夷の思想を引きずる大葉慎吾は血盟の志士178人の一員となって熊本で決起した。だが、政府の洋式銃の前には歯が立たなかった。逃走中、外国人宣教師を血祭りにあげようとしたり、アメリカ領事館へ侵入し銃で足を撃たれたりしたあと、たまたま出会ったハッチンソン夫妻とその娘エリザベスの手厚い看護を受ける。慎吾の張りつめた心はゆるみ、次第に感謝の念に変わっていく。彼はいっさいを清算し、ハッチンソンの好意によってボストンに留学すべく長崎港を出帆する――。

この映画をマインド・コントロールの視点からみれば、尊皇攘夷つまり天皇を敬い外国人を排斥しようとする思想がいかにまちがっていたか、いかにアメリカ人は親切かを脳裏に刷り込む作品と言えるだろう。アメリカのプロパガンダそのものの映画が、敗戦からわずか4か月後、日本の大映によって封切られていた事実には驚かされる。

ニュルンベルクの歴史家グラーザーは「ドイツでは、国民がナチス＝国家社会主義者から民主主義者に変わるのにわずか1回の週末しかいらなかった」と筆者に苦笑しながら語った。日本人もそれに劣らず、変わり身が早かった。

3　親に洗脳された

岸田に、2015年2月に発売されたムック『別冊宝島　洗脳のすべて』の現物を示し、そのサブタイトルが『知らないうちにあなたも洗脳されている！』となっていることを話した。岸田は、生い立ちを語りはじめた。

「個人的な経験で言うと、わたしは親に洗脳されていました。わたしはもらいっ子で、岸田家は劇場を経営していました。『この劇場は非常に価値があるもので、これまで先祖代々一生懸命苦労して守ってきたから、お前がこの劇場を継がなかったら親不孝の罪を犯すことになる』とかそういうことをずっと養母（実父の妹）から言われた。おかしいなと気づいたのはずっとあとのことです。知らず知らずに親の洗脳を受けていたわけだが、腑《ふ》に落ちず、どこかおかしい、おかしいという気持ちがあった。

親に洗脳されていた個人的体験をふまえて日本に目を転じると、日本全般がアメリカに洗脳されているということがみえてきたということです」

その別冊宝島では、社会心理学者が、原発の賛否といった政治イデオロギーに関連づけてマインド・コントロールのことを語っている。わが国の社会心理学者らは、これまでカルト教団など特殊な例について限定して研究してきたようなので、そういう発言は異例に思えた。それを話すと、岸田は「ぼくも（そういう例はこれまで）知らない」と言った。

4 岸田流精神分析のポイント

マインド・コントロールと精神分析

さて、筆者は、いよいよ本題に入ろうとした。まず、基本的な質問だが、マインド・コントロールと精神分析の関係について聞くと、こう語った。

「精神分析はフロイトが作ったのですが、当時はマインド・コントロールとか洗脳という言葉はなかった。精神分析は、神経症という言わばマインド・コントロールされ植えつけられた考え方が極端で、社会不適合になっている人を治療するためのものです。**精神分析は、マインド・コントロールを解くひとつの技術である、**と言えるのではないでしょうか」

「神経症は要するに自我の障害です。自我が人格を統一する根拠であり、分裂しなければ健全に生活できるわけですが、いろんな病気は自我の挫折からくる。自我の統合の失敗の結果、統合失調症（旧名・精神分裂病）には至らなくとも、神経症、人格（パーソナリティー）障害、非行、自殺などとして生じてくる」

「先生は、フロイト理論は何よりもまず（集団をあつかう）社会心理学である、と書いていますね」。水を向けると、岸田はこう語った。

「出発点からフロイト理論はそうでした。ところが、精神分析がアメリカに渡ると、個人の神経症の治療法として人気が出た。『モーセと一神教』とか『集団心理学と自我の分析』など、フロイトには集団現象についてのいろいろな論文があるが、アメリカにおいてはそういうのがいっさい無視されて、個人の神経症の治療の面だけが流行した。アメリカでは、精神分析は個人を対象にしたものだ、という風潮が広まりました。

戦後の日本にはアメリカの精神分析が入ってきた。ぼくの説を批判する人は、個人をあつかう精神分析を岸田はいわれもなく集団に適用してくる、と受け入れなかった。いまでも精神分析は個人の治療法だと思っている人が多い。とはいえ、臨床医や精神分析の専門家でもぼくに賛同してくれる人はいます」

岸田秀を筆者の取材対象として真っ先に名をあげ推薦してくれた臨床の精神科医・春日武彦は、そういう賛同者のひとりだ。筆者もかねてから、岸田にぜひ取材したいと思っていた。

土居健郎も、集団の精神分析について『「甘え」の構造』でこう書いている。

「精神科の臨床は、患者の語る言葉を通して患者の精神状態を窺《うかが》うことができるという前提に立っている。もし一人の人間についてこの前提が妥当するならば、一つの言語を話す国民についても同じようなことが妥当してしかるべきではないか。その言語の特徴を通して国民の精神的特徴を云々することが可能なのではないか」

個人と集団

岸田は言った。

「集団現象について言うと、個人の人格構造と集団の人格構造は同形だということです。個人の人格形成のプロセスと、社会構造というか、集団の人格は同じようなプロセスで形成される。つまり、心理的なメカニズムはおなじです」

そこで歴史分析についてたずねた。

「集団の歴史は個人の歴史のように説明できるわけですね？」

「ぼくはそう考えているわけです。いま、なぜ日本民族は天孫降臨という神話を必要としたかについての本を書いている。現実は正反対で、日本は白村江での敗戦をきっかけとして建国されたからこそそういう神話が必要だった。その神話が近代の日米戦争の敗北にまでつながっているという話です」。この作品は、２０１６年12月、『日本史を精神分析する』のタイトルで刊行された。

「集団心理を個人心理のごとくあつかいその病理を語ることができるのは、集団の文化が個人の精神とおなじ構造を持ち、おなじ葛藤をはらんでいるからである、と先生は書いています。それが前提にないと先生の学説も成り立たないわけですね？」

「そうです。集団心理は個人心理とおなじ方法論で解明できます。不愉快なことがあるとその記憶を抑圧して、その結果、変な症状が出てくるというのは、個人も集団もおなじです」

内的自己と外的自己の分裂

岸田学説の根幹のひとつは、「1853年にペリーの黒船が来航したことにはじまるペリー・ショックによって、日本が〈内的自己〉と〈外的自己〉に分裂し、そののちの日本の歩みの決定的な要因となった」とする分析だ。

「内的自己と外的自己という考え方はR・D・レインの著書『ひき裂かれた自己　分裂病と分裂病質の実存的研究』から借りた考え方です。大学院のころに読みました」と岸田は語った。

ロナルド・D・レイン（1927〜89年）はイギリスの医学者、精神科医、精神分析家だ。実存主義の哲学者サルトルらとの交流もふかく、それまでの精神科医の多くと異なり、病的行動から、患者の実存的境地・意味を理解しようと努めた。

レインは『ひき裂かれた自己』のなかで、症例として、「自分の〈自己《セルフ》〉と呼ぶものと〈人格《パーソナリティ》〉と呼ぶものとが、全く異なった二つのものであるという考えをきわめて当然のこととして成長し

〈内的自己〉と〈外的自己〉のイメージ

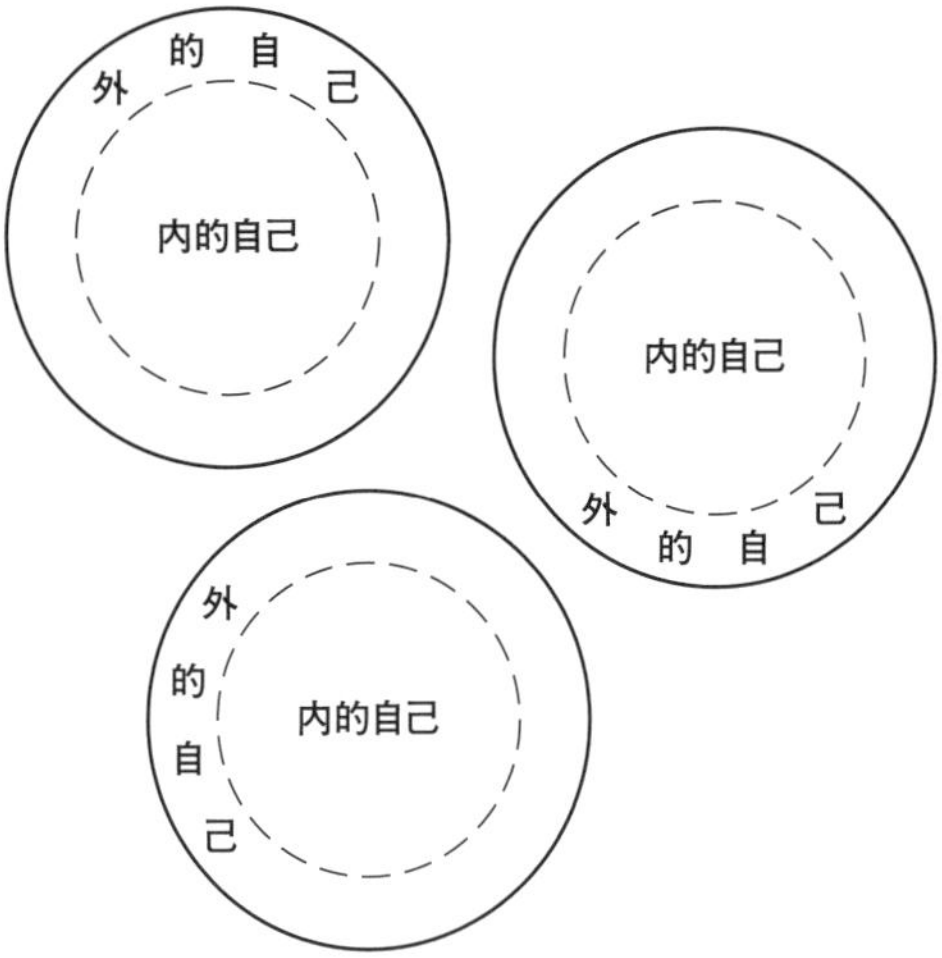

てきた」少年などのケースを紹介する。そして、「分裂病質は内的自己と外的自己との分裂を特徴とする」と書いている。自己同一性＝セルフ・アイデンティティーが分裂し喪失されるのだ。

岸田は「**わかりやすく言うと、内的自己は自分自身の内心・本心であり、外的自己は外向きの顔です**」と語った。

「動物には人間の心という意味での精神はなく、内的自己と外的自己との分裂などはないが、人間は自我をもっていて、内面的な自分と他の人たちにみせる顔とはもともと一致していない。つまり、ふたつの自己がある。統合失調症でなくても、人間というのはそういう存在なのです。それが極端に対立して矛盾して両立しなくなったときに統合失調症になる」

人の心は複雑であり内的自己と外的自己のふたつに分けて分析するなど無理があるのでは、と疑念を抱く人もいるかもしれない。だが、春日武彦も経験豊富な臨床の精神科医としての経験から、こう強調する。**「人の心模様は、驚くほど図式的です」**

ペリー・ショック

「ずっと昔の中国との関係において、日本にはすでに外的自己と内的自己の問題はあったと思うが、ペリー・ショックによってそれが表面化し激化した。黒船来航をきっかけに、日本もこのままではダメだと焦ったのが日本の近代の始まりだった」「イギリスから中国・清へのアヘンの密輸を原因としてはじまったアヘン戦争をみていたから、『日本が（西欧列強に蹂躙《じゅうりん》される）清の二の舞になったら大変だ』という危機感があった」

さらに、岸田の近代史分析はつづく。

「幕末から明治にかけ、欧米に対抗するため日本は富国強兵しなければダメだと思った。それが極端に行きすぎた。富国強兵によって日清戦争、日露戦争に勝ったため、これでいいんだと調子に乗り、不敗神話を作ってしまった」

岸田によると、内的自己は幕末の尊皇攘夷論、明治の富国強兵、征韓論が典型で、外的自己は幕末の開国論、不平等条約、文明開化、鹿鳴館などに表われている。

こう語る際、岸田は幕末から明治初期への日本をひとりの個人のようにとらえていることが注目される。これが「集団の歴史は個人の歴史として説明できる」という例だ。

『ものぐさ精神分析』には、次のような記述がある。

「他者との関係、外界への適応はもっぱら外的自己にまかされ、外的自己は他者の意志に服従し、いちおう適応の役目は果たす。だが、内的自己は、そのような外的自己を自分の仮の姿、偽りの自己と見なし、外的自己のおこなうことに感情的に関与しなくなり、あたかも他者の行動をながめるように距離をおいて冷静に突き放してそれを観察しようとする。内的自己のみが真の自己とされるが、内的自己は、外的現実および他者と切り離され、遊離しているため、ますます非現実的となり、純化され、美化され、妄想的となってゆく」

幕末・明治初期の日本はペリー・ショックがトラウマとなり〈外的自己〉と〈内的自己〉に分裂していたから、統合失調症の症状を呈していた。日本は、少なくとも近代のはじまりから病理を抱えていたことになる。

「不本意ながら開国させられたために人格が分裂したわけですね？」

筆者がたずねると、岸田は自分の体験をふまえてこう答えた。

「人間には自我というものがあるから、だれでもある程度は内的自己と外的自己の対立がある。親にとって都合の良い規範を一方的に押しつけられて、その規範にしたがわなければ親に拒否される危険がある。親向けの自分と自分はこういうものだと思っている自分とがかけ離れ、対立の程度が激化する。それが統合失調症の発病の大本です。ふつうは親もある程度、子の気持ちや立場を尊重するので病的葛藤には至らない。子が親の身勝手な期待通りの規範にしたがうことを強いられると、子は自分がなくなり統合失調症になることがあるわけです」

岸田は、中高生のころ強迫観念や鬱病《うつびょう》、幻覚に苦しめられた。あるとき、古本屋でフロイトの精神分析の本を見つけむさぼり読んだ。そこには自分とおなじような患者の症例が書かれており、自分の生い立ちについて考えた。それ以来、ときおり自己分析をするのが習慣になったという。

岸田はこうつけ加えた。

「和魂洋才とは面従腹背《めんじゅうふくはい》であり、和の心である内面と対外的な外面とを使い分けることです。これこそまさに統合失調症者が試みることです」

岸田は、「精神病にまでは至らなくても、すべての人が多かれ少なかれ神経症的である」とする一方で、「内的自己と外的自己があまり対立せずおなじ方向に向かう場合もあり、人格はあらゆる場面で分裂しているわけではない。そして、だれかある人は内的自己だけ、別のだれかある人は外的自己だけというような二元論ではない」と念を押す。

岸田は、幕末から明治維新にかけての人物のうち、吉田松陰と西郷隆盛を内的自己が強かったケースの代表者としてあげる。

「これら内的自己の代表者は悲劇的な結末を迎える。だが、日本人は民族的メンタリティーとして敗北した英雄が好きだから、いったん生贄《いけにえ》に供されたあと、聖化され、崇拝されるという経過をたどるわけです」

内的自己が暴発し開戦

日清、日露の戦争に勝ち調子に乗った日本は、曲折を経て、日中戦争、第2次世界大戦へと至る。

「日露戦争のときまでアメリカは親日的で、日本は親米的だった。その後、アメリカは日本を警戒しはじめ、移民法ができ日本人は入国させないということになって、日本はいくらか反米に傾いた。昭和の軍国主義時代というのは、満州を獲得したころからです。満州に国際連盟のリットン調査団が入り、満州を容認しなかった。その辺から日本では内的自己が表に出てきて反米になった。すると、ますますアメリカが日本を締めつけてきたため、日本はさらに反米のほうに走ったのです」

『ものぐさ精神分析』にはこうある。

「開戦以前の日本では、内的自己と外的自己とがはげしく争っていた。内的自己は外的自己を英米派と呼び、その対米追従をののしった。内的自己は右翼と軍部、特に陸軍が代表していた。**追いつめられた日本は、辛うじて保っていた人格のバランスを崩し、抑えられていた内的自己が暴発し、ついに開戦となった**」

岸田は補足した。

「アメリカと戦争して勝てるわけがないということはわかっている。連合艦隊司令長官・山本五十六《いそろく》のように反対者は当然いたが、そのとき、民間右翼も勢力を相当強めていた。戦争に反対すると暗殺される恐れがあり、山本五十六も狙われていたそうです」

結局、連合艦隊は真珠湾を奇襲する。その一報に、日本国民は喝采した。「驕《おご》り高ぶって気が狂った軍部が国民を無謀な戦争に引きずり込んだ、との説明が戦後発明されたが、軍部も気が狂っていたわけではなく、国民も無理矢理引きずり込まれたわけではなく、大部分のものは奇襲の成功を舞いあがって喜んだのであった」（岸田秀『二十世紀を精神分析する』）

その様は［第Ⅰ章　９　さまよう知識人］で述べた通りだ。戦後、ころっと平和主義者になった知識人らも例外ではなかった。

岸田はこうみる。

「１００年の歴史をもつ対米憎悪の自由な発現が許された。開戦は内的自己を解放したと言える。ペリー・ショック以来引き裂かれていた日本国民の人格は、対米開戦によって初めていちおうの統一をみた。内的自己が圧倒的になり、全人格を占めた。日本人は一時的にせよ葛藤から脱出したのです」

だが、ここで、岸田が歴史を精神分析するきっかけとなった問題が浮上する。

「日本軍の敗因は現実感覚の不全です。補給と情報の軽視、作戦の柔軟性の欠如などが目立ち、必勝の信念や敵愾心《てきがいしん》や大和魂などの精神主義が強調されました」

そして、岸田は大胆な分析をする。

「日本の本当の戦争目的が、現実的、合理的打算による戦争の勝利よりは、むしろ、危うくされ

た自己同一性《アイデンティティー》の回復という精神的、心理的なものにあったのではないか。情勢の変化に対処するための現実感覚が一本抜けていたのはそのためです」

その証拠として、岸田は、真珠湾攻撃でとうぜん実行すべき第2次攻撃を中止し、敵艦隊にとどめを刺していないことや、戦局が悪化したあとのバンザイ突撃や神風特攻などをあげる。たしかに、これらの行為には最終的な勝利を目指しての「戦術」と言える側面はまったくなかった。

「日本人をしてそのような行動を思いつき、実行することを可能にした精神構造を理解しなければなりません」と、岸田は強調した。つまり、それが内的自己の暴発だ。

作家の百田尚樹は、2017年8月に上梓した『戦争と平和』で、ゼロ戦や旧日本軍の戦略・戦術のメリットとデメリットを分析したうえでこう述べている。

「私は大東亜戦争を振り返ると、日本人は戦争の目的を理解していたのだろうかと疑問に思います。同時に、戦争を苦手とする民族ではないかという気がします」

日本人は、戦争の当時も七十余年経《た》ったいまも、先の大戦の目的についてきちんと理解してはいない。それは、時代や歴史を心理学、精神分析などの観点から客観的・分析的に考えることがなかったためだろう。岸田の言うように、本当の戦争目的がアイデンティティーの回復にあったとすれば腑に落ちる。まさかそんなことで、と思う人もたくさんいるだろうが、意地になると損得を忘れて争うことがあるように、アイデンティティーはそれほど、われわれが生きるのに重要な役割を演じている。

岸田の開戦目的についての右の分析は、なぜいま、われわれが憲法9条を改正しなければならないか、という問題につながる重大な指摘だ。それを終章で述べる。

反省を欠くなら

「この戦争は国民の大半が支持した。と言ってわるければ、国民の大半がおのれ自身の内的自己に引きずられて同意した戦争であった。軍部にのみ責任をなすりつけて、国民自身における外的自己と内的自己の分裂の状態への反省を欠くなら、ふたたび同じ失敗を犯す危険があろう」（『ものぐさ精神分析』）

日本で言う「軍部」は、ドイツの「ナチス」と似て定義のしにくい言葉であり、スケープゴートとして都合良く使われてきた面がある。

岸田が言わんとしていることを筆者の言葉で解説すると、こうなる。

〈善い日本人〉と〈悪い日本人〉を区別し、軍部に戦争責任をなすりつけて自分は〈善い日本人〉になろうとするのは大いなる自己欺瞞であり、反省を欠くなら、ふたたび失敗する恐れがある。

5　意表を突く見解

朝日、進歩的文化人の分析は初めて

先の大戦が内的自己の暴発からはじまったものだとすれば、敗戦後の日本人の心理メカニズムはどうなっただろうか。筆者は、敗戦から現在に至る複雑な現象を、主に、朝日新聞、朝日岩波文化人＝進歩的文化人そして護憲派、つまり左に焦点を当てて分析・考察しようと試みている。政治・社会思想の面では、左派が主流だったからだ。

岸田秀に聞いてみた。「先生は、歴史や国家や集団を精神分析なさっていますが、朝日や進歩的文化人について分析し、お書きになったことはあるのですか?」

「いや、ないですね。大江健三郎なんて進歩的文化人を、正義の立場に立って無責任な発言をするので有名な人だとからかったことはありますがねぇ。彼に、面と向かって『アンタなんか嫌いだ』と言われたことがある」と、笑いながら答えた。

人格構造は幼児期に形成

岸田は、『二十世紀を精神分析する』のなかで、こう書いている。「個人の性格形成にその幼児期の影響が大きいのと同じく、国家の場合もその行動パターンの形成にその幼児期、すなわち国

家成立の時期の影響が大きい
「集団の歴史は個人の歴史として説明できる」という岸田の言葉を朝日新聞にもあてはめてみた。
［第Ⅰ章　精神科医が診る朝日新聞］で紹介した朝日の創業社訓を、岸田にも読んでもらった。

「**勧善懲悪ノ趣旨ヲ以テ専ラ俗人婦女子ヲ教化ニ導ク**」（勧善懲悪を主なねらいとし、もっぱら、風流を解さない教養の低い者、女性や子どもを教化して導いていく）

岸田はこう語った。「幼児期に形成される人間の人格構造は、よっぽどのことがないかぎり変わらない。挫折したり大失敗したりして変わることがないではないが、基本的には変わらない。それが人間の人格、パーソナリティーというものです」。そして、こう感想を述べた。「創刊から、朝日は上に立って国民を指導するつもりだったわけですね」

メディア史を研究する京大教授・佐藤卓己によると、明治期に創刊された「大新聞《おおしんぶん》」は、主義主張を訴える知識人向けのクオリティペーパーで、「小新聞《こしんぶん》」は、読みやすい事件報道を中心に、小説や読み物も入れた大衆《マス》ペーパーだった。朝日や毎日は、小新聞から発展して全国紙となった（NHKスペシャル取材班編著『日本人はなぜ戦争へと向かったのか』）。朝日が創刊からいまに至るまで〈上から目線〉で一貫しているのは、時代錯誤と言える。

一貫した戦前・戦後の態度

筆者が、［第Ⅰ章　精神科医が診る朝日新聞］の［加熱する戦争報道］の項でつづった朝日の戦時中の煽《あお》り報道の話を出すと、岸田はこんな話をした。

「ぼくなんかは、軍部がむしろメディアに引きずられたと思っています。ヒトラーだってミュンヘン会議でチェコのズデーテン地方を奪ったが、そのときのヒトラーへの国民の支持は圧倒的、熱狂的だった。ヒトラーだって人間だから、あれだけ人気が出れば、人気を維持するためには次はポーランドを侵略せざるをえないような気になるのではないでしょうか。戦争を望んだのはドイツ国民だった」

いま、この指摘をほとんどのドイツ人は深層心理的に受け入れないだろうが、現代史を冷静に判断すれば、たしかにそうだった。

それとおなじことが、かつて日本でも起きていた。国民世論を煽りに煽ったのが日本放送協会（NHK）や毎日、朝日の2大新聞をはじめとするメディアだった。

マインド・コントロールa1 連載『太平洋戦争史』では、メディアの問題はひと言も出てこない。軍国主義者が悪く、国民は被害者だった。ではメディアはどこにいたのかという話になる。

「そこで朝日新聞は、敗戦で態度を180度変えたわけですね」と話すと、岸田は意表を突く見解を述べた。

「朝日新聞の戦前と戦後の態度は一貫していますよ。彼らは事実よりも、〝これが正しいと思う〟と自分たちが感じている正義のための新聞でありたいと考えたわけです。**戦前は、戦争を遂行することが日本のためである、と考えていた。言わば、主観が事実より優先する。戦後も、朝日新聞は〝これが正義なんだ〟と一貫している。戦後の記事のでっち上げも、それが国民を正しい方向へ導くため、正義のためには嘘も仕方がない、という考え方です**」

　稲垣武の、「右翼と左翼の違いはあれ、それは表の看板だけで、頭の構造は同一ではないかとも疑われるほどだ」という指摘はこのことだったのだ（「第Ⅳ章　1　マインド・コントロールb1　ソ連への傾斜」参照）。春日武彦は、それを朝日流の「文学」と呼んでいた。岸田は、それを精神分析の見地から語り、統合失調症の特徴と共通するものがあるとする。

「心理構造としては変わっていなくて、しかも書いていることは結果として180度ちがう、ということですね？」

　話を進歩的文化人にまで広げると、岸田はこう語った。

「態度の逆転が国民的規模で見られたのが、敗戦のときでした。本土決戦、一億玉砕を叫んでいた日本人は、一夜にして従順なお人好《ひとよ》しの平和主義者になった。統合失調症に特有な態度の逆転が起こっただけのことです」

　さらに、つづけた。

「前に言っていたことを、ころっともう言わなくなって、一見、正常に戻ったように思えることがある。進歩的文化人でも、軍国主義者から平和主義者になった人は無数にいる。本人は、ころっと変節したとは思っていない。さっきまではまちがっていたが、いま正しい判断に達したと思っているわけです」

土居健郎は『「甘え」の構造』で、集団ヒステリーという言葉を使い日本社会の特徴にふれている。

学生たちは、大学紛争でキャンパスを嵐の渦のなかに陥れたかと思うと、ある日から静かになり授業にいそしむようになった。「このことはたまたま先の大戦において、開戦とともに鬼畜米英徹底抗戦に立ち上がった全国民が、終戦とともに親米英の民主主義謳歌に一変した歴史的事実に極めて酷似しているのである」

天皇陛下バンザイと軍国主義の旗を振っていたのが内的自己なら、進駐軍であるGHQに尻尾を振るのが外的自己と言えるだろう。その変わり身は、統合失調症患者に特有の態度の逆転にみられるものだ、と岸田は言う。

筆者は聞いた。

「進歩的文化人の場合には言説が活字としてのこっている。それを突き合わせて批判されるとぐうの音も出ないはずです。でも、戦後、そういう人物の数が多すぎて、だれがどうのという話にはあまりならなかったらしいですね？」

「そうですね」

筆者はこんな話をした。「国が敗れるときというのはそういうものでしょうか。１９９０年のソ連末期にモスクワへ長期出張したことがありますが、いつのまにか共産主義者がこぞって民主主義者になっていた。大統領になりノーベル平和賞をもらったゴルバチョフだって共産党員だったわけですけど」

軍国主義者から平和主義者へ

岸田は、朝日や進歩的文化人などを念頭に置いてのことだと思われるが、次のような分析をしている。

「戦中は熱烈な軍国主義者、または少なくとも戦争支持者で、戦後はこれまた熱烈な民主主義者、平和主義者になったという人がたくさんいる。わたしが疑問に思っているというのは彼らのことであるが、彼らについては二つの解釈が可能である。

一、戦争の愚かさ、悲惨さを骨の髄まで悟り、尊い犠牲を払って得た平和を断乎として守らなければならない、ふたたび軍国主義の誤りに陥ってはならないとの固い信念を持つにいたった人びとである。

二、時流に迎合する変節漢であって、軍国主義も民主主義・平和主義もともに信じておらず、自己保全のために適当に使い分けているに過ぎない」（『二十世紀を精神分析する』）

もし、［一］の人びとがいるとするなら、自らの戦時中の言説を明らかにし、まずそれ相応の自己総括をしたうえで深く反省する必要がある。筆者が調べたかぎり、そういう人物は見つからなかった。

朝日も進歩的文化人の大多数も［二］にあてはまるとみられる。

進歩的文化人の系譜に連なる若い世代の知識人は、戦時中に生きていなかったわけだから過去について反省する必要はない。ただ、［二］の先人と一線を画した戦後世代として生きないかぎり、彼らに肯定的な評価を与えることはできない。彼らも、時流が変われば変節漢として世間に迎合するだろう。

内在化する支配者のイデオロギー

筆者は、岸田秀に端的に聞いてみた。

「マインド・コントロールの主体としての朝日新聞というのはありえるでしょうか？」

「ありえます。支配者のイデオロギーは（人びとの心に）内在化します。押しつけられた考え方なのに、あたかも自分で考えたかのように錯覚する。本人は自分の判断で主張していると思い込むんです。

朝日は、絶対的な正義の立場からまちがっているやつを非難するという態度だった。サンゴ事件もそうでしょう。サンゴの保護、自然保護という絶対的な正義の立場から、どこかで悪いやつを見つけなければいけない。それを、自作自演でやってしまった。その記事をでっちあげた彼個人が変な記者だったわけではなくて、朝日新聞なりの共同幻想に従っていたのだと思う」

　ここで語られた共同幻想という言葉は、岸田流精神分析のキーワードでもある。もともとは、吉本隆明の1968年の著作『共同幻想論』で使われた言葉だ。吉本は「国家とは共同の幻想である」としたが、岸田秀はこの言葉を主に個人と集団のケースで用いる。これについてもあとでふれる。

朝日の根幹

「朝日は、ほかにもいろいろな虚報がありますが、非を決して認めない。なぜでしょう？」

「それは、会社をつぶすことになるからでしょう。朝日新聞というのは、主観的には正義の味方のつもりだったわけですから。社の根幹にかかわる問題であり、会社をつぶすわけにはいかないから認めないのでしょう」

〈推定有罪〉という現象

　筆者は、司法の推定無罪《すいていむざい》になぞらえて、日本の戦争の過去については、メディアをふくめ国民の多くが〈推定有罪〉と考えていることを話した。それが、戦争責任という言葉に集約されている。

「そういう先入観が、一連のマインド・コントロールによって出来上がったのではないでしょうか？」

「そうですね。そういう現象があったわけですね」

「フランスでは、南京事件を否定すると、それだけでネガショニスト（歴史修正主義者）とされ有罪だそうです」

「そうですか。朝日新聞の影響があったのでしょうねぇ」

「朝日が虚報をしても、国民世論の多くがそれを許容していた。それは〈推定有罪〉という先入観があったからだ、という仮説をもっているのですが。まさしくここに理由があるのでしょうね？」

「そうです、そうです」

「慰安婦問題でも、〈推定有罪〉でものを考えてしまうから、人びとは、それを追及する朝日が立派だと考えてしまった」

「ええ、そういうことです」

「ところが実際はそうではなく〝誤報〟だったと朝日自身が認めたものだから、騒ぎが大きくなった」

「そういうことですね」

日本スケープゴート仮説

岸田の精神分析にしたがえば、朝日や進歩的文化人は外的自己がきわめて強いほうに分類される。

「その外的自己が、日本と日本人をスケープゴートとし、自分たちは〈善い日本人〉として正義ぶっているとわたしは思うのですが？」

「そういうことですね。そうですよ、朝日新聞は」と岸田は言った。

精神科医の春日武彦は、「日本そのものをスケープゴートにするというのは、もはやシュールの領域だなあ」とつぶやいていた。シュールというのは、表現や発想が非日常的・超現実的なことを言う。たしかに、朝日の言説は、常識では考えられないシュールなものだ。

総体としての日本・日本人を〈悪い日本人〉としてスケープゴートにし、自分を例外的な〈善い日本人〉とする心理メカニズムは、サンゴ記事捏造《ねつぞう》事件のときに象徴的にみられた。記事にはこうあった。

「日本人は、落書きにかけては今や世界に冠たる民族かもしれない。だけどこれは、将来の人たちが見たら、八〇年代日本人の記念碑になるに違いない。精神の貧しさの、すさんだ心の……」

朝日は、慰安婦問題などで自らを戦争や統治の被害国または東京裁判のジョセフ・キーナン首席検事のような立場（外的自己）に置き、日本と日本人を加害者として非難してきた。それが朝日の存在理由ともなっていた。朝日イズムに寄り添ってきたシンパ知識人や朝日読者の多くまでもが、戦争の被害者、東京裁判の検事の立場（外的自己）に身を置いたのは、欺瞞以外の何ものでもなかったが。

慰安婦として働いていた女性たちの割合がもっとも多かったのは日本人で、全体の約4割を占めていたとされる。だが、朝日は、日本人慰安婦を完全に無視して虚報をつづけてきた。慰安婦はあくまで非日本人で、大日本帝国や旧日本軍の「被害者」でなければならなかったのだ。

2015年1月、朝日新聞を相手取り、日本の国会議員やジャーナリスト、一般市民約8700人が、原告1人あたり1万円の慰謝料と謝罪広告を求める訴訟を東京地裁に起こした。「慰安婦をめぐる朝日新聞の報道により、誤った事実を国際社会に広め、日本国民の人格権や名誉を傷つけた」とした。原告団長は上智大名誉教授・渡部昇一（2017年4月死去）で、原告側が問題としたのは「慰安婦を強制連行した」とする吉田清治の証言にもとづいた記事など13本だ。

原告の訴状では「日本の官憲が慰安婦を強制連行したという証拠はない」とし、問題の記事は「『日本軍に組織的に強制連行された慰安婦』というねじ曲げられた歴史を国際社会に拡散させ、わが国が激しい非難を浴びる原因になった」と指摘した。

原告の数はその後も増えつづけ、最終的には2万5722人と日本の裁判史上最大の原告団になった。

東京地裁（脇博人裁判長）は、2016年7月28日、「原告個人の名誉が毀損されたとは言えない」として請求を棄却した。脇裁判長は「報道により、日本政府に対する批判的評価が生じることがあるとしても、個人の人格権を侵害するとは言えない」と述べた。東京高裁でも原告側の控訴は棄却され、原告が上告せず確定した。

司法の判断としてはそうなるのかもしれないが、2万5000人以上もの人びとが訴訟を起こした事実は重い。

この裁判こそ、まさに、朝日によってスケープゴートとされた日本と日本人の怒りの表われと思われる。筆者が、春日武彦に「日本スケープゴート仮説」を話したのは、朝日が慰安婦問題で「一部誤報」を認めるより3か月以上前だったが。大集団訴訟により仮説に事態が追いついてきた観があった。

6　抑圧と否認

ユングとのちがい

岸田秀の話は、精神分析のキーワードのひとつである「抑圧」におよんだ。

「個人の神経症者が、都合の悪い過去の経験の記憶を抑圧し、意識的にはそのことについて何も覚えていないのに、抑圧されたその経験の無意識的記憶が症状をひき起こすことがあります」

抑圧や無意識という言葉をフロイトは盛んに使っている。岸田にイロハから解説してもらうと、人間には意識と無意識があり、ときに意識と無意識の分裂ないし断絶が起こる。

「分裂ないし断絶というのは、意識のなかで考えていることと無意識のなかに抑圧された観念が矛盾していることです。その断絶がひどいケースが統合失調症となるわけです」

「無意識はユングの言う集合的無意識とはちがうんですか？」

カール・ユング（１８７５〜１９６１年）は、スイスの精神科医・心理学者で、深層心理について研究し、分析心理学を創始した。

「フロイトの言う無意識とユングの集合的無意識とはちがいます。ユングは集団現象に集合的無意識という仮説をもってきて、集団として遺伝されていくものだという考え方をした。たとえば、日本人にも過去から現在につながるメンタリティーがあると思いますが、フロイトは、それは遺伝子の問題ではなく、社会現象として、社会のなかの伝統とか物語とか観念を通して新たに個人が獲得するものとして考えました」

「つまりユングとはちがう意味で、ある集団の無意識に抑圧されているものがあるということですか？」

「そうです。集団のなかで、共同幻想が神話とか物語とか犯罪事件とかおとぎ話とかいろんな形で無意識的に世代から世代へと伝わっていくものです」

岸田はさらにこうつづけた。

「抑圧とは、自分にとって都合の悪い不愉快な観念の存在を『否認』するわけです。自分はかつて悪かったと認識していて、それはよくないと思っているというのではなく、そんなことをしたことはない、と俺の知らないことだとするのが抑圧です。抑圧とたんなる非難とはちがいます」

否認というのは、日常的に使われる言葉で、何かを事実として認めないことを言う。

朝日は、敗戦後、〝トカゲの頭切り〟をして自らの戦争責任という都合の悪い過去の経験を否認し、無意識の領域に抑圧した。体のどこを切り取っても再生するというプラナリアのようなものだ。

だが、「集団の成員のほとんどが遠い昔のその経験のことなど意識的には露知らなくても、『否認』されたその経験の無意識的記憶は、いわば背後から集団全体の行動に影響を与えずにはおかない」（『ものぐさ精神分析』）。

岸田は言う。

「朝日は、（自らの）戦争責任というその観念を抑圧し無意識に追いやった。進歩的文化人もおなじだった。その責任を軍部に押しつけて自分たちは正義であると。戦前をすべて否認することによって現在の自分は清らかになる、と彼らは主観的には思うわけです。その結果、誤報や捏造、その擁護などさまざまな症状が出ているのではないでしょうか」

朝日が誤報や捏造を何度も何度もくり返し、進歩的文化人はそれを批判するどころか擁護してきた動機・原因は、岸田学説で考えればきわめて明快だ。これこそが、朝日イズムの本質と言えるだろう。

独立検証委員会

進歩的文化人も朝日とおなじ穴のムジナで、過去を抑圧してきた。それは、彼らのアイデンティティーにからむことだから、朝日が誤報を認めバッシングに遭おうと、いまだにそれを断固として擁護する側に回っている。慰安婦「誤報」問題で朝日が選定した自称・第三者委員会のメンバーである東大教授・林香里が、慰安婦報道は「国際社会に対してあまり影響がなかった」などと朝日を擁護した。

これに対し、正論2015年4月号は、「朝日新聞『慰安婦報道』に対する独立検証委員会」の報告書を40ページにわたって掲載した。そのなかで、独立検証委員の島田洋一は、アメリカと韓国の主要紙などに朝日の報道がどう影響したか、記事データベースを駆使し具体的かつ詳細に検証し直している。そして、**林香里のおこなった定量的分析と朝日擁護の結論を論破してそこにはまったく説得力がないことを、完璧に証明した。**つまり、朝日の慰安婦虚報は、国際社会に大きな影響を与え、日本のイメージをふかく傷つけたのだ。

林も進歩的文化人かその系譜に位置し、無意識のうちに自己のアイデンティティーを守ろうとしたのではないか。朝日の委員会は「第三者」でもなんでもなかった。

小椋佳の語るマグマ

シンガーソングライター小椋佳が出した『小椋佳　自分史　35th Anniversary Special Best

Album』のなかに「岩漿（マグマ）」という作品がある。珍しく歌わないナレーションだけの作品で、こう語っている。

私が私と思っている私とは　異なる私が間違いなく存在する
私が知ってる私はただ海の上に浮かんだ氷山一角だけ　ほんの一部
私の知らない何倍もの固まりが　ひっそり隠れて水面下に存在する
いやいや氷は喩えとして正しくない　地中に燃え立ち燃え続けるマグマだろう
マグマが動いて人に惹かれ始め　マグマの指令で人に逢おうとする（以下略）

詩人はすでに知っているのだ。これは、意識と無意識、無意識のなかに抑圧され潜むものをテーマとした詩だ。

意識と無意識、抑圧と否認の岸田学説で、朝日や進歩的文化人をめぐる疑問はまたも解けた。

7　同一化という心理システム

これまでの岸田秀へのインタヴューで、内的自己と外的自己の話がくり返し出てきた。それにからむ〈同一化〉という言葉も、精神分析のキーワードとなっている。同一視という言い方をすることもある。いずれも identification の訳語であり、何か自分以外のものを自己のアイデンティティーの一部とすることだ。

岸田によると、個人の統合失調症の場合もおなじだが、集団のケースでも外的自己は内的自己から切り離されているため、自分と〈内的自己から見たところの〉敵とを同一化し、敵の立場に立って内的自己を攻撃する。**戦後は外的自己が「正義」となり、朝日や進歩的文化人、本書で言うさまよう知識人、ときには政治家や一般国民の何割かも、外的自己の立場から内的自己を批判してきた。**

同一化現象

同一化、同一視は心理学や精神分析の用語ではあるが、日常にもみられる心理メカニズムだ。たとえば、消費者はテレビＣＭやチラシなどに登場する人物と自分を同一化して、その人物が消費する商品を買う気になる。特に以前は、おなじ日本人より白人とより容易に同一化する傾向がみられたから、ＣＭやチラシのモデルには白人が多く使われた。背景には、白人に対するあこがれや崇拝の心理メカニズムが働いている。

日本のメーカーによって１９６７年に企画・開発されたリカちゃん人形は、金髪、色白、大きな瞳を特徴とする。フルネームは「香山リカ」とされているが、外見は白人の女の子を思わせるものて、これも無意識にせよ同一化を意図した商品だろう。

進歩的文化人が、ある人物に同一化した好例がある。ヴァイツゼッカー演説を日本に紹介し、ドイツの戦後処理は立派だと持ち上げたのは、進歩的文化人の代表格である鶴見俊輔だったとされる。詳しい現地の事情も演説のトリックも、知らないか知らないふりをしていた。これこそ、明治以来の〝西洋かぶれ〟の流れのなかでの、同一化現象と言えるだろう。もっとも、鶴見の真のねらいは、ドイツを高く評価することより、日本の右派、保守政治家を批判することに重点があったとみられる。それも、〈善い日本人〉ぶる進歩的文化人の特徴だった。

２０１８年２月におこなわれた平昌《ピョンチャン》オリンピックの女子カーリング日韓戦について、朝日新聞デジタルは、「メガネ先輩、激闘決める一投　重圧はねのけ日本破る」の見出しで、完全に韓国目線の記事を載せた。コメントも韓国選手のものだけを使った（23日配信）。これは、朝日の〈外的自己〉が韓国に同一化した例であり、慰安婦虚報なども通底する。

占領軍を歓迎

近代以降の日本において、外的自己による同一化はさまざまな形で表われた。岸田には、特に戦後から現在に至るまでの症状を列挙してもらった。

第１の症状は、戦後、日本人の多くが占領軍を「解放軍」として歓迎したことだった。特に日本共産党はその立場を公然と唱えた。

第2に、東京裁判史観に立って、大東亜戦争（太平洋戦争）を「無謀で愚かな侵略戦争」と断定し、戦争遂行に力を貸した日本のあらゆる要素を断罪し、それまでの歴史と絶縁した新しい民主主義日本を建設しようとしたのも、典型的な外的自己の症状だった。日本人の外的自己は、それまでの敵アメリカと自己を同一化、同一視したのだった。

戦前の皇国史観、戦争中に猛威をふるっていた本土決戦、一億玉砕、神州不滅の妄想などの内的自己の症状に対する反動として、これらの外的自己の症状が生じてきたとみられる。岸田秀が言うように、一瞬にして正反対の極に走るのが統合失調症の特徴であり、それが戦後日本の病理だった。一般国民にもその症状傾向が表われたが、一番極端だったのが朝日新聞や進歩的文化人だったと言えるのではないか。

マッカーサーへの手紙

第3に、この同一化の症状は、ＧＨＱ総司令官マッカーサーにあてた日本国民からの大量の手紙に表われた。「日本をアメリカ合衆国の第49番目の州にして欲しい」と頼んだり、「元帥の子どもを産みたいので、どこそこで待っているから来て欲しい」と誘ったりするなど、昨日までの敵の大将に対してよくもこのようなことを考えつくものだ、と驚かざるをえないようなものが多数あった。

なかでも目立ったのは、「だれそれは連合軍捕虜を虐待した」とか「殺害した」とかの密告の手紙だった。なかには根も葉もない中傷もあったが、事実をありのまま通報しているものも多く、占領軍はそれらの密告を手がかりに大勢の戦犯を逮捕し処刑することができた。「占領軍は日本人の『協力ぶり』に感謝するというより驚いた」とされる。

岸田は「密告の手紙の主にしても、推察するに、卑劣なことをしているつもりは全然なく、アメリカの正義の立場に身を置いて、日本人の犯罪を告発したのだろう」とみる。ここでも、東京裁判のキーナン検事のような立場に自己を同一化し、日本を裁いた。外的自己の主観として、そこに悪意はなかった。

法政大学教授・袖井林二郎は著書『拝啓　マッカーサー元帥様　占領下の日本人の手紙』で、マッカーサーとＧＨＱあてに日本人が送った手紙（投書）は推定約50万通にのぼるとし、こう指摘する。

「外来の支配者を自分に対立する異物としてでなく、自分の側に取り込んでしまう、あるいは、身をすり寄せていって占領者と一体化してしまうという行為が、国民的規模で生まれるにいたった」

ここで書かれていることは、まさしく岸田流精神分析で言う外的自己の同一化現象だ。

また、「当時の投書には、軍閥・財閥・官僚に戦争責任のいっさいがあるとして、一般国民はすべて被害者なのだと主張するものがほとんどであった」という。

ここにも、〈悪い日本人〉と〈善い日本人〉を区別する心理トリックがみられる。マインド・

コントロールa1 連載『太平洋戦争史』などの影響は小さくなかった。

朝日などが一転して民主主義を唱えても、国民のほとんどは受け入れ、「お前たちは昨日まで軍国主義を煽っていたのに、なんて変わり身が早いんだ」と糾弾することはなかった。それは、ほとんどの国民も同様だったからだ。

戦前・戦中のドイツでも、ヒトラーにラブレターを書いた女性はたくさんいたが、戦後は、アメリカ、イギリス、フランスなど占領軍を「解放軍」として迎えた。ヴァイツゼッカー演説も、敗戦によってドイツは「解放」されたとうそぶいた。これも外的自己の言葉だっただろう。

アメリカ崇拝と急激なアメリカ化

岸田があげる外的自己の第4の症状は、日本の全面的なアメリカ崇拝と急激なアメリカ化だ。国家形態から日常生活の些事《さじ》に至るまで、日本的なものはすべて野蛮で封建的で遅れているとされた。民主主義が『水戸黄門』の印籠のような有無を言わせぬスローガンとなった。アメリカで起こった社会現象は数年おくれて必ず日本でも起こると言われ、日本人はアメリカの現代をみて日本の未来を予測した。終始アメリカ一辺倒の戦後の日本政府もこの症状の一環だ、と岸田はみる。

戦後民主主義を大歓迎

岸田は、さらに、戦後民主主義のことにふれた。その岸田の言葉をざっとまとめると次のようになる。

朝日や進歩的文化人が戦後民主主義を無抵抗に大歓迎することができたのは、アメリカ人と自分たちを同一視し、押しつけられたという意識がなかったからだった。戦後民主主義はそれまでの苛酷な軍国主義と比べていい点がたくさんあると思うが、アメリカ人と同一視していなければ押しつけられたという意識が働くので、歓迎一色というわけにはいかなかったであろう。

おなじように、日本の侵略や賠償だけを問題にする日本人たちは、アメリカ人の立場、連合国の立場からものを言っている。彼らの見方はいわゆる東京裁判史観そのものだが、彼らは心情的にはアメリカ人なのだから、それは当然だと言える。

岸田は、このようにアイデンティティーが混乱し、**本来ならば対立しているはずの他者になってしまい、他者が言うようなことを主張するのは統合失調症の患者では珍しいことではない。一個の独立した人間の主張と考えれば不可解であるが、病的症状と考えれば、非常によく理解できるだろう**、とする。

こうした岸田の分析を聞くと、やはり、朝日や進歩的文化人のことを連想してしまう。

岸田は「戦後は外的自己が正義となった」と語った。それが戦後日本の病理の主因だった。押しつけられた憲法を歓迎したのも、おなじ心理メカニズムからだっただろう。

8　暴発する内的自己

ねじれた日本社会党とメディア

アメリカは、マッカーサーのＧＨＱを通じ９条を核とする憲法草案を日本に押しつけて完全に非武装化しようとし、実行に移した。だが、１９５０年に朝鮮戦争が起きると、対共産圏戦略の一環として日本をある限度内で再軍備しようとし、警察予備隊、保安隊を経て自衛隊を創設させた。東西冷戦のはじまりに対応するためのものであり、この占領政策の転換によって「左翼から見れば『逆コース』の時期に入った」（『戦後の精神史』）。

岸田は次のように分析している。

アメリカの豹変《ひょうへん》で、日本はどちらの態度のアメリカに反対するか、反米感情が二分した。右翼は、もともと非武装化を狙うアメリカに反対していた。だが、アメリカは日本を再軍備させようとし、日本政府もそれを支持したから、右翼の主流は親米にならざるをえなかった。

ここで、宙に浮いた内的自己の反米感情を引き受けるべくして登場してきたのが日本社会党だった。岸田は「アメリカに押しつけられた日本の平和憲法と非武装化を擁護し、かつ、（再軍備させようとする）アメリカに反発するという一種のねじれ現象です」とし、「このようなねじれ現象は、心理学的にはめずらしい現象ではない」とも言う。

社会党の役割は、戦後日本の体制である親米的自我構造から切り離され、表向きには満足されようのない「内的自己のある種の感情」を空想的、観念的、象徴的レベルで満足させることにあった。したがって、この政党が現実的には無効な政策しか立てられないのは必然であり、政策担当者の責任ではなかった。日本社会党委員長・浅沼稲次郎が、かつて「アメリカ帝国主義は日中共同の敵である」と北京で発表した共同声明は、まさにこの政党の役割に沿ったものであった。この政党が中国に同調したのは、中国が反米だったからであり、北朝鮮と親密な関係を続けてきたのも同じ理由からだった（『二十世紀を精神分析する』）。

朝日新聞も社会党と同様に、非武装中立論を長いあいだ唱えてきた。「アメリカに押しつけられた日本の平和憲法と非武装化を擁護し、かつ、再軍備させたアメリカに反発する」ねじれたメディアだったと言えるだろう。朝日の社説の流れを追うと支離滅裂なのは当然だった。

屈折した反米運動

戦後の日本は、朝日をはじめとする左派メディア、進歩的文化人などによる外的自己が主流をなしてきた。政治の柱となってきた自民党主体の親米路線も外的自己の側面があり、内的自己は抑圧されてきた。そのため、ときには内的自己が暴発を起こす現象がみられた。

１９６０年、いわゆる安保闘争が展開された。日米安全保障条約（安保条約）の改定を与党・自民党が慎重審議せず強行採決したことに反発した国会議員、労働者や学生、市民、および、批準そのものに反対する国内左派勢力が参加した、日本史上空前の規模の反政府運動となった。安保条約は国会で強行採決されたが、岸信介内閣は混乱の責任をとり総辞職に追い込まれた。

岸田はこう語る。

「あれは屈折した反米運動だったとぼくは思っています。しかし、あからさまな反米ではなくて、形としては日米安保条約を改定する岸政権に対する反対だった。改定はアメリカを一方的に有利にするものではなく、むしろ日本の防衛義務をアメリカが負うという日本有利の面もあったはずだが、日米関係がふかまるという意味で反対が起きた。あからさまには反米と言えないので、屈折した形で岸政権批判、倒閣運動として広まったのです」

ノーベル文学賞候補にも名前があがった作家・三島由紀夫が、1970年11月25日、楯の会会員4人と共に自衛隊市ヶ谷駐屯地を訪れて東部方面総監を監禁した。さらに、部屋の前のバルコニーで演説し憲法改正のため自衛隊の決起（クーデター）を呼びかけたあとに割腹自殺した。

この事件は日本社会に衝撃を与え、新右翼が生まれるなど国内の政治運動に大きな影響をおよぼした。海外にも、国際的な名声を博す作家の起こした異常な行動が驚きをもって伝えられた。

これについても、岸田は「内的自己が暴発した。戦後、抑圧されてきた日本人のパーソナリティーの半面を純粋な形で表現したもの」とみる。割腹は内的自己の叫びであり、三島にとって憲法の問題はそれだけ大きかった。

三島の友人だったイギリス人ジャーナリストのストークスも、「自決の原因は、そもそもマッカーサーの占領と、東京裁判にあった」とする（『戦争犯罪国はアメリカだった！』）。

1971年から翌年にかけ、連合赤軍が山岳ベース事件、あさま山荘事件などを起こした。岸田は語る。「一連の連合赤軍事件も、基本的には反米運動だったと思う。戦後は『アメリカが全面的に正しい』という前提で社会が進んだから、内的自己による反米運動が非常に屈折した形で現れた。表向きは、アメリカと友好な関係にある日本の国家体制を崩すのが狙いだった。しかし反米を露骨には言えないものだから、ああいう歪《ゆが》んだ形で現れた」

日本の新左翼系の武装組織である日本赤軍は、1970年以降、中東などを拠点として、日本航空機を対象とした一連のハイジャック事件、イスラエルのロッド国際空港（現・ベン・グリオン国際空港）で100人以上の死傷者を出したテルアビブ空港乱射事件などを起こした。この闘争により、反イスラエル感情が強いアラブ諸国で日本赤軍は英雄視され、過激派が日本赤軍の自爆テロを模倣するようになった。

岸田は言う。「これもアメリカの傀儡《かいらい》であるイスラエルに反対しているアラブを支持した、遠回しの反米運動だった。敗戦直後に抑圧されたものが言わば病的な形で出た。神経症の症状というのはまさに内的自己の表現であり気分的なものなので現実には何の見返りもない。連合赤軍事件などは神経症の症状とそっくりだった」

オウム事件は内的自己の爆発

オウム真理教事件とは、1980年代末期から1990年代中期にかけて、カルト集団・オウム真理教が起こした事件の総称を言う。坂本堤弁護士一家殺害事件、松本サリン事件、地下鉄サリン事件が特に大きな事件だった。

岸田は言う。

「オウム真理教の事件は、内的自己の爆発だった。かつて内的自己が大爆発を起こしたのは、真珠湾奇襲にはじまる対米戦争においてだったが、この戦争に惨敗したため、戦後、内的自己はふかく抑圧された。内的自己に発していた軍国主義、反米思想、自尊心などはいっさい否定され、政治の主流では外的自己にもとづく対米追随の平和主義が絶対正しいとされた。しかし、内的自己は抑圧されたからといっても決して消滅したわけではなかった。

個人の神経症患者の場合、無意識へと抑圧されたものは個人の自我に敵対する神経症的症状として不可避的に意識に回帰するが、集団の場合もおなじだ。敗戦後、否定された内的自己は60年安保闘争、三島由紀夫の割腹自殺、連合赤軍事件などにときおり噴出した。オウム事件もその延長線上にある事件と考えることができるが、注目すべきは、症状として妄想的要素が強くなり、だんだんと悪質になっていったことです」

「無意識へと抑圧されたものは、そのことによって現実と切り離されるわけで、抑圧されたものが意識へ回帰して形成される症状は、必然的に非現実的となる。オウムは、米軍機にサリンを撒《ま》かれたなどの被害妄想、ハルマゲドンのあとオウム帝国を築こうとしていたとかいう誇大妄想など、現実離れの点でもこれまでのなかでもっともひどい。国家としての日本の病気がますます重くなった感じでした」

佐伯啓思のみる戦後民主主義

京大名誉教授・佐伯啓思《さえきけいし》によれば、朝日は戦後日本の価値観を代表する新聞だった。その価値観とは、「あの戦争について軍国主義的指導者を擁する政府が企てたアジアへの侵略戦争とみなし、その反省に立って、戦後、平和で民主的な国家を造る」というものだった。この価値観からはふたつの考え方が導き出される。ひとつは、「政府は潜在的に危険な存在であるから、横暴を働かないように民主主義によって監視しなくてはならない」。もうひとつは、「アジア諸国を侵略した加害者たる日本は謝罪し続けなければならない」ということだった。

「朝日はこの戦後民主主義の立場を強く打ち出しました。その象徴が従軍慰安婦問題だったのです」と佐伯はみる。「従軍慰安婦は、民間で人身売買されたのではなく、国によって強制された、この事実が朝日にとって非常に重要でした」

だから、慰安婦は日本人であってはならず、ましてや現代史家・秦郁彦らが主張する公娼説を決して認めなかった。江戸性風俗研究家の秋吉聡子は、公娼とは「警察に申請し面接で自分の意志であるかどうかや年齢条件等をクリアして鑑札をもらった女性」であり、「戦時中、慰安所にいた女性は公娼です」とする（正論２０１８年２月号）。

佐伯は、朝日の論調の理由を端的に述べる。「被害者の立場から日本政府を批判することで、加害者の負い目から免罪され、正義の側に立てるからです」。そして、「朝日新聞に代表される進歩派知識人はアメリカの価値観をそのまま受け入れて、疑わない人たちだということになります」とする（週刊新潮２０１４年９月25日号）。

佐伯啓思は、精神分析という言葉こそ使ってはいない。しかし、ここで指摘されているのは、岸田流精神分析にしたがえば、「植民地統治の被害者・韓国ないし戦勝国アメリカと同一化した外的自己」そのものについての考察だ。そして、これが朝日イズムだった。

9 私的幻想、共同幻想

岸田流精神分析では、〈私的幻想〉〈共同幻想〉という考え方も重要なキーワードだ。あまり聞き慣れない言葉だが、むずかしい概念ではない。それを筆者流にかみ砕いて例をあげてみると、次のようになるだろうか。

相思相愛で互いに心から信頼しあっている男女がいて、結婚した。岸田は「恋愛は幻想である」とする。男女それぞれの恋愛感情は私的幻想であり、特に客観的ないし物理的な根拠があるわけではない。私的幻想は人格をもった個人であるがゆえにだれでももっている。その私的幻想を共同化したのが共同幻想だ。ここに、男女愛、夫婦愛というふたりのあいだの共同幻想が生まれる。

その男女は子どもをもうけた。子どもも、仲のいい両親の愛情に包まれすくすくと成長した。ここに、家族愛つまり家族としての共同幻想が生まれる。「集団と個人は共同幻想を介してつながっている」（『ものぐさ精神分析』）

だが、あるとき、妻が不倫をしていることが発覚したとしよう。その瞬間、夫婦の共同幻想は崩れ、私的幻想もほとんど消える。子どもが私的幻想から抱いていた母への愛も崩れ、家族という共同幻想は崩れる。もともと、家族愛と呼ばれるものは共同幻想によって成立していたから、その共同幻想がなくなれば家族は崩壊せざるをえない。

私的幻想と共同幻想のイメージ

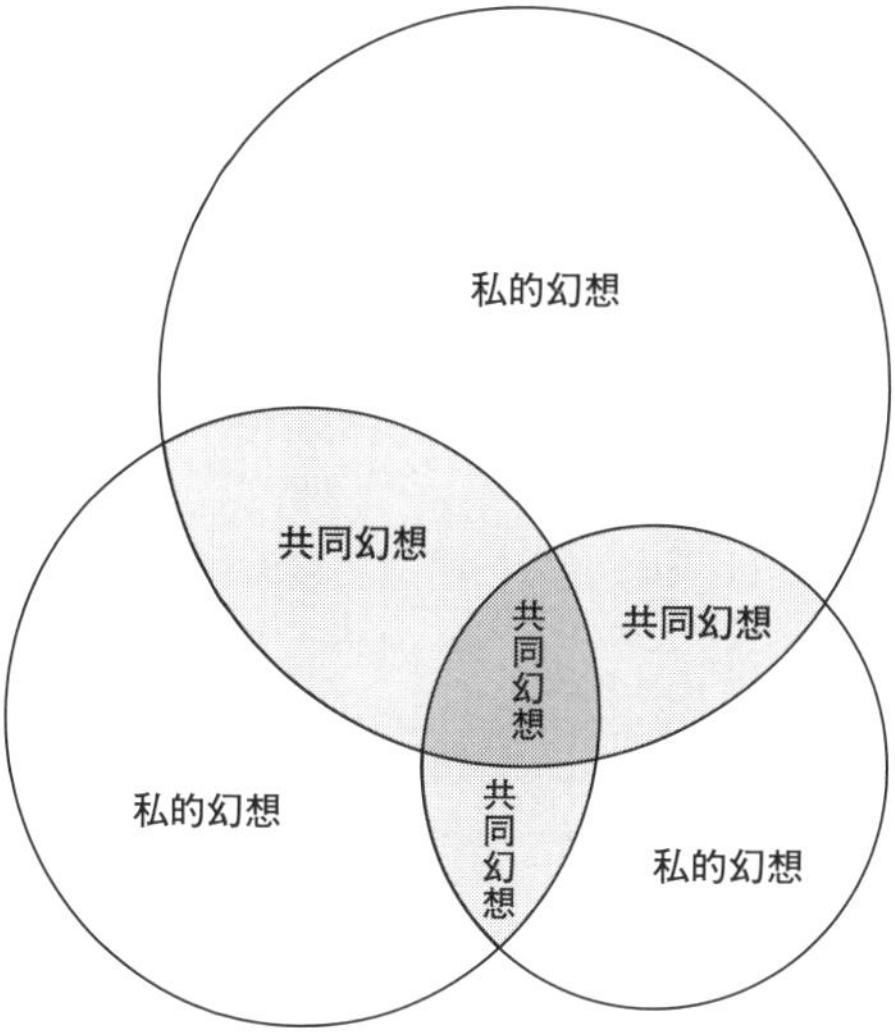

家族にかぎらず、共同幻想の崩壊による集団の崩壊劇は、古今東西、人類社会の至るところで起こっている。

進歩主義と共同幻想

日本での進歩主義は明治にまでさかのぼるが、特に戦後に跋扈《ばっこ》してきた。政治においては保守主義に対比され、「世代を重ねるごとに国家および社会全体が抱える矛盾を、高まる知識と道徳によって変革していくことにより、理想に近い体制へと前進しよう」とする思想だ。

朝日岩波文化人が進歩的文化人とも呼ばれてきたのは、彼らが進歩主義を崇高な価値観として信奉してきたからだった。**岸田によれば、その進歩主義は、「朝日をオピニオンリーダーとした進歩的文化人の群れを結びつける共同幻想」**だった。それを、筆者は朝日イズムのある一面とみる。

世界に目をやれば、共産主義、マルクス主義も壮大な共同幻想だった。自由主義も共同幻想ではあるだろうが。

「軍国主義思想にせよ、民主主義思想にせよ、共産主義思想にせよ、どれほど厳格で熱心な思想教育を施されようとも、人間はその思想に彼自身の私的幻想の共同化をみないかぎりは、決してその思想を受け容《い》れることはない」

そして岸田は「私的幻想と共鳴するものがあるときに共同幻想となる。時代精神なり時代背景というものが必ずある」と語り、こんな例をあげた。

狂信的な暴力集団のメンバーに個人として会ってみると、意外とものわかりがよくて紳士的な人が多いことがある。彼の狂信的な部分をその集団が吸い取っているからだ。フロイトが、宗教の熱心な信者に神経症者が少ないことに気づき、「宗教という集団神経症に罹《かか》ると、個人として神経症にならなくてすむ」と言ったのも、このディレンマを指していたのだと解されている。護憲という宗教の熱心な信者にも、神経症者が少ないのだろうか。

いま日本には、いわゆるヘイトスピーチをする集団がいて、社会の顰蹙《ひんしゅく》を買っている。その現象について、岸田はこう分析した。

「そのメンバーが100％賛同して活動してはいなくても、一部でも反在日コリアン、反中、嫌韓とかの考え方があれば、集団に参加することになる。あのメンバーらは、部分的につながっているだけではないですか」

岸田は「個人の妄想的部分をたくさん取り入れている集団は結束が固い」とし、共同幻想が強固だった集団の例にナチスをあげた。たしかに、ナチス・ドイツが崩壊したのは軍事的な敗北を重ねたからであり、集団としてのナチ機構の結束は、敗戦の少し前まで強かった。

筆者は、「共同幻想の強い集団を崩すには相当のエネルギーが要りますね？」と聞いてみた。

「そうです。非現実派より現実派のほうがえてして弱い。現実をみている人たちは相対的な見方をしているが、非現実派の集団は、妄想的な共同幻想で固まっているわけだから」

その共同幻想で固まっている集団の典型が護憲派だろう。

10 史的唯幻論

岸田は「大学に、いわゆる進歩的文化人の学者はたくさんいました」と述べ、こう言った。「マルクス主義というのは日本にとっての『宗教』でした。朝日新聞や進歩的文化人は、マルクス主義は絶対に正しい、世界を共産化するのが正しいと信じていた」

進歩的文化人は、マルクス主義にもとづく史的唯物論を信奉してきた。これは1840年代にマルクスとエンゲルスが確立した世界観・歴史観であり、唯物史観とも言う。

ドイツ文学者で評論家の竹山道雄は、『昭和の精神史』で唯物史観を「はじめに原始共産社会があって、それから階級闘争の悪の歴史がつづき、最後に文明共産の理想社会に達する」史観と呼び、それを「上からの演繹《えんえき》」として強く批判した。演繹とは、くり返すが、一般的な理論によって特殊なものを推論し説明することを言う。

朝日や進歩的文化人は、その史的唯物論イデオロギーを信奉してソ連、中国、北朝鮮へ傾斜し、それを日本社会に上から押しつけようとした。筆者の言うマインド・コントロールb1〜b3だ。それは、マルクス主義の非人道的な現実を隣国・東ドイツで身近に知っていた西ドイツの知識人にはほとんどみられない、日本の左派知識人のあいだでのガラパゴス化した「宗教」であり共同幻想だった。

朝日などは、いま、中国共産党の一党独裁体制や北朝鮮・金王朝の専制体制をいちおう批判する。しかし、過去、旧ソ連や中国、北朝鮮に思い切り肩入れした過去については口をつぐんだまま、良識ある平和主義者、民主主義者のような顔をしている。戦前に軍国主義を煽った自らの過去を反省することなくエセ平和主義者になったのとまったくおなじだ。

岸田は、史的唯物論を完全否定し、「史的唯幻論こそ歴史を動かす最大の要因だ。歴史を動かす最大の要因は幻想だ」と断言した。史的唯幻論は岸田の造語で、私的幻想、共同幻想が歴史を動かすという歴史観だ。

「唯物史観は、かんたんに言えば、生産力と生産関係の矛盾とかといった経済的条件が一番重要だと考えた。歴史を動かす力を経済的条件に求め、人間は経済で動くと思っていた。

だが、初めから人間に対する見方がまちがっていた。共産主義の計画経済は、国家と人民にとっての最善の需要と供給のあり方を理性によって計算し実行できるという前提に立っていたが、この前提は誇大妄想の最たるものだったでしょう。

経済活動をするのは人間だけで、動物はしない。人間は本能が壊れているから経済活動せざるをえない。経済活動が歴史を作る訳ではない。あえて言えば、経済活動は人間が幻想の世界に迷い込んだ結果です」

「人間は本能が壊れている動物だ」とフロイトは言っていないが、彼の理論を岸田がそのように理解したという。

「人間の本能が壊れている一番の表われは人間のセックスです。動物は、種族保存の本能つまり子どもを作るためだけにしかセックスはしない。人間のセックスはめちゃくちゃですよ。そこだけをみても人間の本能が壊れているのは明らかです」

動物は、私的幻想も共同幻想も抱かない。動物としての本能が壊れている人間は、私的幻想を抱き、共同幻想を抱かせてくれる集団に帰属する。だから、史的唯幻論で歴史は語れる、と岸田は言う。

11　主因は外的自己の暴発

「戦後の日本社会に病理があるとして、それをひと言で言うとどのようなものでしょうか?」

岸田にあらためて聞いてみた。

「特に近代から内的自己と外的自己の分裂がひどくなって、戦後は外的自己のほうにのめり込んだ。それが日本の特徴でした」

すでに述べたように、外的自己は、朝日や進歩的文化人に特に強く表われた。日本人でありながら、あたかもGHQや東京裁判の検事、戦争や日本統治の被害国と同一化し、日本を糾弾してきた。その者たちが、戦後言論の主導権をにぎってきたということだ。

岸田は語った。

「外的自己と内的自己との分裂の問題は依然として解決されずにのこっている。日本人の自己同一性《アイデンティティー》は依然として不安定です」

外的自己の暴発説

岸田流精神分析の観点からみると、戦時中、日本の内的自己が暴発し軍部が暴走したように、戦後は、外的自己が暴発した。朝日が虚報に走る最大のポイントで最大の理由がこれではないか。東京裁判の検事に象徴される戦勝国や中国、韓国などと自己を同一化し、独善的な「正義」の立場から日本と日本人を批判し貶《おとし》めてきた。朝日の捏造をふくむ一連の虚報は、外的自己の暴発と考えれば明快に説明できる。

その暴発は収まる気配がなく、時間を経るにつれヒートアップするばかりだ。［第Ⅰ章３「現在進行中」の慰安婦虚報］で述べた、日本語版には一度も登場しないのに、英語版には「セックスの供与を強制された慰安婦」という、必ずおなじような一文が挿入されている問題などだ。

山岡鉄秀は、月刊Hanada２０１６年９月号で、「日本人が知らないところで、いかに朝日新聞が日本を貶める英語発信を行い、放置しているか」を検証した。朝日は、山岡が数か月前に問題点を指摘したあとも、「悪びれることなく英文による『慰安婦強制プロパガンダ』を継続している」という。

これは、慰安婦「誤報」を反省する気などさらさらなく、朝日の外的自己が韓国などに同一化し、「加害国日本」を糾弾する心理メカニズムが一段と昂《こう》じているためだろう。［第Ⅰ章 10 慰安婦虚報にからんだ者たち］で述べた自称・人権派弁護士らも、外的自己を暴発させたアブノーマルな反日活動に走ったのではないか。

12 総合歴史学の確立を

朝日新聞は、なぜ、GHQにふかくマインド・コントロールされ、また、外的自己を暴発させたのだろうか。朝日は読売、産経、時事通信などとはどこがちがったのだろう。

その疑問を晴らすには、敗戦から占領期にかけての朝日内部の情報、つまり、どんなパーソナリティーをもった人物らがGHQとどんな関係をもっていて、どんな組織メカニズムが働いたかなどを詳しく研究するしかない。

朝日がGHQにとっての優等生でその手先となっていた、朝日内部にはコミンテルンのスパイらがいた、という指摘もある。そういう暗部を明るみに出すには、新しいアプローチがどうしても必要になる。

それは、従来の歴史学やジャーナリズムのテリトリーを超えるものとなるだろう。メディアにかぎらず戦争責任の問題を本当に解明するためには、心理学や精神分析、脳科学などをふくむ「総合歴史学」という新しい学問ジャンルを確立するしかない、と筆者は考える。先達が岸田秀だ。

２０１６年に発売された『脳・戦争・ナショナリズム　近代的人間観の超克』は、斬新な視点を提示している。人類はなぜ戦争を起こすのか、ナショナリズムはむしろ左翼との親和性が強いのでは、といったテーマで脳科学者・中野信子など３人が論じている。

中野は、著書『サイコパス』でこう述べている。「フロイトの業績は、注意深く読めば科学的証明に乏しい、反証可能性があるとは言いにくい理論であることがわかります。そのため、今ではトンデモ科学呼ばわりする人たちもいるほどです。精神分析は、病の原因解明のような分野の研究に関しては、玉石混交《ママ》です」

だが、たとえば集団としての朝日新聞の言動やある国や地域の歴史を分析・解明しようとする際、やはり精神分析、特に岸田流精神分析は「玉石」の「玉」であり決定的に有効だと思われる。

第Ⅶ章

変わる風向きと脱洗脳

朝日が捏造《ねつぞう》をふくむ虚報をくり返そうと、自称・人権派弁護士などが慰安婦問題で反日活動を展開しようと、日本の左派メディアや進歩的文化人の生き残り、そして一般国民の多くもそれを容認してきた。それは、GHQのマインド・コントロールが利いており、〈推定有罪〉の先入観のもと、朝日などの行為は〈善い日本人〉によるものと考えられてきたからだった。〈善い日本人〉になりたい、〈善い日本人〉でいたい人が、それほど多かったということでもある。

では、マインド・コントロールの呪縛を解き、本来の自己や日本を取りもどすためにはどうすればいいのだろうか。この章では、われわれが〈思考の自由〉を手にし憲法改正を成し遂げるための道を述べていく。

1 「グラス半分の水」論

ドイツのある歴史家が、過去の清算をめぐって「水はグラスに半分入っている、という言い方がドイツにはあります」と語っていた。それは、ドイツの場合、いっぱいには入っていないが少なくとも半分は入っているとする肯定的な見方であり、「じゅうぶんとは言えなくても、ドイツは過去を反省している」という意味だ。

ドイツの知識人に「あなたがたは過去を反省しているのか？」と聞けば、「反省している」と答える。それは、政治的な立ち位置が右でも左でも真ん中でも変わらない。ドイツ人は対外イメージをとても大切にするから、国内では大論争をしていたとしても、対外的には国益を重視した発言をする。大小の極右・ネオナチ組織が現に存在しているにもかかわらずだ。

一方、日本の朝日など左派メディアや進歩的文化人は、「日本の右派は過去を反省していない」と外に向かってアピールしてきた。軍国主義の復活を唱える組織など皆無にもかかわらずだ。そこには、「自分たちは〈善い日本人〉だから、反省していますがね」というニュアンスが込められている。つまり、「水は半分しか入っていない」という言い方だ。それは、日本と日本人をスケープゴートとする心理メカニズムだった。

そういう日本の国家イメージは、中国や韓国によってオウム返しにされてきた。たとえば、「日本は過去を反省していない、と朝日新聞は言っているじゃないか」などと。

安倍晋三は、『美しい国へ』でこう述べている。

「靖国参拝をとらえて『日本は軍国主義の道を歩んでいる』という人がいる。しかし戦後の日本の指導者たち、たとえば小泉首相が、近隣諸国を侵略するような指示をだしたことがあるだろうか。……答えは、すべてノーだ。いまの日本は、どこからみても軍国主義とは無縁の民主国家であろう」

客観的にみてグラスに半分だけ水が入っているとき、水と空気のどちらに注目して語るかで、印象はずいぶんちがう。日独では、これによって国際社会でのイメージが180度ちがってしまった。

2　マインド・コントロール度（ＭＣ度）

なぜ、虚報をくり返してきた朝日が、部数は大きく減りつつあるとはいえ、いまも数百万という部数を保っているのか。それは、日本社会がマインド・コントロールされており、「朝日は立派な新聞だ」という共同幻想がのこっているからだろう。

だれも、自分がマインド・コントロールされていたり心理トリックをかけられたりしている事実を認めたがらない。日常生活で自覚がないだけになおさらだ。

そこで、ある人物やメディア、団体などが「どの程度マインド・コントロールされているか」という度数を考案してみた。「マインド・コントロール度」略して「ＭＣ度」と呼ぶことにする。ＭＣ度は、マインド・コントロールを自覚しそれから脱却するための有効な指標となるだろう。

ＭＣ度テスト

「ＭＣ度」は10がもっとも度合いが高く、つまり10ならばその人の主観的には最高の〈善い日本人〉となる。もちろん、日本人は〈善い日本人〉と〈悪い日本人〉に二分されるわけではなく、その中間のどこかに位置する人も多い。特に若い世代は、GHQや朝日、進歩的文化人などによるマインド・コントロールa0〜a7、b1〜b4を受ける機会が少なかったので、中間層以下の比率が圧倒的に高いとみられる。

テレビ・ラジオのキャスターやコメンテーター、報道番組、新聞や雑誌とその記者、いわゆる識者、そして、自分自身のMC度を推測してみると面白いだろう。

くり返すが、MC度を考え出した目的はひとつしかない。MC度を認識・自覚することで自分自身や日本社会をマインド・コントロールから脱却させることにある。副次的効果として、著名人、識者などの政治的立ち位置を明確化でき、それらの人物によるマインド・コントロールを拒絶できることがあげられる。

この世で生きているかぎりMC度0はありえない。筆者自身はMC度2〜3ではないかと思う。筆者の独断による著名人のMC度は、たとえば次のようになった。

MC度10：小説家　OK
MC度9：映画監督、小説家　MH
MC度8：僧侶　SJ
MC度7：俳優　YS

MC度6：ジャーナリスト　TS
MC度5：芸人　OH
MC度4：テレビタレント　MK
MC度3：落語家　SE
MC度2：テレビコメンテーター　MT
MC度1：ジャーナリスト　SY

3　新しい歴史観

リヴィジョニズムによる知的武装

インドの法律家ラダ・ビノード・パールは、マインド・コントロールa3 東京裁判を国際法の立場から敢然と批判し、A級戦犯全員の無罪を主張した。『パール博士の日本無罪論』を書いた田中正明は、こう述べている。

「『日本は世界に顔向けのできない侵略戦争をやった張本人である』という罪の意識を頭の中にたたき込まれている間は、真に日本の興隆はありえない」

歴史は動いている。歴史家らによって新史料が発見され、歴史のみえなかった部分が表われてくるということは日々起こっている。歴史観を「固定された静的なもの」と考えるのは、歴史と真摯に向き合ったことがない者の言うことだ。その動いている歴史観をできるだけフォローするのが、マインド・コントロールからの呪縛脱却の知的戦術となる。

そういう行為を「歴史の修正主義、見直し主義（リヴィジョニズム）」として批判する者が、大戦の戦勝国側だけでなく日本にもたくさんいる。修正主義という言葉は、もともと、マルクス主義用語であり、共産主義者のあいだで強烈な罵倒語として使われるようになった（藤井厳喜他『日米戦争を起こしたのは誰か　ルーズベルトの罪状・フーバー大統領回顧録を論ず』）。それがホロコーストを否定する者たちを批判して使用され一般に広まった面がある。

日本国内にいる〈善い日本人〉の顔をしたリヴィジョニズム批判者は、戦勝国が描く戦勝国に都合のいい歴史観を、または、ある国が被害者メンタリティーから描く歴史観を、そのまま受け入れる。朝日、進歩的文化人をはじめとする彼らは、日本は敗戦国、加害国として謝りつづければいいと言う。それは、岸田流精神分析で言えば、同一化した外的自己の主張だろう。リヴィジョニズム批判者のMC度は高いようだ。

共同通信出身のジャーナリスト田中宇《さかい》は、次のような論を展開している。

〈ドイツや日本のような敗戦国が、米国に再戦争をいどまずに大国になろうとするなら、濡れ衣であっても、東京裁判史観やホロコーストの「罪」を受け入れるしかない。語られている歴史が『事実』かどうかは、国際政治的に重要でない。……その点、ドイツは賢い。国家として、戦勝国が決めた『史実』をすべて受け入れ、フランスとの国家統合、つまり独仏が二度と戦争できないように統合してしまうことまでやって、再びドイツが欧州の中心で、世界の極の一つである状態へと、そろりそろりと向かっている……日本が再び大国になろうとするなら、国家として、戦勝国史観を受け入れ続けるしかない〉（メールマガジン「田中宇の国際ニュース解説」２０１４年２月27日配信）

果たしてそうだろうか。田中は、ドイツと日本をとりまく地政学上の決定的なちがいがわかっていない。第２次世界大戦後、フランスは国是に「反独」をあげたことなどなく、西ドイツに和解の手を差し伸べた。その背景としては、東西冷戦で対峙《たいじ》する両国共通の敵・ソ連がいたことも大きかった。

しかも、ドイツの過去をめぐっての問題は〈人道に対する罪〉（C）であり、〈平和に対する罪〉（A）や〈通例の戦争犯罪〉（B）は戦勝国からも周辺被害国からもほとんど問題視されなかった現実を、本書ですでに指摘した。

２０１６年６月23日におこなわれたイギリスの国民投票で、ＥＵからの離脱に一票を入れた人びとの心には「〝大英帝国〟をドイツに仕切られたくはない」という反発が秘められていた。だが、それは明確な反独感情と言えるほどのものではない。

それに対し、中国、韓国、北朝鮮は「反日」を事実上の国是としており、北東アジアでは独仏和解のようなことは、いまの現実ではありえない。チェコの首都プラハでユダヤ人老歴史家ステイボル・リバールを取材したとき、別れ際、彼は次のように語った。

「ドイツの幸運は、過去を大筋でなかったかのようにしてくれたフランスやオランダ、ポーランド、チェコなどがとなりにあったことです」

抑圧と修正主義

筆者は、岸田秀《しゅう》とこんな話もした。

「無意識の領域に抑圧されたものが神経症の症状となって表われることがあるとおっしゃいましたが……」

「真珠湾攻撃ではじまった日米戦争などその症状です。あのときは国民がほとんどみんな大いに喜んだわけで、暗雲が晴れたという気がしたという人はいっぱいいいた。なぜそういう風に感じたかという歴史的背景を考えなければならない。どの点がまちがっていたか、だけでなく、日本の主張が正しい点もあったはずで、それを明確にしなければ、現代史観も定まらないし克服もできない。

神経症について、朝日で言えば、捏造や誤報が症状です。その自覚は当事者にはないでしょうが」

筆者はこう聞いた。

「日中戦争においても日米戦争においても、一部には大義もあったしそれなりの理由もあった。そういうことを言えば、あいつは右翼だということになってきました。それを歴史学者が学術的に研究し、メディアが伝え、国民が納得した場合にやっと国民が過去を克服できる、ということですね？」

「そうです。日中戦争も日米戦争も日本に一理はあった。当時の日本人はどうしてそういう風に思ったかという根拠まで探っていかないと、過去の克服はできない。しないままでは、何かのときにその症状が出てくる」

筆者はつづけた。

「戦後これまで、論壇は左がずっと強かったからそういう議論ができなかった。抑圧して否認していた。いろいろな研究が進んでくると、いやそうでもなかった、こういう面もあるぞと。いわゆる右とされる人はそういう研究を頑張ってやってきたが、左の人はその努力を認めようとはせず、軍国主義の復活というような話にもっていってしまった。そこで話が止まってしまったわけですね？」

「そういうことです。軍国主義に対するアレルギーがあって、ちょっとでもあそこに言い分があったんだということを認めると、恐怖というか不安になる。一部には正義もあったというのは軍国主義の肯定になる、というような議論をしていれば克服はできないです」

左派はなぜ、「恐怖というか不安になる」のか。それについては、終章で述べる。

マッカーサーの議会証言

歴史観は、時の流れとともに修正されるべきだ。いつもアンテナを張って、修正された歴史観をキャッチしなければならない。たとえば、こんな戦後のエピソードがある。

マインド・コントロールa3　東京裁判を主導したマッカーサーは、1951（昭和26）年5月3日、アメリカ上院軍事外交合同委員会で、次のような日本にとってきわめて重要な発言をおこなった。これは、虚偽の証言をすれば偽証罪に問われる場での公式発言だ。

「したがって、彼ら（日本国民）が戦争に突入した目的は、主にセキュリティ上の理由から、余儀なくされたものだった（Their［Japanese people's］purpose, therefore, in going to war was largely dictated by security）」

セキュリティは、一般に「安全保障」「防衛」と訳される。マッカーサーは、もちろん、いきなりこんな発言をしたわけではない。その前段で、戦争に突入する前の日本の置かれていた状況について具体的に説明していた。

マッカーサーが議会証言で意図したことを素直に解釈すれば、「あの戦争は、東京裁判で裁かれたような侵略戦争ではなく、日本の安全を保障するための戦争だった」という主旨になるだろう。

イギリス人ジャーナリストのストークスも、こう言い切っている。

「日本は、侵略戦争を戦ったのではない。アジアを侵略していたのは白人列強諸国だった。日本は、自衛のために軍事的対応を余儀なくされてきたのだ。こうした日本の国防に対する姿勢は、天地開闢《かいびゃく》以来ずっと今日まで一貫している。マッカーサーの上院軍事外交合同委員会での発言は、この点、極めて正鵠《せいこく》を射たものであると、言わざるを得ない。マッカーサーも、最後には真実を告白した」（『戦争犯罪国はアメリカだった！』）

当時、日本のマスメディアはマッカーサーの議会証言を詳しく報じながら、肝心なこのくだりについては伝えず、教科書にも記載されていないという（渡部昇一他『日本を嵌める人々　わが国の再生を阻む虚偽の言説を撃つ』）。ただ、竹山道雄によると、マッカーサーが「極東裁判はあやまりだった」と語ったことが1行だけ日本の新聞に出ていたという（『昭和の精神史』）。いずれにせよ、マッカーサー証言の日本にとって一番のポイントを、日本のメディアは強調して伝えなかった。それも、GHQマインド・コントロールの影響だったのだろう。

日本の戦争は自衛戦争であり、「事実上の戦争」を仕掛けたのはフランクリン・ルーズベルト米政権側だったという主旨のことは、アメリカの元大統領ハーバート・フーバー（1874～1964年）も、大著『裏切られた自由』のなかでつづっている。1946（昭和21）年5月に来日し、マッカーサーと3日間にわたって対談しそのことを確認したとされる。その際、フーバーは、ルーズベルトをくり返し「狂人《マッドマン》」と呼んだという（『日米戦争を起こしたのは誰か』）。

世紀の誤訳

日本の左派などは、マッカーサー証言を評価しない。「日本はすでにサンフランシスコ講和条約で東京裁判を受諾しているではないか」という理由からだ。だが、右派にかぎらずこれに論駁《ろんばく》する余地はじゅうぶんにある。

1951年9月8日、「サンフランシスコ講和条約」が締結された。国際法上は、この条約の発効によって、日本と多くの連合国との間の戦争状態が終結した。条約に参加しなかった国との戦争状態は個別の合意によって終了している。

問題は、［第十一条］の日本語訳だった。日本では公式にこう訳されている。

「日本国は、極東国際軍事裁判所並びに日本国内及び国外の他の連合国戦争犯罪法廷の**裁判**を受諾し、且つ、日本国で拘禁されている日本国民にこれらの法廷が課した刑を執行するものとする」

この条文の意味は、「東京裁判（A級裁判）と日本国内外でおこなわれたその他のいわゆるBC級裁判を受け入れ、有罪とされた日本の被告に刑を執行する」とされた。

ところが、英語原文では、「**裁判**（tribunal）を受諾」ではなく「**諸判決**（judgments）を受諾」となっており、裁判そのものを受け入れたわけではなく、右派は、判決（複数）を受け入れたと解釈されるべきだとする。

渡部昇一は、こう指摘している。

「この誤訳が、戦後日本を蝕《むしば》んだ大きな原因となりました。いわゆる『進歩的文化人』たちが『日本は東京裁判を受諾した』と喧伝し始めたのです。残念ながら、いまや戦後世代の日本人には、そうした理解が定着した感があります」（『日本を嵌める人々』）

日本の歴代政権は、一貫して「裁判を受諾した」という立場をとっている。

渡部は、「裁判を受諾」と「諸判決を受諾」の決定的なちがいを、古代ギリシャの哲学者ソクラテスを例に説明する。ソクラテスは「青年を堕落させた」という罪で死刑宣告を受けた。ソクラテスは、裁判そのものは不正だと考え自分の罪を認めなかったが、「悪法も法なり」と言い残し、国法を守って処刑を受け入れた。逃亡する道もあったのに「不正に報いるに（逃亡という）不正をもってすべきではない」としたのだった。

渡部は「ソクラテスが受諾したのは死刑という判決であって、裁判そのものではありません」とする（『日本を嵌める人々』）。

つまり、東京裁判そのものは戦勝国の一方的な断罪であり、そこで用いられた事後法も法の原則を無視した不公正なものではあったが、その判決は受け入れる、ということだ。

その立場に立ち、マッカーサー証言などを根拠に、われわれがいわゆる東京裁判史観から抜け出す道はのこされている。

これについて、近現代史研究家の関野通夫は、WGIPの観点からこう分析する。

「ここにも、CIE（民間情報教育局）の手が伸びていたことは十分考えられます。つまり、翻訳を担当した（日本）外務省のキャリアーが、日本人に知られてはまずいことだとして、故意に〝裁判を受け入れた〟と誤訳させられた可能性が高いのです。そうでなければ、CIEの洗脳作戦が、その人の脳に深くしみこんでおり、働きかけがなくても、CIEが望ましいと考える方向で動いたのかもしれません」（『日本人を狂わせた洗脳工作』）

つまり、GHQの謀略か、外務官僚が強くマインド・コントロールされていたか、どちらかと言うのだ。

九分どおり公平だった韓国併合

韓国は、ことあるごとに日本の「植民地支配」を糾弾する。いわゆる「日帝36年」論だ。それに対して歴史学の新しい知見で反論する理論武装は絶対に必要だ。

大韓民国は、1948（昭和23）年に、日本の敗北による〝漁夫の利〟で誕生した際、「反日」を建国神話にすえた。戦後ずっとその国是は変わらず、2004年には、植民地時代に日本に協力した者を糾弾する「親日・反民族行為真相究明特別法」が成立した。韓国は、「日本に侵略され、軍国主義によって人権を侵害され、誇りを奪われた」と声高に話す。

しかし、知日派のアメリカ人識者らさえ知らない人がいるそうだが、日本が、近現代に韓国と戦争をしたことはない。日本統治時代を知る韓国の人びとからは「いい時代で穏やかに暮らすことができた」という声さえ聞かれる。では、反日の韓国が言う「苛酷な植民地支配」は、実際にはどうだったのか。

アメリカ人歴史家のジョージ・アキタとブランドン・パーマーは2013年、『「日本の朝鮮統治」を検証する　1910-1945』（草思社）を上梓《じょうし》した。アキタは1926年ハワイ生まれの日系2世で、ハワイ大学マノア校名誉教授であり、長年にわたって日本や東アジアの歴史を研究してきた権威だ。パーマーは、米コースタル・カロライナ大学歴史学部准教授で朝鮮史を専門とする。

この書の［15章　欧米と日本の植民地政策を比較する］では、「朝鮮人は史上もっとも残虐だったとして知られる日本の植民地支配の下で生きた」とする朝鮮系の人びとの主張を、欧米植民地とのあいだで比較検証している。そして、最後の18章で日本の植民地支配は「九分どおり公平(almost fair)」だったと結論づけている。苛酷な欧米列強による植民地支配の場合で、こういう評価を下される例はない。

聯合《れんごう》ニュースによると、2018年2月9日、米NBCが放送した平昌《ピョンチャン》冬季オリンピック開会式の生中継で、解説者が「日本は1910年から1945年まで韓国を支配した国だが、全ての韓国人にとって発展過程で日本が文化や技術、経済的に重要なモデルになった」などと発言した。韓国組織委から抗議を受けたNBCは組織委に謝罪の書簡を送り、約7500万人が視聴する朝の番組でも謝罪した。

だが、この発言は新しい歴史研究と合致するもので、謝罪する必要はまったくなかった。

在日・強制連行の神話

韓国人が抱く歴史認識が、学術的には崩れつつあるなかで、もう1冊の決定的な著作がある。２００４年に刊行された『在日・強制連行の神話』（鄭大均《ていたいきん》著　文春新書）だ。

日本は、戦前、朝鮮半島に住む人びとを強制連行し労働にあたらせたのであり、いまの在日コリアン70万人はその被害者とその末裔だという説が根強くある。それは、１９６５年に刊行された朝鮮大学校講師・朴慶植《パクキョンシク》の『朝鮮人強制連行の記録』（未来社）によって作り出された虚偽情報で、この本こそ、日本の過去を〈推定有罪〉とする最たるものだった。慰安婦問題で朝日が最大の根拠とした吉田清治の偽書『私の戦争犯罪―朝鮮人強制連行』（１９８３年）がまことしやかに広まったのも、それより18年前に刊行された朴慶植の本があったからとされる。

だが、鄭大均は、多くの在日1世の証言などにもとづき、朝鮮人強制連行説は「神話」だとする。大多数は金を儲《もう》けるため、あるいは教育を受けるために、自らの意思で自発的に日本にやってきたという。

日本外務省が１９５９年に発表した「在日朝鮮人の引揚に関するいきさつ」によると、戦時中に徴用労務者として日本に連れてこられたのは２４５人だった。

朝鮮人強制連行は、朝日新聞や岩波書店、進歩的文化人が「軍国日本の悪行」を糾弾するイデオロギーの立場から非難し、それに呼応する韓国からも同様の批判を浴びてきたものだ。しかし、在日コリアンをめぐる神話は、この鄭大均の一書によって崩された。

『永遠の0』現象

ミリオンセラーとなり社会現象となった百田尚樹著『永遠の0《ゼロ》』について、朝日新聞は、作家・石田衣良《いら》のこんなコメントを載せている。「かわいそうというセンチメントだけで読まれているが、同時に加害についても考えないといけないと思う。読者の心のあり方がゆったりと右傾化しているのでは」（2013年6月18日朝刊）

「かわいそうというセンチメントだけで読まれている」という客観的データでもあるのだろうか。あれば大切な話だから、朝日はデータを示すべきだ。その朝日は2017年6月17日朝刊で、筑波大教授・竹中佳彦（政治学）の「現時点では有権者の意識が『右傾化』していると断定できる証拠はないといわざるをえない」し、有権者は中道化＝脱イデオロギー化している、とする研究結果を伝えた。そもそも、「右傾化」は中国共産党が発明した用語だ。朝日が使った石田は、MC度がかなり高いからそういう見方をするようにも思える。

ベルリンにあるドイツ＝ロシア博物館の館長ヤーンと交わした会話を思い出す。

「日本人は戦争被害者としての意識が強すぎ、加害者としての側面を忘れがちだが、ドイツ人は加害者として過去を見つめている、と日本では多くの知識人が考えています」

　筆者がこう言うと、はっきりした口調で言った。

「それは完全な誤解です。歴史的な知識なくして私たちは加害者だったとは言えないからです。自然にわれわれは被害者だと感じるものです。たとえば、私は強姦《ごうかん》された、私の母はロシア人によって強姦されたというようなことです。それはとても自然なことだと思います。しかし同時に、私たちは過去においての事実を認識する必要があるわけです」

　博物館のパンフレットにも、被害者意識の問題はくわしく紹介されていた。そのなかの一文はこうだった。

「捕虜や追放といった戦時中の個人的な苦難の体験は生なましく、多くの者たちは、（加害者としての）事実をはっきりと認め批判するまでにいたらなかった」

　ヤーン館長のかつての同僚だったという、展示館「テロの版図」の女性館長カンプハウゼンにも、この問題を聞いてみた。彼女は終戦から12年後に生まれた戦後世代だ。

「ドイツ人はロシア兵による強姦や暴力のために、あの戦争を犠牲者として記憶していたそうですね」

「そのとおりです。そうした行為がドイツ人の立場を変え侵略者としての立場を無視することになりました。そして、私たちは犠牲者で何の責任もないということだけに集中するようになったのです。こうした種類の歴史から逃げ出すのは、もちろん、人間の本性に属しています。ですから、私はそうした人たちの善し悪しを裁きたくはありません。私たちの展示も、何かを裁くのではなく史実を示そうとしました。戦争体験をめぐる話はとても心を傷つけやすいものですから、慎重であるべきだと思います」

石田衣良の「同時に加害についても考えないといけないと思う」という〈善い日本人〉ぶった上から目線の発言と、ドイツ人歴史家ふたりの言葉のあいだには、大きな差がある。日独の国情とそれぞれの過去をあつかう本質的なちがいをそこに感じるのは、筆者だけだろうか。

『永遠の0』現象は、日本国内の思潮が変わりつつあることを示しているだろう。竹山道雄は、明治維新について、「ある抗しがたい時代思潮の力だった」という言葉をのこしている（『昭和の精神史』）。

4　変わる世界の風向き

欧米の主要メディアは、戦後長らく、日本の右派の論客や政治家の主張を批判してきた。戦勝国の立場で、戦後秩序を有利に保とうとする国益意識が背景にあった。いわゆるリヴィジョニズム批判などがそれだ。それは、外的自己が強く、戦勝国などに同一化してきた朝日や進歩的文化人が唱える歴史観でもあった。だが、近年、それは崩壊しつつある。

産経新聞政治部編集委員の阿比留瑠比《あびるるい》は、こう語っている。

「先日も（イギリスの公共放送局）ＢＢＣが韓国の米軍慰安婦の特集を流した。韓国政府が直接的な関与をしていたという内容です。反日の立場で日本だけを悪者にしてきた主張が結局はブーメランの如く自らに跳ね返ってくる。要は韓国も朝日もやりすぎたということです」（正論２０１５年２月号）

産経新聞特別記者・湯浅博によると、過激派「イスラム国（ＩＳ）」による日本人人質殺害事件にからみ、英有力紙フィナンシャル・タイムズの社説などが「ここ数週間の出来事で安倍首相の憲法改正への取り組みが台無しになってはならない」と、改憲の動きを後押しする記事を掲載した。

また、中国系や韓国系アメリカ人の影響を受けたとみられるコネチカット大学のアレクシス・ダッデン教授が、安倍を「拡張主義的だ」と批判した。するとただちに、他の大学教授や准教授らが相次いで「事実誤認だ」とする批判文がニューヨーク・タイムズに掲載された（正論２０１５年４月号）。

そして、アメリカにはとても強力な日本の援護者が登場した。週刊文春２０１５年３月19日号によると、その人は陸軍特殊部隊「グリーンベレー」除隊後、イラク戦争の従軍記者となり、さらにフリーのジャーナリストになったマイケル・ヨン（51）だ。著書『イラクの真実の時』が全米ベストセラーとなり、米テレビ３大ネットワークでコメンテーターをしながら世界各国のメディアでも活躍している。

そのヨンは、いわゆる従軍慰安婦問題を徹底取材し、「彼女たちは強制連行された従軍慰安婦ではなく、高給の売春婦であった」と言い切っている。決定的だったのが、アメリカ政府が約35億円と8年の歳月をかけて作成し、2007年にまとめられた「ナチス戦争犯罪と日本帝国政府の記録の各省庁作業班（IWG）によるアメリカ議会あて最終報告書」だった。この調査をアメリカ政府に依頼したのは、反日活動をつづける在米中国系組織「世界抗日戦争史実維護連合会（抗日連合会）」だった。

調査の結果、「いわゆる『従軍慰安婦』の存在を裏づける文書は皆無」で、「慰安婦問題で戦争犯罪の裏づけが発見できなかった」。

ヨンは週刊文春に対しこう語っている。

「日本政府はこのIWG報告書をもとに、米議会の対日非難決議や国連に出されたクマラスワミ報告書の撤回を求めるべきでしょう」

このIWG報告書については、正論2015年2月号も報じている。

2011年には、チャールズ・A・ビーアドの『ルーズベルトの責任　日米戦争はなぜ始まったか』の邦訳が出て、世界が日米戦争観を見直すきっかけを与えた。この大冊では、第2次世界大戦時のアメリカ大統領ルーズベルトが、米国内の厭戦《えんせん》気分を一掃し対日戦争へと向かうため、いかにまず日本に攻撃をさせるかを画策したことが克明につづられている。日本は罠《わな》にはめられたのだった。

　この種のリヴィジョニズム著作はアメリカで相次いで刊行され、わが国でも邦訳が出はじめている。

5　朝日は治療できるか

　朝日の捏造をふくむ一連の虚報による経済的、政治的損失は天文学的なものになるだろう。「朝日の報道で名誉を毀損され精神的被害を被った」と提訴した原告団が、日本裁判史上最多となったのは、ある意味で当然だった。スケープゴートにされた日本人の多くは、心から怒っているのだ。

先鋭化し暴走した原発報道

　精神科医の岡田尊司《たかし》は、『マインド・コントロール』でこう述べている。

「万能感を傷つけられるような事態に出会うと、自己愛的な怒りにとらわれ、さらには被害妄想的になったり、神経衰弱や自己断片化を起こして、崩壊していく。……崩壊が始まると、一気に破壊的な暴走に至る。それは、社会に対する攻撃と自己破壊的願望が一体化しているという意味で、社会を巻き込んだ〝無理心中〟だと言えるだろう」

ここで描かれているのは破壊的カルトのケースだ。

朝日新聞は、過激派カルトではないが、すでに断末魔に差しかかっていて「破壊的な暴走に至る」恐れがある。というより、すでに2014年5月20日、福島第一原発事故をめぐる「吉田調書」問題で暴走してしまった。

なぜ朝日がこのような暴走をしたのか、その理由にふれた雑誌記事がある。

「新聞協会賞を受賞した朝日の看板連載企画『プロメテウスの罠』を読むとそのヒントが見える。……反原発の立場を取る朝日とすれば、原発事故の当事者である東電が〝悪者〟で、その前に立ちはだかる菅首相は〝正義の味方〟の色分けであり、その構図を強調するには、東電が国民の安全を脅かす『撤退論』を唱えていたとするのが都合がいい」（週刊ポスト2014年9月5日号）

ここでも、朝日創業以来の勧善懲悪メンタリティーが指摘されている。明治12年の創業から、その単純化した善悪二元論の世界観は、改められることなくつづいているわけだ。

また、産経新聞の関係者は、朝日がこの虚報に至った背景について、次のように話している。

「吉田調書をすべて読みましたが、一般的な国語力を持つ人であれば、朝日のような『東電撤退』というようにはとても読めません。今回取り消された記事からは、最初から決まっている方向性に合わせて、調書の部分部分をつまみ食いしてつなぎ合わせたという印象を拭えません」

（Business Journal 2014年9月12日）

朝日は、2016年3月14日にも、1面トップで〈避難基準値、半数測れず　川内《せんだい》原発周辺の放射線量計〉の見出しでこう伝えた。「運転中の九州電力川内原発（鹿児島県）周辺に設置されたモニタリングポストのうち、ほぼ半数が事故時の住民避難の判断に必要な放射線量を測れないことがわかった」

翌日の社説でも〈放射線量計　事故の教訓はどこへ〉と、この問題を追及した。

しかし、原子力規制委員会は、朝日の記事で指摘されたことは事実に反し「周辺の方たちに無用な不安をあおり立てた」と強く批判し、他のメディアもその言い分を報道した。原子力を専門とする東大教授・岡本孝司は「原子力規制委員会が言っていることが100％正しい。朝日は早めに白旗を掲げたほうがいい」とコメントした（週刊新潮2016年4月7日号）。つまり、またも明白な虚報であり暴走だった。

ここにも、［第Ⅴ章　2　朝日虚報の動機と理由］であげたものがみられる。原発を悪とし、それを糾弾する自らを善とする勧善懲悪メンタリティー、自己陶酔、キャンペーン体質などだ。森友・加計騒ぎも同様だ。朝日はメンタル面で末期症状を呈している。

報道テロ

朝日の慰安婦などをめぐる虚報を「報道犯罪」「犯罪的報道」「報道公害」と呼ぶ右派の論客は少なくない。川内原発虚報でも、原子力規制委員会委員長の田中俊一は、「非常に犯罪的だ」と非難した。しかし、その影響と被害の甚大さ、政治的意図を考えれば、朝日の虚報群を、たんなる犯罪と呼ぶのでは本質を見誤るのではないか。

朝日の一連の虚報は、ロシア革命にみられた暗殺など物理的な暴力ではないにしろ、政治目的のための破壊力をもった言葉の暴力であり、「報道テロ」と呼ぶのがふさわしいように思う。元東大教授の酒井信彦は、「言論テロ」という言葉を使い、もっとも凶悪なテロリストとして本多勝一と松井やよりの名をあげ、朝日新聞を巨大な言論テロ組織とする（『虐日偽善に狂う朝日新聞』）。

森友・加計騒ぎをめぐっては、報道テロ、言論テロという言葉が、既成メディアやネットメディアで飛び交うようになった。

言説の一貫性

歴史認識について、岸田秀は、「ある言説が客観的にも正義にもとづく正しい言説であるか、それとも、いたずらに内的自己を攻撃するのをこととする外的自己の症状であるかは、その言説が論理的に首尾一貫しているかどうかによって判定できるだろう」としている。

慰安婦問題は、強制連行の有無が問題とされてきた。だが、朝日は、「女性の人権の問題だ」といつのまにか論点をすりかえて主張するようになった。それなら、朝日は世界の女性の人権、特に売春を心ならずも仕事としている人びとの実情を徹底取材し大キャンペーンを張るべきところだ。しかし、元慰安婦だった日本人女性にさえ取材をした形跡はない。

精神分析の立場から言えば、朝日は「いたずらに内的自己を攻撃するのをこととする外的自己の症状」を呈している。

朝日は治せない

朝日には、その言動から、自己愛性パーソナリティー障害的な側面があった。

「ご著書で自己愛の肥大化についても言及なさっていますが、自己愛は肥大化するものなんですか？」

精神科医の春日武彦に聞くと、こう答えた。

「自己愛は、結局、満足しませんから。おなかいっぱいということがないのです」

「つまり、飢餓感が常にあると？」

「そうそう。自分でもどうしようもない」

ただ、自己愛性パーソナリティー障害者の場合は、心神喪失により無罪となる触法精神障害者とちがい刑事責任能力は100％あるとされる。

「具体的にはどういう治療をするんですか？」

あえて聞いてみると、その答えは救いのないものだった。

「事実上、むりです。精神科医が外来レベルで接すれば、せいぜい『自分の気持ちがどうにもならなくなったら相談しなさい』とか言うだけです。薬で治すとか入院で治すとかはできませんから。あまり常軌から外れないようにして無難に年をとってもらう。根治はありえません。そういうのが根治できれば、人間の心を完璧にコントロールできるということですから」

仮に、朝日には自己愛性パーソナリティー障害の傾向が認められるとして、日本には、朝日に「無難に年をとってもらう」余裕はない。口先では謝罪したとはいえ、虚報体質は変わらず、「あまり常軌から外れないように」生涯を終えるのはむりとみられる。

岸田秀は、はっきり言った。

「自分たちの共同幻想に沿うように記事をでっちあげるというのは、戦前も戦後も変わっていない。それが朝日新聞の根本方針です」

「それは変えようのない朝日の本質的な部分でしょうか？」

「ある特定の記者が自分の業績を上げるために記事をでっちあげた、というようなものではなくて、会社としての基本方針だと思う」

そして、岸田もこう断言したのだった。

「だから、それは治らない」

「朝日の言説には根拠がないから、やはり歴史に耐えないのではないでしょうか？」

筆者がそう言うと、岸田はうなずいた。

「そうですね。なぜここまでメディアとしてつづいてきたのですかねぇ」

ベルリンの壁も、かつてはだれも、まさか壊れないだろうと思っていた。崩れるときはあっけなかった。壁の一部はいまでものこされており、歴史的遺物になった。ベルリンの壁と同じことが朝日でも起きるのではないか。岸田秀は言った。

「まぁそういうことですよ。共同幻想はみんなが信じているから永遠につづくように思われがちだが、じっさいには脆《もろ》いものです」

朝日新聞記者有志の名で書かれた『朝日新聞　日本型組織の崩壊』（文春新書）には、こう書かれている。

「内輪での権力闘争に明け暮れる官僚的体質を支えてきたものは、『会社がつぶれることなどあるはずがない』という、朝日ブランドへの絶対的信頼感だった。しかし、そんな感覚はもう、時代錯誤も甚だしい。朝日新聞社の船腹にはすでに穴が開き、海水が流れ込みつつある。醜悪な船頭争いをしている時ではない」

池田信夫は、「戦後七十年たって、戦後レジームの柱だった朝日新聞が崩壊する影響は小さくない」と書いている（『戦後リベラルの終焉』）。

岸田秀が指摘するように、現実派より非現実派、論理より非論理のほうが強い。朝日の外的自己による虚報は、外部からの批判を無視し今後さらにエスカレートして手がつけられなくなるだろう。外的自己と内的自己のちがいはあれ、その心理メカニズムはいまやカルト教団ときわめて似通っており、終末は近いように思える。

6　日本は治療できるか

われわれ日本人は、多かれ少なかれマインド・コントロールを受けている。そして、日本は内的自己と外的自己にひき裂かれている。岸田秀はこう言う。「ペリー・ショックが日本人に与えた心の傷はまだ癒えていない。それを癒やすためには外的自己と内的自己との統一が必要です」

では、どうすればその呪縛から脱出し、ふたつに分裂した自己を統一できるのだろうか。

脱洗脳の成功例

マインド・コントロールよりもっときびしい洗脳を、ドラマチックに克服した例が、われわれのよく知る人物のケースで、少なくともひとつはある。その人物は、心理学の専門知識はなかったかもしれないが、デプログラミングと呼ばれる脱洗脳の手法を、たぶん意識はせずに必死で実践したのだ。

北朝鮮に拉致されて20年以上を過ごし、日本に一時帰国した蓮池《はすいけ》薫の場合だった。北朝鮮での洗脳によって北朝鮮を正当化しようとする薫に対し、兄の透が夜を徹して論理的に反駁《はんばく》していった。薫は、翌朝まではすっかり洗脳が解けて、北朝鮮にはもどらないという考えに変わっていたという。

「一晩というタイムリミットの中で、必死の議論を続けたことが、脱洗脳につながった。北朝鮮からの帰国、慣れない記者会見、長距離の移動など、緊張と疲労が蓄積した中で、敢えて睡眠をとらせずに議論し続けたことが、かえって良かったということになる。もし、疲れているだろうからと気を遣って、結論が出ないまま議論を打ち切り、休ませていたら、あるいは北朝鮮に戻ってしまっていたかもしれない」（『マインド・コントロール』）

極度の緊張感や恐れ、疲労は、洗脳とおなじように、脱洗脳にもよく利用される。デプログラマーと呼ばれる脱洗脳者は、それを意図的に用いるケースがあるという。

蓮池薫のケースは、かなり極端な例ではあるが、大いに参考になる。

マインド・コントロールを「解く」ということ

そもそも、マインド・コントロールというのは、一方的な心理操作や支配がおこなわれるのではない。コントロールされるのは、心のどこかにそれを求める気持ちがあるからなのだ。言葉を換えれば、強い確たる存在に「同一化」したいという願望、強い依存心があるから心理操作される。

ＧＨＱによるマインド・コントロールを思い出せばよい。敗戦の混乱のなか、人びとは天皇より上に立つマッカーサーが率いる占領軍の圧倒的な権力と権威に心を寄せた。つまり、心理学や精神分析で言う同一化が起きた。ＧＨＱはある意味、強引にではなく、日本人の心の空白を狙うようにマインド・コントロールa0〜a7を実施し、さらに日本人自身によるマインド・コントロールb1〜b4がそれを補強したのだった。

岡田尊司は、強い存在への依存は、「ナチズムに熱狂したドイツの若者や知識人」あるいは「反社会的集団の手先となる若者」「（DVで）暴力的な男性の言いなりになる女性」にもあてはまる心理メカニズムだとする。

そのため、マインド・コントロールを「解く」には、マインド・コントロールする主体の非や不正を暴くだけでは不十分だという。マインド・コントロールには「依存と自立」の問題が横たわっており、「自分よりも強力な存在に依存したい、そうすることでしか自分を支えられない」という気持ちをうまく処理しなければ、「解く」試みは失敗に終わる。

マインド・コントロールから回復するとは、自分で自分を支えることがすぐにはできなくても、もっと信頼のできる身近な存在の助けを借りながら、自立を取りもどしていくことなのだという。

そういう配慮がじゅうぶんにされないまま、マインド・コントロールを仕掛けた主体に対する幻滅だけが起きると、非常に不安定で、危険な状態が生じる。うつ状態になるか自殺を試みるか、妄想的になって現実を否認し妄想にしがみつきつづけようとするか、別の依存対象にすがっていくか、いずれかになるという。

「こうしたことが、一部の専門家であれ認識されるようになったのは、ごく最近のことである。それ以前は、ただコントロールする側の非を責め、そこから引き離し、力ずくでも説得するという方法しか知られていなかった」（『マインド・コントロール』）

それがデプログラミング（脱洗脳）と呼ばれるものだが、そうした方法はさまざまな副作用をもたらすことになったという。

葛藤を意識化する

精神分析を開発したフロイトは、無意識の領域に埋もれるように抑圧されている葛藤を意識の領域に引っ張り上げることによって、神経症の症状が良くなることを多数の症例で示した。つまり、フロイトの方法は、たとえば内科の治療のように医師が聴診したり注射を打ったりするのとは根本的にちがう。治療者が勝手に患者の心を操作して症状の改善を図るのではなく、患者自身が自分の抱える問題に向き合い、それを意識化し言語化することによって回復を図る。

心理学者で臨床の精神分析家である福島章は、次のように述べている。

「抑圧された記憶や願望に気づくことはたいへんなエネルギーを要する作業である。ある日、ある時、何をしたか、といった単純な事実の記憶は容易に記憶から消失してしまうが、神経症の原因になるような幼児記憶は、強い〈抑圧〉を受けたまま何十年もの間生きつづけるのである。そして、〈想起〉や〈意識化〉に対してあらゆる手段をもって〈抵抗〉するのである。そこで、現在の自己の意識の起源に深くかかわっているはずの〈過去〉の記憶を想起し、その意味を理解することが精神分析の大きな課題となる。しかも、いったんその記憶が〈意識化〉されれば、症状はドラマチックに軽快・消失することが多い」（『精神分析で何がわかるか』）

まず、各自が「自分はマインド・コントロールされてきた」と自覚し、「自分は内的自己が強いか、外的自己が強いか」、その認識をもたなければ自己解放への道ははじまらない。そして、わが身をふり返り、自分の思考、歴史観や世界観が、じつは、ほとんど意識しないうちにだれかに操作・影響されていないかどうか、ひとつずつチェックしていくだけで、呪縛はかなり解ける。

岸田秀は「認めがたい苦痛な事実でも、認めなければならない」とし、こう語った。

「個人の神経症の場合、変な症状がある。症状は不愉快で都合の悪い抑圧された観念から出てくる。その症状を治すためには、抑圧された観念を意識化してどういう点で問題があるか、まちがっているかを本人が自覚してそれを克服するしかない。集団の場合もまったくおなじです」

マインド・コントロールa1 連載『太平洋戦争史』の「解放」の呪文、a3 東京裁判による「勝者の一方的歴史観」の押しつけ、a4『真相はこうだ』の侵略戦争説、a5 憲法9条の欺瞞《ぎまん》、a6 平和教育による「自虐史観」の刷り込み、a7 プロパガンダ映画、あるいはマスメディアが流す膨大な量の偏向情報などが、マインド・コントロールの元凶だったことを思い返さなければならない。

過去を知り、歴史観をもつ

NHKが2010年に実施した世論調査では、「広島原爆の日」がいつかという設問に正解したのは、全国平均でだいたい3割、地元の広島県民でも20代、30代は約5割と低かった。

2000年の調査では、16歳以上の男女にアジア・太平洋戦争で「最も長く戦った相手国」「同盟関係にあった国」「真珠湾攻撃を行った日」「終戦を迎えた日」をたずねた。その結果、若い世代だけでなく戦争経験世代さえも知らない人が多かった。特に、「真珠湾攻撃を行った日」の正答率が全体で約36％にとどまった。

マインド・コントロールは、敗戦の結果もたらされた。まず、「日本がどんな戦争をし何が悪かったか、戦前にはいいところもあったのか」などを知識としてもつことが、マインド・コントロールからの脱却につながる。

現実を知る残酷さ

自分の価値観にこだわりすぎてきた人は、それがちがうのじゃないかと悟ったとき、絶望感に襲われる可能性がある。

何年にもわたって、自分は特別な存在だという妄想と共に生きてきた精神疾患のケースでは、薬物療法で妄想が妄想だとわかったときに、精神の危機を迎えるという。自分を支えてきた世界が崩壊するように感じ、もう何も頼りにできず、自分を支えてくれるものもなく、「妄想にとらわれて人生の時間を無駄にした」という思いしかのこらない。それは残酷な現実と向き合うことを意味し、自殺してしまう人もいるという。

精神科医の土居《どい》健郎《たけお》は、**「精神分析は外科手術に比することができるのであって、手術が身体**

的苦痛をともなうように、分析は精神的苦痛をともなう」と述べた。また、「精神分析は、人間の理性がいかに本能的感情によって歪曲されるかという点を明らかにすることに大いに貢献した」とも書いている（『精神分析』）。

メディアリテラシーとMC度

それまでの人生で築いてきた歴史観や戦争責任観、世界観を変える、あるいはそれらを捨てるのは容易ではない。そこで現実的な方法は、自分が慣れ親しんだメディアの選択を、一時期でいいから変えてみることだろう。

そのとき重要なのは、ときに人は特定のメディアに「同一化」している恐れがある、という現実だ。同一化という言葉がむずかしければ、「思い入れ」「あやかること」と言ってもいい。

こういうときに使われる言葉が、メディアリテラシーだ。「情報を評価・識別する能力」を指す。既存のメディアを鵜呑《うの》みにはせず、さまざまな本を読んだりインターネットなども利用したりして、できるだけ多角的に情報を入手、判断することが重要だ。

わが国でそうした意味でのメディアリテラシーが広まったきっかけは、2002年のサッカー・ワールドカップ日韓大会だったとされる。既存のマスメディアは、韓国代表の試合での相次ぐ判定疑惑やスタジアムでの韓国人観客による反日行為をいっさい報道しなかった。一般の日本人サポーターの多くは、日韓友好だけを重視し事実を報じないメディアを見限り、自分たちでネット情報などを集めるようになったとされる（西村幸祐『「反日」の構造』）。

メディアリテラシーを心がけるだけで、頭に入る情報が立体的になり、ＭＣ度が下がるのはまちがいない。あるメディアの報道はともすれば一面的になりがちだが、人生も世界もそう単純ではない。メディア報道について評価・識別するときにはニュースリテラシーと言う。

主体的に生きる

岡田尊司は『マインド・コントロール』でこう述べている。ファシズムやナチズムであれ共産主義であれ、そうした全体主義が人びとを突き動かし非人道的な戦争や革命へと駆り立てるのは、「多くの人々が自分の頭で考える余裕をなくし、受動的な受け売りを、自分の意思だと勘違いするようになったとき」だという。そのとき「同時に見られる兆候は、白か黒かの決着をつけようとする潔癖性が亢進し、独善的な過剰反応が起きやすくなるということである」。

ここでも、また、「白か黒かの決着をつけようとする」二元論の危険性が指摘されている。朝日や進歩的文化人、コチコチの護憲派市民のような、戦争か平和かという白黒世界観では現実の国際社会に対応できない。なんらかの自己欺瞞があり、いずれ自己破綻《はたん》へと向かう。

「マインド・コントロールの問題は、結局は自立と依存の問題に行きつく。そこで問われるのは、われわれがどれだけ主体的に生きることができるか、なのである」。こう述べる岡田尊司は、「マインド・コントロールの問題が突きつけている問いは、われわれ現代人に、自らの運命を選ぶ主体性はあるのかということに思える」とも指摘している。

結局、人にとって、マインド・コントロールの呪縛からいかに抜けだし、〈思考の自由〉を取りもどし、どう主体的に生きるかが人生最大の課題のひとつと言ってもいいだろう。それは、日本人にかぎらない。

「戦後の呪縛から脱却して日本に新しいスタートを切らせたい。憲法でも自衛隊の役割でも、空論ではなく内容のある議論ができる国にしたい」。筆者がこう語ると、岸田秀も「そうしなきゃいけないですね」と言った。

暗示にかかりやすい日本人

それにしても、なぜ、日本人はＧＨＱのマインド・コントロールにやすやすとかかったのだろうか。ＷＧＩＰ関連文書を発掘した関野通夫は、その理由について、海外生活17年の経験から「日本人ほど〝人がいい〟人種も珍しいと感じています」と述べる。そして、「日本人は物事を論理的に組み立てる政治意識や法意識が非常に薄い」とし、安全保障関連法案に反対する人びとについてこう語っている。

「彼らがどれだけ法案を熟読し、何に反対しているのか。それがはっきりと報じられたことはありません。いうなれば、〝戦争法案〟という呼称に変《ママ》えて、プロパガンダ運動をしているにすぎません。おそらく以前の安保闘争と同じように時間が経《た》って、ほとぼりが冷めれば反対運動も収まるのではないでしょうか」「ＷＧＩＰが日本人に〝効きすぎた〟状態です」（『日本洗脳計画　戦後70年　開封ＧＨＱ』）

日本人一人ひとりが、自分はマインド・コントロールされてきたと自覚し、メディアリテラシーを意識してその能力を実践すれば、必ず呪縛から脱却できるだろう。

終章　新しい地平線

1 ドイツ人作家の述懐

風刺小説『帰ってきたヒトラー』が、2012年以降、世界的ベストセラーとなり映画化もされた。そのドイツ人著者ティムール・ヴェルメシュは、ドイツでの歴史教育についてこう語っている（読売新聞2016年7月21日朝刊）。

「僕は1967年、西ドイツ（当時）のニュルンベルクに生まれ、育った」「初等中等教育で歴史の授業の3、4割はナチス時代についてだった。ヒトラーは普通の人間とは違うモンスターで、恐るべき悪を犯した。それが授業の基調だった。『なぜ』『どうして』ヒトラーが権力を掌握できたのか。説明はなかった。僕らも問わなかった」「僕はそういう大人のナチスへの対し方にうんざりしていた。真実は教えられていない。そんな違和感を抱えて大人になった」

ヒトラーとナチスを〈悪いドイツ人〉としてスケープゴートにし、選挙で彼を指導者に押し上げ熱狂的に支持した国民の過去は不問に付された。

おなじような授業体験は、筆者の取材助手アネッテも口にしていた。戦後のドイツでは、平和教育という言葉も概念もなかったことはすでに書いた。戦争やホロコーストに一般国民がどうかかわったのかさえ、学校で詳しく教えることはほとんどなかった。

それは、「歴史をありのままに教えるべきだ」とする教育の本来の理念から逸脱したものだ。

しかし、心理学的に言えば、子どもたちに自虐意識をもたせないようにする教育的配慮とも言える。わが国の平和教育＝自虐教育の対極に位置するものだった。もちろん、ドイツのそれはそれで歴史の歪曲《わいきょく》ないし捏造《ねつぞう》であり、いつか必ずドイツ人自身が真の清算をしなければならなくなる性質のものだ。

安倍政権がおこなった教育改革は、ドイツとは逆の意味で至極まっとうだった。教育基本法は改正され、世論調査で「愛国心」が盛り込まれたことについて「評価する」と答えた人は67％にのぼった（読売新聞２００７年1月28日朝刊）。マインド・コントロールa6 平和教育に惑わされてきた人びとの多くも、目を覚まして改正を支持したのだった。それらの人たちは、内心、愛国心を否定し道徳や倫理観、自立の精神を重視しない平和教育に不健全なものを感じていたのだろう。

2　朝日の「安倍礼賛本」

朝日新聞は安倍晋三の〝天敵〟のようにみられてきたが、そう単純ではない。

朝日新聞は、２０１５年５月から12月にかけ、「70年目の首相」という連載を記者６人の取材班で計54回おこなった。翌年には連載をまとめ、筑摩書房から『この国を揺るがす男――安倍晋三とは何者か』のタイトルで単行本を出した。

母方の祖父・岸信介の「背中追う」安倍晋三を次のように描いた。

「岸にとって（1960年の）安保改定は、米国との対等な関係を築くために達成しなければならない課題だった。

一方、安倍は首相就任後に集団的自衛権の行使容認に取り組むことになる。対等な日米関係を目指した岸による安保改定の延長線上に、集団的自衛権の問題があった。

岸には国家主義者の印象が強いが、実は複雑な政治行動を取っている。

東條英機内閣では、（閣僚でありながら、サイパン陥落後に早期終戦を唱え）首相の東條と対立し、内閣を瓦解《がかい》させた。戦後は保革連合を目指し、社会党からの出馬も探った。

岸が『両岸』と言われるゆえんだ」

そして、朝日取材班は、岸研究の第一人者に「安倍氏の中に岸信介がいる」と語らせている。安倍の側近はこう推しはかる。「安倍さんは、岸信介がやり遂げられなかったことを意識している。憲法改正もそうだ」。岸は、憲法改正によって自衛軍備を整え、「真の独立日本」を取りもどすことを狙っていた。

岸は東京裁判のA級戦犯容疑で収監され最終的に起訴は逃れたが、獄中でこう記した。「大東亜戦争を以《もつ》て日本の侵略戦争と云ふは許すべからざるところなり」

孫の安倍晋三は、2013年の参院予算委員会でこう語った。「侵略の定義は学界的にも国際的にも定まっていないと言っていいだろうと思うし、国と国との関係においてどちら側から見るかで違う」

岸は、憲法について「民族的自信と独立の気魄《きはく》を取り戻す為には吾々《われわれ》の手に依《よ》つて作られた憲法を持たねばならぬ」と訴えた。

その遺志を継ぐ安倍晋三は、明らかに、GHQマインド・コントロールa3 東京裁判、a4『真相はこうだ』、a5 憲法9条などの呪縛を受けていない政治家だ。

朝日取材班は、中国東北部の旧満州国や山口県長門《ながと》市に記者を派遣し、晋三の母方の祖父・岸と、父方の祖父であり東條英機内閣のもとで戦中に実施された衆議院選で当選した安倍寛《かん》の人となりを取材している。

「寛は、反骨の政治家として知られていた。……東條英機に対する批判の急先鋒《きゆうせんぽう》でもあった」。のちに首相となる三木武夫と「熱っぽく非戦論を語り合い、二人とも、どうすれば戦争をやめさせることができるか必死だった」。

つまり、朝日の連載によると、安倍晋三は、早期終戦を唱え東條内閣を瓦解させた岸信介を母方の祖父とし、反骨の非戦論者・安倍寛を父方の祖父とする。

平時に平和を唱えることは、だれでもできる。戦時に平和を唱えることが、どれだけ大変か。

安倍晋三が両祖父のDNAを受けついでいるとすれば、敗戦で軍国主義者から転向したエセ平和主義者の対極に位置する、真の意味での平和主義者ということになる。晋三のそうした血はこれまでほとんど伝えられず、左派メディアは安易にタカ派とレッテルを貼ってきた。

連載本のエピローグでは、さりげないが重大な意味をもつこんな文章がつづられている。

「安保法制成立の一カ月ほど前、安倍は将来、日本の歴史の転換点と見られるであろう、もう一つの政治決断をした。戦後七〇年談話（安倍談話）である」「安倍談話の最大の特徴は、したたかに練り上げられたその曖昧さにあると言える」

エピローグではこれ以上、談話に深入りしない。すれば朝日の論調を否定せざるをえなくなるからなのだろうか。「将来、日本の歴史の転換点と見られるであろう」この談話について、筆者は本章で詳しく分析する。

『この国を揺るがす男』の末尾は、こうつづられる。

「安倍は二〇一四年七月、憲法九条の壁を、解釈変更という形で打ち破った。集団的自衛権行使容認の閣議決定を行ったのだ。そしていま、祖父・岸の悲願であり、自らの政治の集大成と言える憲法改正が、いよいよ現実味を帯びてきた。
『来年は再び、夏に戦いがやってくる』
安倍は仲間たちを鼓舞した」

その記述に批判の言葉はなく、護憲派識者のコメントを並べる朝日新聞の常套《じょうとう》手段もとらず、安倍の決意だけが印象にのこる締めくくりだった。

この本の［あとがき］で取材班の統括デスクをした南島信也は、取材記者に3つの注文をつけたことを明らかにしている。①すでに既成事実として伝えられていることでもウラをとる②オンレコ取材を原則とする（注：実名で報道する、の意）③主観的な表現や論を排し、当事者の証言にもとづいて淡々と事実を記述する。

安倍批判となるとヒステリックな見出しや記事で紙面を埋めるのが常の朝日にあって、「淡々と事実を記述する」姿勢は評価に値する。『この国を揺るがす男』は、フェアで一級のノンフィクション作品だと筆者は思う。朝日にも、まっとうな記者たちがたしかにいた。

ただ、この本は、安倍政治の柱のうちアベノミクスについては一章を立て詳しく書いているが、安全保障分野の話にはさらっとしかふれていない。安保法制の問題を「主観的な表現や論を排し」て詳述すると、やはり朝日の論調が破綻《はたん》するためなのだろう。

紙面に長期連載された当時、読者や朝日社内の反応はどうだったのか、興味ぶかいところだ。

アマゾンのカスタマーレビューには、一般読者の書評がわずか4本あるだけで、うち2本は最低の☆1個だけをつけている。ある短い書評からは、「反安倍」論調とはかけ離れた内容に戸惑っているようすがうかがえる。この書評を書いた人物は、朝日のマインド・コントロールb4に強く影響されMC度がかなり高いのだろう。全文はこうだ。

〈☆　意外にも礼賛本でした。タイトルからして玉虫色でうさん臭い。朝日新聞は慰安婦報道の件がよほど堪えたのだろうか、こんな腰砕けの本を出すようになってしまった。中立を装って書いているが実際には権力者を持ち上げているだけである。〉

3 心理の革命へ

戦後レジームとは何を意味するのだろうか。安倍は心理学や精神分析を研究しているわけではなく、あくまで政治の面からそれを語ったのだろう。突き詰めて言えば、「ＧＨＱの主導によって創生されたわが国のあり方」ということになる。それは、岸田秀《しゅう》の言葉を使えば「外的自己の主導によるいびつな国家体制」だ。

安倍は、日本人の手になる国家の再建を目指した。それは、かつて大戦の敗北による廃墟《はいきよ》からの再建がおこなわれたような物理的なものだけではなく、精神的、心理的なものでもある。著書で「精神的に失ったもの」「屈折した行動や心理」と表現したものからの脱却だ。それを、筆者は〈心理の革命〉と呼ぶ。

戦後70年談話

安倍は、２０１５年8月14日、戦後70年の談話を記者会見で発表した。朝日連載本が「将来、日本の歴史の転換点と見られるであろう、もう一つの政治決断」と呼んだものだ。これを、本書でこれまで述べてきたマインド・コントロールや岸田流精神分析などの観点から考察したとき、何が見えてくるだろうか。

安倍は、こう語り出した。

「終戦七十年を迎えるにあたり、先の大戦への道のり、戦後の歩み、二十世紀という時代を、私たちは、心静かに振り返り、その歴史の教訓の中から、未来への知恵を学ばなければならないと考えます」

そして本論は、近代の世界史から入った。

「百年以上前の世界には、西洋諸国を中心とした国々の広大な植民地が、広がっていました。圧倒的な技術優位を背景に、植民地支配の波は、十九世紀、アジアにも押し寄せました」

朝日新聞の翌日朝刊の社説は、「日本が侵略し、植民地支配をしたという主語はぼかされた」と批判した。だが、これこそ、安倍談話のキーポイントだった。朝日は戦後ずっと、「日本が侵略し、植民地支配をした」と主語を「日本」に限ったせまい視野での歴史観を語り、広めてきた。それが、ＧＨＱマインド・コントロールa3の呪縛による歴史認識＝東京裁判史観だった。

安倍談話は、それをある意味で吹き飛ばした。欧米列強の帝国主義、植民地主義がまずあったという世界史の厳然たる事実を語ったのだ。それなくしては、日本の近現代を歴史のなかに位置づけることはできない。

聞く人によっては、西洋白人優越主義への強い一撃となった。朝日の言う「日本が侵略し、植民地支配をした」と歴史のごく一部を切り取る認識は、まさに東京裁判を中核とするマインド・コントロールの結果だった。精神分析で言えば、戦勝国やGHQに同一化した外的自己の主張だった。日本の侵略を語るなら、その前に、欧米列強によるアジア、アフリカ、中南米などへの侵略の事実を語らねばならない。

「(アジアに押し寄せる植民地支配の波という)その危機感が、日本にとって、近代化の原動力となったことは、間違いありません。アジアで最初に立憲政治を打ち立て、独立を守り抜きました」と、安倍はわが国の近代史に胸を張った。

つづいて、「日露戦争は、植民地支配のもとにあった、多くのアジアやアフリカの人々を勇気づけました」と語った。

マインド・コントロールa3 東京裁判、a4『真相箱』では、日清・日露戦争もふくめすべて侵略戦争だったとする歴史観が語られ、GHQや朝日などはそれを日本人の脳裏に刷り込もうとした。安倍は、それをちがう角度から否定した。

筆者は、かつてニューデリー特派員をしていたとき、インドの地方都市ラクノウで会った著名な学者に、いきなり「おめでとう!」と強く手を握られたことがある。戸惑ったが、戦後日本の驚異的な経済発展を称《たた》える人はインドにもたくさんいるので、そのことかと思った。しかし、話を聞いているうち、日露戦争で日本がロシアを破ったことを褒《ほ》めているとわかった。トルコを訪問したときも、女性の知識人から同じ称賛の言葉を浴びた。

日露戦争で日本が勝ったことが、どれだけアジア、アフリカで生きる非白人の人びとを勇気づけたか。朝日など左派の偏狭な歴史観、世界観では、決して理解できないだろう。

安倍は、「世界恐慌が発生し、欧米諸国が、植民地経済を巻き込んだ、経済のブロック化を進めると、日本経済は大きな打撃を受けました」とし、日本が追い込まれた歴史にふれた。まさに、戦後6年目、マッカーサーが米上院での証言で語ったことだ。それは、マインド・コントロール
a3 東京裁判の正当性を自ら否定するものだった。

そして、安倍は「日本は、世界の大勢を見失っていきました」「進むべき針路を誤り、戦争への道を進んで行きました」と反省を込めた。新しい歴史研究では、アメリカのほうこそが、ソ連スパイの暗躍もあり、日本を開戦へと追い込んだ事実が明らかになりつつある。だが、安倍はあえてそれには踏み込まなかった。まだ、公式に語るには時期尚早と判断したのだろう。

「戦後七十年にあたり、国内外に斃《たお》れたすべての人々の命の前に、深く頭を垂れ、痛惜の念を表すとともに、永劫の、哀悼の誠を捧げます」

こう述べる一方で、「広島や長崎での原爆投下、東京をはじめ各都市での爆撃、沖縄における地上戦などによって、たくさんの市井の人々が、無残にも犠牲となりました」と語った。ここでも、あえて主語は語られていない。

朝日社説は、ご都合主義から、ここでは主語がない事実を指摘しない。それは、原爆投下や東京大空襲などの主体がアメリカだったからだ。朝日が、精神分析で言う戦勝国・GHQに同一化している事実の明確な証左がここにもみえる。

それこそ、マインド・コントロールa1連載『太平洋戦争史』で正当化され、広島の原爆碑文、a6平和教育、a7プロパガンダ映画などで日本人に刷り込まれた戦争責任観だった。原爆投下は重大な戦争犯罪、人道犯罪だったが、アメリカは日本に対しあらゆる心理操作をもちいて罪を糊《こ》塗《と》した。

2016年5月、アメリカ大統領オバマの広島訪問に際し、朝日新聞をふくめ日本のマスメディアは「歓迎」「支持」で横並びした。週刊新潮は、〈謝罪要求は十八番なのに「朝日新聞」はなぜダンマリ?〉という見出しをふくむトップ記事を載せた。しかし、ダンマリの理由を書けず竜頭蛇尾に終わった（5月26日号）。被爆者や一般国民、識者のごく一部をのぞき、謝罪要求の声は聞かれなかった。

広島の平和記念公園にある韓国人原爆犠牲者慰霊碑前では、オバマ訪問日の午前、韓国人被爆者とその家族らが記者会見し、オバマに謝罪と補償を求めた。

謝罪をめぐる日韓の反応差の背後には、GHQマインド・コントロールの有無がある。朝日のダンマリの理由も、もちろんそこにあった。朝日が謝罪を要求する対象は、いつも〈悪い日本人〉に限られていた。朝日が、同一化する戦勝国に謝罪を求めるわけがない。

安倍談話は、戦後70年に、日本の指導者として口にすべきこと、主張すべきことをほとんど網羅し、こう締めくくった。

「尊い犠牲の上に、現在の平和がある。これが、戦後日本の原点であります」「二度と戦争の惨禍を繰り返してはならない」

内閣官房参与・谷口智彦は、こう述べる。安倍は演説原稿を「納得がいくまで推敲《すいこう》に推敲を重ねます。徹頭徹尾、自分の言葉にして話すことを心掛ける。だから聴衆に響くのでしょう」（月刊Hanada２０１８年1月号）。

談話に対して、右派の一部歴史家らから「東京裁判史観をひきずっている」との批判があった。だが、国際政治力学から、国家指導者には「現時点では」言葉にできないこともある。政治家と歴史家はちがう。

左派からは、「自分の過ちは一応認める。しかしそれは他の誰かのせいで起きたことであり、結局は自分だけが悪いわけではない、との開き直りである」「戦前日本の侵略路線を基本的なところで擁護することに意を用いてまとめられた」（高橋彬『安倍政権　総括』）と批判された。これは、GHQのマインド・コントロールに忠実な史観そのものからの批判と言える。

安倍は、MC度が1という希有《けう》の政治家だ。東京裁判史観を全否定したいのはやまやまでも、そうすれば国際社会から猛反発を浴び、かえって国益を損なう。冷静に計算し「いま語れるぎりぎりのところ」で語ったのだろう。

朝日社説は「この談話は出す必要がなかった。いや、出すべきではなかった。改めて強くそう思う」と書いた。ＭＣ度が左派メディアのなかでも飛び抜けて高い朝日に、この談話のふかい意味は決してわからないはずだ。『この国を揺るがす男』を書いたまっとうな記者たちをのぞいて。

近未来の歴史家はこう記すだろう。

「安倍晋三政治への評価はさまざまであり、まだ確定はしていない。だが少なくとも、戦後70年の安倍談話は、日本人が戦後のマインド・コントロールから脱し、祖国を再生する道への画期となった」

施政方針演説

安倍晋三は、２０１７年1月20日の施政方針演説でもこう述べた。

「戦後七十年余り。今を生きる私たちもまた、立ち上がらなければならない。『戦後』の、その先の時代を拓くため、新しいスタートを切る時です。少子高齢化、デフレからの脱却と新しい成長、厳しさを増す安全保障環境。困難な課題に真正面から立ち向かい、未来を生きる世代のため、新しい国創りに挑戦する。今こそ、未来への責任を果たすべき時であります。

私たちの子や孫、その先の未来、次なる七十年を見据えながら、皆さん、もう一度スタートラインに立って、共に、新しい国創りを進めていこうではありませんか」

戦後、日本の総理大臣が「新しい国創り」について語ったことがあっただろうか。これは、ある決意をもったうえでの、国民に対する呼びかけだと思われる。

4　究極の世論調査

歴代政権は、自衛隊を「9条が禁じる戦力ではなく、必要最小限度の実力組織だ」と苦しい説明によって合憲と解釈してきた。そこに、戦後日本の自己欺瞞《ぎまん》と病理をみる人は、左右を問わず多いだろう。国会や憲法学会での「合憲か、違憲か」という不毛な神学論争にその症状がみられる。いま、次のような究極の世論調査をしたらどうかと思う。

設問：日本国憲法第9条2項では、「陸海空軍その他の戦力は、これを保持しない」とされています。しかし、現実には、戦力である陸海空の自衛隊が存在していて、根本的な矛盾があります。これについて、あなたのお考えをお聞かせください。

（1）憲法9条を護持し、自衛隊を解体する。
（2）憲法9条を改正し、自衛隊を存続させる。
（3）分からない、答えない。

「自衛隊を国軍として位置づけるべきだ」という論もあるが、それを持ち出すと国民が混乱するので、ここでは踏み込まないほうがいいだろう。

この調査の目的は、憲法改正の国民投票を前提に9条をめぐる論点を整理し、国民を啓発して議論を活発化させることにある。内閣府が事前に設問を公表し、国民一人ひとりに考えをまとめてもらってから、一定期間後に大規模世論調査を実施する。啓発が目的だから、何回かくり返して実施するのが望ましいかもしれない。

一方、どこかのメディアが、この世論調査の設問そのままで、日本全国の憲法学者にアンケート調査し、結果を実名入りで公表すると興味ぶかいのではないか。

朝日新聞は、2015年6月、国会で安保関連法案が激論を呼んでいるのを受け、憲法学者209人を対象に法案が合憲か違憲かをアンケート調査した。回答したのは122人だけで、自衛隊が違憲または違憲の可能性があるとした憲法学者は77人（63％）いたのに、「9条を改正する必要がある」と答えたのはわずか6人（5％）だった。

経済学者の池田信夫は、ネット上で「それなら憲法学者は『自衛隊は解散せよ』という論文を書くべきだが、私の知る限りそういう学術論文は見たことがない」と書いた。

憲法学会の大勢に日和《ひよ》り護憲派を名乗る憲法学者は、根本的な自己矛盾を抱えている。池田は「憲法学者の過半数が非合法と考えるような軍隊が24万人もいる国が、法治国家と言えるのだろうか」ともしている。

3択アンケートに、多くの憲法学者は「（3）分からない、答えない」を選ぶか回答を拒否し、世間の失笑を買うのではないだろうか。

かつて、朝日など左派メディアは、国連PKO協力法案に反対しヒステリックな大キャンペーンを展開した。しかし、いま、だれもそんなことは忘れたように振る舞っている。憲法も一見、大問題のように思えるが、いったん改正されてしまえば、すぐ昔話となるだろう。もともと、大騒ぎするようなことではないからだ。

5　憲法改正とアイデンティティー

事実上の2項改正案

安倍は、現行憲法の9条1項（戦争放棄）、2項（戦力不保持、交戦権の否認）を維持したうえで、憲法に規定がない自衛隊に関する条文の追加を最優先する意向を示した。

2項をそのまま読めば、自衛隊が違憲であることは明らかだ。それを苦しい解釈で合憲としてきたのは政治上の欺瞞だったが、戦後マインド・コントロールを受けた世論の前にやむをえない面もあった。安倍の意向は、9条1項、2項の改正にまだ抵抗感をもつ多くの国民や一部政党を考慮し、事実上2項を改正しようとするものだ。

したがって、脱マインド・コントロールという観点からみれば、戦後の日本における最大級の欺瞞と病理を克服する一歩となる。あくまでも一歩だが。

朝日をはじめ護憲派は9条改正の動きに激しく抵抗している。しかし、2017年5月27日の読売新聞大阪本社版朝刊投書欄『気流』に載ったこういう至言に、彼らはどう答えるのだろうか。

「そもそも、憲法改正の可否は国民投票で決まる。日本は主権在民の国だ。その日本で、なぜ国民に判断をさせないのだろうか」（大阪府枚方市　無職男性74歳）

地球市民という虚妄

『美しい国へ』には「ナショナリズムとはなにか」という章がある。安倍晋三は、アメリカへ留学したとき、イタリア系アメリカ人の家に1年間下宿していた。その際、アイデンティティーについてふかく考える機会を得ている。

「自分の帰属する場所とは、自らの国をおいてほかにはない。自らが帰属する国が紡いできた歴史や伝統、また文化に誇りをもちたいと思うのは、だれがなんといおうと、本来、ごく自然の感情なのである」

「そこに横たわっている本質的なテーマとは、自分たちはいったい何者なのか、というアイデンティティの確認にほかならない」

「心の底から、かれら（外国人）とコミュニケーションをとろうと思ったら、自らのアイデンティティをまず確認しておかなければならない。なぜなら、かれらは〈あなたの大切にしている文化とはなにか〉〈あなたが誇りに思うことは何か〉〈あなたは何に帰属していて、何者なのか〉――そうした問いをつぎつぎに投げかけてくるはずだからだ。かれらは、わたしたちを日本人、つまり国家に帰属している個人であることを前提としてむき合っているのである」

筆者も海外に駐在しているとき、ことあるごとに、自分が日本人だと痛感させられた。海外にいる日本人はだれでも、ひとりで日の丸を背負うことになる。

一方、現地で対人関係のトラブルばかり起こしている長期在留日本人に出会うことがあった。よく観察していると、そうした日本人のなかには、外国人と結婚し、ハーフである自分の子どもはその国のアイデンティティーを基盤に育ち、家庭ではあまり日本語を話さず、また親と子どもは日本語で微妙なニュアンスのコミュニケーションができない人が少なくなかった。

つまり、トラブルを起こす原因は、その在留日本人のアイデンティティーがひどく混乱しているためと思われた。心理学や精神医学でアイデンティティー・クライシスと呼ぶ症状だ。多くの人が青春期に陥る「自己認識の危機」で、それを克服してはじめて自立した大人になるとされる。また、大人でも環境によって危機に陥るケースがある。

この用語は、「アイデンティティーの喪失」と訳されることもあるが、それはたぶんまちがっている。100％失うことはなく、「部分喪失」か「欠損」あるいは「危機」とすべきだろう。

アイデンティティー・クライシスは個人だけでなく、集団としても起こりうる。ある民族や国民などの集団が、歴史の転換期に、自己認識の混迷に陥るのもアイデンティティー・クライシスとされ、わが国では、ペリー来航や先の敗戦のときなどがそれだった。

日本は島国で、ほぼ単一民族で構成され、日本語が通じ、宗教もほぼ共通だから、諸外国とちがい意識的なアイデンティティー確立教育がおこなわれてこなかった。

戦後は逆に、マインド・コントロールa0 言論統制&焚書《ふんしょ》やa6 平和教育、a7 プロパガンダ映画などの影響によって、日の丸・君が代、わが国の伝統・文化を否定的に考える風潮が生まれた。むしろ、アイデンティティーをあいまいにする流れがあった。

そういうナイーブな環境から飛び出して異国文化のなかで暮らせば、アイデンティティー・クライシスに陥る人が出てくるのは当然だろう。

安倍は、著書でアイデンティティー確立の重要性についてくり返し述べている。

「はじめて出会う外国人に、『あなたはどちらから来ましたか』と聞かれて、『わたしは地球市民です』と答えて信用されるだろうか。『自由人です』と答えて、会話がはずむだろうか。かれらは、その人間の正体、つまり帰属する国を聞いているのであり、もっといえば、その人間の背負っている歴史と伝統と文化について尋ねているのである」

地球市民という言葉は朝日新聞が好んで使い、いつからか他のメディアも使うようになった。G-Search 記事データベースで全期間を対象に、２０１８年3月、「地球市民」をキーワードとして検索すると、朝日2295件、読売1335件、産経357件だった。

『美しい国へ』には、こんな指摘もある。

「『地域コミュニティの再評価』をスローガンにして活動している人たちのなかには、地域にたいして愛着をもつのは、よいことだが、国家にたいして愛着をもつのは、ごめんだ、という人がいる。そういう人たちには、地域社会から国家をバイパスし、一足飛びに地球市民にいってしまう考えの人が、なぜか多い」

ケント・ギルバートが、オリンピックやサッカーW杯で日本を応援する感情について「それこそが健全な『愛国心』の現れだと私は思います」とブログで指摘したら、「それは愛郷心や民族としての親しみから生まれるものであって、愛国心からではない」と否定する人がいた。そのエピソードについてギルバートはこう書いている。

「要するに彼は、日本人という民族や生まれ故郷は好きだが、日本という国家は嫌いなのだということをいいたかったのでしょう。まさに、WGIPの洗脳にもっともハマった人というべきです」（『ついに「愛国心」のタブーから解き放たれる日本人』）

国家をバイパスする心理メカニズムは、戦後のマインド・コントロールから生まれたものにほかならない。安倍も理由を知っている。「その国家をバイパスするという感性が育まれた背景には、戦後日本が抱えてきた矛盾が大きく影響している。国家という概念へのアレルギーが、地域住民と地球市民をダイレクトに結びつけてしまう作用をはたしてしまうのだ」（『新しい国へ　美しい

国へ 完全版』）

安倍は、2006年9月29日、第1次政権の所信表明演説のむすびでこう語っていた。

「未来に向けた新しい日本の『カントリー・アイデンティティ』、すなわち、我が国の理念、目指すべき方向、日本らしさを世界に発信していくことが、これからの日本にとって極めて重要なことであります。国家としての対外広報を、我が国の叡智を集めて、戦略的に実施します」

三島由紀夫と安倍晋三

TBSは2017年1月、三島由紀夫が自決する9か月前にイギリス人翻訳家と対談した未発表の録音テープを公開した。そのなかで、三島はこう語っている。「平和憲法は、偽善です。憲法は、日本人に死ねと言っている」と述べたうえで、9条2項と自衛隊の関係について「日本人はごまかしごまかし生きてきた。……そうやって生きていくことは耐えられない。本当に嫌いです」と吐露した。

岸田秀は、三島の自決は内的自己の暴発のひとつとしていた。三島が9条2項と自衛隊の関係を欺瞞とし「そうやって生きていくことは耐えられない」としたのは、日本人作家としての鋭敏な感性からだった。

それは日本人としてのアイデンティティーの問題に直結し、安倍晋三が憲法改正に使命感を抱いていることと通底する。

内的自己と外的自己のバトル

早大教授・長谷部恭男（憲法）は「安倍さんは、何でもいいからとにかく憲法を変えたいと思っているでしょう。狙うとすれば、ごく限定的な緊急事態条項でしょう」とし、法政大教授・杉田敦（政治理論）は「いずれにしても、憲法を変えても何の問題の解決にもならないことだけは確かで、政治的エネルギーを浪費している場合ではない。明らかに解とはなり得ないものを、自らの支持獲得のためだけに掲げるのは、極めて不健康な政治だと言わなければなりません」と語っている（朝日新聞2017年1月6日朝刊）。

これらの識者は、朝日イズムに感化され、〈思考の自由〉もなく、安倍の挑戦のふかい意味、筆者の言う〈心理の革命〉がまるでわかっていない。

安倍vs.朝日、もう少し広げて安倍vs.護憲派という観点からみたとき、それは内的自己の強い者と外的自己の強い者のバトルとして分析することができるだろう。別の側面から言えば、MC度に決定的な差のある者同士の闘いだ。

石原慎太郎の悲願

石原慎太郎は、2014年10月30日、衆議院予算委員会で国会議員（次世代の党最高顧問）として最後の質問をおこない、安倍晋三にこう語りかけた（要約）。

「総理もわたしも、日本男児として自主憲法の制定を念願している。大願成就のために、まず前文の『(平和を愛する諸国民の)公正と信義に信頼して』のまちがった助詞『に』の一字だけでも変えていただきたい。……『に』の一字を変えることがアリの一穴となって、敗戦後70年にしてようやく自主憲法の制定につながる」

それに対し、安倍は「一字であっても変えるには憲法改正が伴います。『に』の一字ですが、どうか『忍』の一字で……」とかわした(要約)。当時の国会の改憲勢力は、改正案の発議に必要な議席数に足りていなかった。仮に足りていたとして、「に」を「を」に変えるだけの改正を試みても、護憲派の抵抗はすさまじかったはずだ。

石原は、政治家としてよりも文学者としての感性で、憲法改正は深層心理レベルの問題だと喝破《かっぱ》し「アリの一穴」を持ち出したのだろう。もし法律ならどの条文をどう変えるかが一義的な問題のはずだが、戦後日本では、憲法を聖典のように崇める人びとがいて、たとえ一字だけでも変えることは許されない、という宗教が根強くあった。

GHQ主導の憲法だったという立場に立てば、「一字改正」は国民の主権行使であり、日本人としての誇りとアイデンティティーの回復につながる。心理学的に言えば、一字の改正により日本国憲法は聖典ではなくなり、以後の改正はたやすくなる。つまり、日本人がマインド・コントロールa5 憲法9条の呪縛から解き放たれる大きな一歩になる。

護憲アイデンティティー

元駐米大使の加藤良三によると、アメリカには外交・安全保障の保守、経済の保守、価値観の保守という3種類の保守がある（WiLL 2018年3月号）。

このカテゴリーをわが国の左派にあてはめると、外交・安全保障は完全に安倍ペースであり、経済でも安倍政権はリベラルな政策を取り込んできた。価値観でも、安倍はわが国独自の伝統や文化を重視し、朝日や進歩的文化人が金科玉条としてきた戦後民主主義など眼中にない。

言葉を換えれば、安倍が政権をとって以来、教育基本法の改正や安保法制の成立などで、つぎつぎと左派の砦《とりで》は陥落してきた。そして、最後の砦であり本丸が憲法9条だ。左派・護憲派にとって、安倍主導による憲法改正の動きはアイデンティティー・クライシス要因以外の何物でもない。どんな形であれ改正の動きを感じれば、「自分が自分でなくなりそうな危機感」をおぼえるのだろう。自分とは何かという根源的な問いは、さておくとしても。

護憲派メディアが、ありとあらゆる手段で安倍つぶしに走るのは、利得・利権の保持以上に、自らのアイデンティティーを死守するために他ならない。永田町の現実をみれば、安倍ひとりの政治生命を絶てば憲法改正の動きは止められるかもしれない。森友学園や加計学園の騒ぎを、その観点からみるとわかりやすい。

一方、コチコチではない護憲派の市民多数を「脱マインド・コントロール」することができれば、おそらく容易に憲法を改正することができる。それについて少し詳しく述べておく。

アメリカの初代FBI長官ジョン・エドガー・フーヴァー（1895〜1972年）は、共産主義運動に関与する人物を5つのカテゴリーに分けていた。

公然の党員（"Open" Party Members）
非公然の党員（Concealed Party Members）
同伴者（Fellow Travelers）
日和見主義者（Opportunists）
デュープス（Dupes）

フーヴァーは権力を濫用し独裁者と批判された人物だが、この分類は、戦後日本のマインド・コントロールを考察するうえでとても参考になる。

公然の党員と非公然の党員は説明するまでもないだろう。同伴者とは、共産党に強く共感し、共産党のための活動をする非共産党員だ。それと同様に、GHQの占領政策や朝日イズムに強く共感しそのために非公然の活動をした日本人は一定数いた。［第Ⅱ章 10 マインド・コントロールa6 平和教育］［第Ⅲ章 1 GHQの宣伝計画文書（WGIP）］でふれた「フレンドリージャパニーズ（友好的日本人）」がそれだ。

日和見主義者とは、個人的な利益のため一時的に共産主義者に協力する人たちだ。マインド・

コントロールの観点で言えば、ＧＨＱや朝日に協力したり寄り添ったりした日本人のことだ。

たとえば、自称ジャーナリストの田原総一朗は、２０１７年11月末のテレビ朝日系『朝まで生テレビ！』でこう語った。「１９６５年までソ連は理想の国で世界は社会主義になると思っていたが、訪ソして言論の自由がないことを知り幻滅した。帰国後そのことを言えなかった。朝日新聞も毎日新聞も左翼だから」（正論２０１８年３月号）

筆者も、数年前、田原がラジオでおなじ主旨の話をしたのを覚えている。取材した客観的事実を広く伝えるべきジャーナリストとしての本分を離れ、時流に乗って自己保身に走りいまに至ったという告白だろう。まさに日和見主義者で、こうした仮面左翼と呼ばれる人たちは、朝日新聞社内などにもたくさん存在してきたとされる。

護憲派市民を脱マインド・コントロールさせる際に一番のポイントとなるのは、最後にあげられているデュープスだ。「騙《だま》されやすい人びと、間抜け」を意味する。明確な意思をもって共産党のために活動をする人びとではなく、情緒的な共感を抱き、知らず知らずのうちに共産党に利用されている人びとのことを、フーヴァーはこう呼んだ。

ＧＨＱと朝日をはじめとする左派にマインド・コントロールされ、漠然と「９条を護ることは大切だ」「９条で日本の平和は保たれてきた」と思っている善意の市民であり、それは圧倒的多数にのぼる。言い換えれば、ＭＣ度が中程度の人たちだ。そういう人たちは、［第Ⅶ章　６日本は治療できるか］で述べたように、戦後のマインド・コントロールの実態を認識すれば、比較的容易に呪縛から抜け、憲法改正の意義を理解するようになるだろう。

それに対し、朝日や進歩的文化人、一部の政治家などコチコチの護憲派は、自らのアイデンティティーと存在理由《レーゾンデートル》を守るために、いま、すさまじい憲法バトルを展開している。彼らのアイデンティティーは、欺瞞の大地に立脚しているにもかかわらず。

新しい地平線へ

石原慎太郎の発言から3年目、安倍は一字改正どころか自衛隊の存在を憲法に明記する大勝負への決意を明らかにした。2017年の総選挙により、いわゆる改憲勢力は衆議院定数の3分の2を大きく超え、改正発議への態勢はいちおうととのった。とはいえ、国民には9条改正に反対する声が根強く、各党、各議員にも微妙な意見の相違がみられる。9条に3項を加えるか2項そのものを書き替えるかも、これからの動向による。

首都大学東京准教授・境家史郎《さかいや》はこう分析している。「現実の安全保障政策を追認するような九条改正であれば、有権者は必ずしも否定的ではない。戦後史を通じてそうであったし、今日もなおそうである」「自衛隊の憲法明記には安定した支持があるとみていい」（『憲法と世論』）

各メディアの世論調査で9条改正の支持・不支持データが報道されている。だが、世論調査の実務をした経験をもつ筆者からみれば、その数字は浮動の空気を反映したものでまったくあてにならない。出雲で暮らしさまざまな人たちとふれあうなかで痛感するのは、まだ、憲法9条問題の何たるかはあまり理解されていないという現実だ。全国どこの地方でも大差はないだろう。

岸信介は、「民族的自信と独立の気魄を取り戻す為には吾々の手に依つて作られた憲法を持たねばならぬ」と訴えた。民族的自信と独立の気魄とは、日本人としてのプライドとアイデンティティーを意味する。**憲法改正とは、国民の主権を行使してわれわれ自身の憲法とすることであり、アイデンティティーを確立することにつながる。**まず国会議員多数のマインド・コントロールを解き、次いで一般国民の呪縛を解くことが必要となる。国民の多数派が意識を変えれば、憲法改正は結実するものであり、だからそれは〈心理の革命〉なのだ。

岸田秀がくり返し指摘したように、戦後日本は外的自己が主導し、内的自己が抑圧されてきた。岸田はこうも述べていた。

「外的自己と内的自己とが生き生きとした統一的関係にあってこそ、言いかえれば外的自己が内的自己のありのままの自発的表現であり、かつ内的自己が外的自己の行動を自分の主体的意志に発し、自分が決定でき、自分に責任がある行動であると実感していてこそ、人格の統一性、自己同一性《アイデンティティー》は保たれる」

外的自己と内的自己が、バランスを保って統合されるのは歴史的必然と言える。そのとき、日本人は初めてノーマルな国民になる。〈心理の革命〉の精神分析的な意味がそれだ。

国際政治学者・三浦瑠麗《るり》は、憲法9条改正について、欧米の主要メディアは「懸念する立場から報じることが主流」だったが、いまや「世界的な論調は明らかに変化している」とし、改正の世界史的意味を、端的にこう分析している。

「中国主導で進んでいく東アジア秩序の改編の中にあって、自由主義や民主主義の砦をいかに守っていくかということなのです」（正論2018年3月号）

〈欺瞞を内包した憲法9条〉の改正と〈正常《ノーマル》なアイデンティティー〉の確立、〈自由主義、民主主義〉の擁護――を結びつけて考える日本人は、まだ多くはないだろう。だが、マインド・コントロールから脱しひとたび憲法を改正すれば、無意識の領域で内的自己が充足して、われわれは新しい地平線へ向けて歩み出すことができる。

あとがき

この本を認めるか認めないかは、パクチーが好きか嫌いかという話と似たようなものだと思います。

そして、「いまひとつ頭に入らない部分がある」というかたは、マインド・コントロールされている度合い、本書で言うMC度がやや高いかもしれません。理解しようとする脳の認知プロセスに、無意識がブレーキをかけてしまうからです。

その場合、たとえば、ジェームズ・ディーン主演の映画『エデンの東』が手がかりになるのではないでしょうか。あの名作は、常に〈善き人〉であろうとする生き方の自己欺瞞《ぎまん》と破綻《はたん》を描いています。

本書は、『〈戦争責任〉とは何か　清算されなかったドイツの過去』（中公新書）の姉妹編です。前書では、ドイツがふたつの国家的トリックを使い、ヒトラー時代の過去を清算したかのように自らと国際社会を欺《あざむ》いたことを論証しました。

その作品を好意的に評価してくれた北海道新聞書評の末尾に、こうありました。「著者の目から見るとき、日本の『戦争責任』論はいかなる『トリック』、すなわち歴史拘束性を持っているとされるのか、さらに聞いてみたい」。おなじように「では、日本はどうなのか」という声が、たくさん届きました。

でも、そのときは「日本の戦後論は語りつくされているだろうから、自分の力ではとても書けない」と思ったのが正直なところです。

ただ、本書第V章で書いた朝日新聞による9条記事の組織的捏造《ねつぞう》・隠蔽《いんぺい》のことがずっと頭から離れず、それが日本編の戦後トリックを書く動機のひとつとなりました。新聞社が組織として記事を捏造する背景には心の病理があるにちがいないし、その行為はジャーナリズムへの冒瀆《ぼうとく》で許せない、と怒りに似たものをおぼえました。一般にはまだ知られていないこの事件の詳報は、ウェブサイト【RAB☆K《ラブ・ケイ》】http://rab-k.jp の【0円ブックレット】に掲載してあります。ある種のノンフィクション・ミステリーとしてお読みください。PDFファイルをダウンロード、印刷できます。

姉妹編ふたつの作品を書くために、日本、ドイツ、ポーランド、チェコの計約40人のかたにインタヴューさせていただきました。特に、この日本編を執筆するにあたって、岸田秀《しゅう》、春日武彦両先生にはとても興味ぶかいお話をうかがわせてもらったうえ、原稿のチェックまでお引き受けいただきました。

ベルリン在住の取材助手アネッテ・カイザー嬢（Frau Annette Kaiser）は、サッカーで言えば快足FWで、ラストパスを通すと猛ダッシュして貴重な情報をゲットする決定力がありました。ワルシャワで知り合ったポーランド人青年は、オフの日にわざわざ図書館や歴史的建造物などへ足を運び、価値ある情報をメールで伝えてくれました。

わが国の文化や情報が東京に一極集中するなか、いまは地方に住んでいる身であり、内外の情報を入手するツールとしてインターネットの威力をあらためて痛感しました。

本作の構想にざっと20年をかけ、本格的な取材と執筆には出雲へUターンしてから着手しました。この4年余りが長かったのか短かったのか、父を看取り母を看取り、この2月には愛兎も看取りました。

パクチーはデトックス効果があり、本書は脱マインド・コントロール効果があります。

幻冬舎の見城徹社長には出版を即断していただき、小木田順子部長には原稿について的確な助言をもらいました。ジャーナリスト櫻井よしこ氏は、ご多忙のなか解説を書いて下さいました。

いつも支えてくれている妻子をふくめ、直接間接にかかわっていただいたすべてのかたに感謝します。

平成三十年　春

出雲にて

木佐芳男

解説

櫻井よしこ

国際社会で大国のせめぎ合いが激化しつつある。そうした中で重要なことは、世界全体を見渡す地政学の視点を持つことだ。150年前の明治維新で我が国はアジアの大半の国々とは異なり、辛うじて列強諸国の植民地にならずに済んだ。当時の人々が我が国に足らざるものは経済と軍事力であると認識し、富国強兵の国家目標をよく理解し、あらゆる意味での国力強化に力を尽くしたからだ。

しかし、そこにもうひとつ大事な要因があったと、シンクタンク「国家基本問題研究所」副理事長の田久保《たくぼ》忠衛《ただえ》氏は指摘する。

「ペリーが来航した1853年にクリミア戦争が始まりました。ロシアと英仏がオスマン帝国を巻き込んで世界規模の戦いを繰り返したのです。さらに8年後の1861年には米国で南北戦争が勃発、日本を窺うペリーらの脳裡には祖国の危機がよぎったことでしょう。このような外圧の弱まりにも扶《たす》けられて、明治維新の大業がなされたと思います」

150年前、私たちの祖国はこのようにして、政府と国民の意識の高まりと、外圧の弱まりの中で辛うじて国難を切り抜けた。では、現在はどうか。中国の野心的な動きに明らかなように、外的脅威が弱まる気配は全くない。政府と国民の間に危機意識が高まっているとは思えず、大いなる危機感を抱く。外的要因、内的要因の双方から、現在の危機はかつてのそれより尚、深刻である。ここに木佐芳男氏の『「反日」という病――GHQ・メディアによる日本人洗脳《マインド・コントロール》を解く――』が出版される歴史的な意味がある。

　GHQとメディアによる洗脳を解いて、絶対平和主義の虚構の中にうずくまり続ける現状から脱することなしには、眼前の国難を乗り越えて日本国が生き残ることはできない。私たちにそれができるかと、挑んでいるのが本書である。国難を乗り越えずしてどうするのだと叱咤し、洗脳の先兵となった朝日新聞の実態をこれでもかと抉《えぐ》り出して、私たちに突き付けている。

　日本人が、絶対的平和主義の虚構の中で惰眠を貪り続けたいと願っても、変化する世界に容赦はない。オバマ大統領の時から世界の地殻変動は起き始めていた。民主主義、自由の尊重、法による問題解決などの理念を旗印に掲げて、第二次世界大戦後の国際秩序を護ってきた米国が、「世界の警察をやめた」のである。トランプ大統領の「アメリカ第一主義」はオバマ大統領の立場と本質的に同じなのである。米国以外の国々での紛争には基本的に関わりたくないということだ。米国主軸の戦後秩序が根底から揺らぎ始めた要因である。

　他方、経済、軍事で米国に迫る中国は、米国の国際社会への関与後退の間隙を突いて膨張を続ける。２０１７年10月の第19回中国共産党全国代表大会において、習近平国家主席は中華人民共和国建国１００年の２０４９年までに、中華民族は世界の諸民族の中に聳《そび》え立つ、人類が見たこともない強大な国になると演説した。世界を中国共産党の色に染め上げる野心を、彼らはもはや隠さない。彼らの掲げる価値観は、世界に君臨することを夢見る習主席の専制独裁政治によってかつてないほど中華主義の色合いを強めている。

その下では民主主義は窒息し、法治は人治に取って代わられ、国際法は中華主義のルールに置き換えられ、話し合いよりも力による支配が世界に広がる。その影響を最も厳しく受けるのが日本であろう。日本は国として如何《いか》に国家、国民を守り抜くのか。日本人は如何にして自分達の生き方、価値観を守り抜くのか。そのためにどんな努力をするのか。どんな闘いに耐えるのか。これらすべてが問われている。

米国は大事な同盟国ではあるが、彼らに頼り続けるだけでは、決して祖国は守りきれない。バージニア州のシンクタンク「プロジェクト２０４９」は今年（２０１８年）３月末に、中国人民解放軍は「短期・急激戦」(Short, Sharp War) で尖閣を襲うと報告した。

米太平洋軍司令官に就任したフィリップ・デービッドソン海軍大将は、4月17日、「仮に将来、中国と戦うような事態になっても、米国が確実に勝利できる保証はない」と述べた。

米国要人の右の懸念には、中国もロシアも間もなく極超音速ミサイルを米国に先駆けて配備するという一事においても、具体的理由がある。音速の10倍以上で飛ぶ中露のミサイルに日米の迎撃ミサイルは無力である。

力をつけた中国の野望の前に立たされている日本について、デービッドソン氏は、日本は在日米軍の思いやり予算を増やすことよりも、自衛能力向上のために努力すべきだと語っている。米国頼みから脱して自力で自国を守れというのは、オバマ・トランプ両大統領が掲げる思想と全く同じである。

米国の変化も含めて急速に変わり行く世界を地政学の視点から見つめ、大戦略を描き、行動してきたのが安倍晋三首相である。日本国歴代首相の中で安倍氏ほど世界を鳥瞰し、戦略的外交に徹する政治家は恐らく他にいない。首相の視野には北朝鮮危機とその背後に控える中国の脅威、米国の後退によって生ずる力の空白をインド・豪州と共に補足するインド・太平洋戦略などがある。

日本国が早急に議論しなければならないのはこれら一連の課題への対応である。そのために、国家としてのあらゆる力が必要である。経済力だけでは不足で、軍事力も必須である。憲法改正なしには解決不能の課題である。

しかし、「朝日新聞」をはじめとするメディア、そしてほとんどの野党は首相とは無関係の「モリカケ」問題や、官僚の不祥事を持ち出して論難する。安倍首相に対する執拗で不条理な非難は首相の悲願である憲法改正を阻止するためであろう。日本が二度と立ち上がれないようにとGHQが目論んだ現行憲法に指一本触れさせまいとする。これを著者の木佐氏は「洗脳」だと喝破した。国家に軍事力の保持を否定し、交戦権を認めないと明記する憲法は世界広しといえども日本国憲法だけだ。異常の極みにある憲法を一文字も変えることなく、米国頼み一辺倒で、経済大国になっても自立せず、これからも何も変えさせまいと頑なに思い詰めている様子は、まさに洗脳だと形容するのが正しい。

木佐氏は朝日新聞が主導する護憲派の「平和憲法」への絶対的信奉を、唯一無二の神アッラーに対するイスラム教徒の揺るぎない信仰にたとえる。憲法は護憲派日本人にとって、イスラム教徒にとってのアッラーの神への信仰心のように、心の拠り所となっていると指摘する。

合理や理性とは程遠く、現実の厳しさの中で試行錯誤しながらより良い道を選ぶ成長の過程が、そこからは見えてこない。

それでも、朝日をはじめとする護憲派はめげない。「非論理的であるがゆえに、心理学的に言えば、ふつうの穏健な宗教に比べより過激で狂信的になりがち」だからだと著者は解説している。

朝日の報道は、慰安婦問題においてと同様に憲法9条問題でさらに激化する。木佐氏が本書で詳述しているが、約20年前の虚報、「憲法9条、各国は見習え」との見出しがついた同紙の記事はその一例だ。

朝日はなぜ、「9条の病」を患い続けるのか。年来言われてきた自虐的という次元ではその病の本質は解明できない、精神分析の視点で朝日を見つめて初めてその病が理解できると著者は断じている。

GHQの検閲部門であるPPBが日報で「朝日はGHQの機関紙である」との噂をコメントなしで記した程、GHQが埋め込んだ日本否定の思考が深く朝日に浸透したのである。GHQの思想とも朝日の病とも、一日も早く訣別して日本国を護りたい。そう実感させるのが本書である。

参考文献・資料一覧

メディア

朝日新聞
読売新聞
産経新聞
毎日新聞
共同通信
NHK
AFP＝時事
中央日報日本語版
正論（産経新聞社）
月刊 WiLL（ワック）
月刊 Hanada（飛鳥新社）
新潮45（新潮社）
文藝春秋（文藝春秋）
THEMIS（テーミス）
週刊文春（文藝春秋）
週刊新潮（新潮社）

週刊ポスト（小学館）
週刊現代（講談社）
FLASH（光文社）
SAPIO（小学館）
朝日ジャーナル（朝日新聞社）
ヤフーニュース
J-CAST ニュース
Business Journal
ウィキペディア日本語版、ドイツ語版、英語版

マインド・コントロール

『閉された言語空間　占領軍の検閲と戦後日本』江藤淳著　文春文庫　１９９４年
『ＧＨＱ作成の情報操作書「眞相箱」の呪縛を解く』櫻井よしこ著　小学館文庫　２００２年
『日本解体「真相箱」に見るアメリカＧＨＱの洗脳工作』保阪正康著　扶桑社文庫　２００４年
『日本が二度と立ち上がれないようにアメリカが占領期に行ったこと』髙橋史朗著　致知出版社　２０１４年
『別冊宝島　洗脳のすべて　知らないうちにあなたも洗脳されている！』宝島社　２０１５年
『マインド・コントロール』岡田尊司著　文藝春秋　２０１２年
『マインド・コントロールとは何か』西田公昭著　紀伊國屋書店　１９９５年
『プロパガンダ［新版］』エドワード・バーネイズ著　中田安彦訳・解説　成甲書房　２０１０年

『「日本を解体する」戦争プロパガンダの現在　WGIPの源流を探る』髙橋史朗著　宝島社　2016年
『タヴィストック洗脳研究所　情報操作・世論誘導・社会変革、心理をあやつる「見えない政府」』ジョン・コールマン著　太田龍監訳　成甲書房　2006年
『洗脳　地獄の12年からの生還』Toshl著　講談社　2014年
『GHQの日本洗脳　70年続いた「支配システム」の呪縛から日本を解放せよ！』山村明義著　光文社　2014年
『菊と刀』ルース・ベネディクト著　長谷川松治訳　講談社学術文庫　2005年
『日本人を狂わせた洗脳工作　いまなお続く占領軍の心理作戦』関野通夫著　自由社ブックレット　2015年
『まだGHQの洗脳に縛られている日本人』ケント・ギルバート著　PHP研究所　2015年
『ひと目でわかる「GHQの日本人洗脳計画」の真実』水間政憲著　PHP研究所　2015年
『日本洗脳計画　戦後70年　開封GHQ』DIA Collection　ダイアプレス　2015年
『学校で教えられない　日本占領時代～6年8ヶ月の真実～GHQ〝占領〟政策は〝洗脳〟政策だった!?』SAKURA　MOOK15　笠倉出版社　2015年
『私を通りすぎたスパイたち』佐々淳行著　文藝春秋　2016年

心理学、精神分析、精神医学

『自己愛な人たち』春日武彦著　講談社現代新書　2012年
『ササッとわかる「パーソナリティ障害」』岡田尊司著　講談社　2010年

『ものぐさ精神分析』岸田秀著　中公文庫　1982年
『二十世紀を精神分析する』岸田秀著　文藝春秋　1996年
『歴史を精神分析する』岸田秀著　中公文庫　2007年
『唯幻論大全』岸田秀著　飛鳥新社　2013年
『日本史を精神分析する　自分を知るための史的唯幻論』岸田秀、柳澤健著　亜紀書房　2016年
『幻想の未来』岸田秀著　河出書房新社　1985年
『ひき裂かれた自己　分裂病と分裂病質の実存的研究』R・D・レイン著　阪本健二他訳　みすず書房　1971年
『「甘え」の構造』土居健郎著　弘文堂　1971年
『精神分析』土居健郎著　講談社学術文庫　1988年
『精神分析で何がわかるか　無意識の世界を探る』福島章著　講談社　1986年
『母性社会日本の病理』河合隼雄著　中公叢書　1976年
『無意識の構造』河合隼雄著　中公新書　1977年
『「空気」の研究』山本七平著　文藝春秋　1977年
『あなたの身近な「困った人たち」の精神分析』小此木啓吾著　大和書房　1995年
『なぜ他人の不幸は蜜の味なのか』髙橋英彦著　幻冬舎ルネッサンス新書　2014年
『「超常現象」を本気で科学する』石川幹人著　新潮新書　2014年
『小椋佳　自分史　35th Anniversary Special Best Album』小椋佳　ユニバーサルミュージック　2006年
『拝啓　マッカーサー元帥様　占領下の日本人の手紙』袖井林二郎著　大月書店　1985年

『敗戦　占領軍への50万通の手紙』川島高峰著　読売新聞社　１９９８年
『サイコパス』中野信子著　文春新書　２０１６年
『良心をもたない人たち』マーサ・スタウト著　木村博江訳　草思社文庫　２０１２年
『脳・戦争・ナショナリズム　近代的人間観の超克』中野剛志他著　文春新書　２０１６年
『無意識と対話する方法』前野隆司、保井俊之著　ワニ・プラス　２０１７年
『ついに「愛国心」のタブーから解き放たれる日本人』ケント・ギルバート著　ＰＨＰ新書　２０１７年

現代史

『慰安婦と戦場の性』秦郁彦著　新潮選書　１９９９年
『歪められる日本現代史』秦郁彦著　ＰＨＰ研究所　２００６年
『陰謀史観』秦郁彦著　新潮新書　２０１２年
『革新幻想の戦後史』竹内洋著　中央公論新社　２０１１年
【戦後史の解放Ⅰ】歴史認識とは何か　日露戦争からアジア太平洋戦争まで』細谷雄一著　新潮選書　２０１５年
『「反日」日本人の正体』井沢元彦著　小学館　２００４年
『「悪魔祓い」の戦後史』稲垣武著　文春文庫　１９９７年
『朝日新聞血風録』稲垣武著　文春文庫　１９９６年
『戦後五〇年　メディアの検証』朝日新聞取材班著　三一書房　１９９６年
『共産主義批判の常識』小泉信三著　講談社学術文庫　１９７６年（初出１９４９年）

『昭和の精神史』竹山道雄著　中公クラシックス　2011年
『戦後の精神史　渡邊一夫、竹山道雄、E・H・ノーマン』平川祐弘著　河出書房新社　2017年
『吉田茂の自問　敗戦、そして報告書「日本外交の過誤」』小倉和夫著　藤原書店　2003年
『新ゴーマニズム宣言スペシャル　戦争論』小林よしのり著　幻冬舎　1998年
『ゴーマニズム宣言スペシャル　新戦争論1』小林よしのり著　幻冬舎　2015年
『世界の平和博物館』西田勝、平和研究室編　日本図書センター　1995年
『私の戦争犯罪　朝鮮人強制連行』吉田清治著　三一書房　1983年
『父の謝罪碑を撤去します』大高未貴著　産経新聞出版　2017年
『普及版　日本が知らない戦争責任　日本軍「慰安婦」問題の真の解決へ向けて』戸塚悦朗著　現代人文社　2008年
『クレムリン秘密文書は語る　闇の日ソ関係史』名越健郎著　中公eブックス/Kindle版　2002年（中公新書は1994年刊行）
『朝日新聞元ソウル特派員が見た「慰安婦虚報」の真実』前川惠司著　小学館　2014年
『戦争の記憶　日本人とドイツ人』イアン・ブルマ著　石井信平訳　TBSブリタニカ　1994年　原題：The Wages of Guilt　Memories of War in Germany and Japan
『日本を嵌める人々　わが国の再生を阻む虚偽の言説を撃つ』渡部昇一、潮匡人、八木秀次著　PHP研究所　2013年
『日中戦争の「不都合な真実」　戦争を望んだ中国　望まなかった日本』北村稔、林思雲著　PHP文庫　2014年

『やりなおす戦後史』蔭山克秀著　ダイヤモンド社　２０１５年
『「反日中韓」を操るのは、じつは同盟国・アメリカだった！』馬渕睦夫著　WAC BUNKO　２０１４年
『日本をダメにしたB層の研究』適菜収著　講談社　２０１２年
『民主党はなぜ、日本を壊したのか』辻貫之著　扶桑社新書　２０１２年
『同日同刻　太平洋戦争開戦の一日と終戦の十五日』山田風太郎著　筑摩eBOOKS/Kindle版　２００７年
『昭和の三傑　憲法九条は「救国のトリック」だった』堤堯著　集英社文庫　２０１３年
『戦後リベラルの終焉　なぜ左翼は社会を変えられなかったのか』池田信夫著　ＰＨＰ新書　２０１５年
『ひとびとの精神史　第１巻　敗戦と占領　１９４０年代』栗原彬、吉見俊哉他編　岩波書店　２０１５年
『アメリカ側から見た　東京裁判史観の虚妄』江崎道朗著　祥伝社新書　２０１６年
『戦争を始めるのは誰か　歴史修正主義の真実』渡辺惣樹著　文春新書　２０１７年
『東京裁判ハンドブック』東京裁判ハンドブック編集委員会編　青木書店　１９８９年
『東京裁判（上）（下）』児島襄著　中公新書　１９７１年
『世界がさばく東京裁判』終戦五十周年国民委員会編　ジュピター出版　１９９６年
「戦後日本の戦争責任論の動向」赤澤史朗著『立命館法学』２０００年６号　立命館大学
『B面昭和史　１９２６▼１９４５』半藤一利著　平凡社　２０１６年
『安保論争』細谷雄一著　ちくま新書　２０１６年
『歴史問題の正解』有馬哲夫著　新潮新書　２０１６年
『戦争と平和』百田尚樹著　新潮新書　２０１７年
『コミンテルンの謀略と日本の敗戦』江崎道朗著　ＰＨＰ新書　２０１７年

メディア史

『占領期メディア史研究——自由と統制・1945年——』有山輝雄著　柏書房　1996年
『メディア史を学ぶ人のために』有山輝雄、竹山昭子編　世界思想社　2004年
『新聞の虚報・誤報　その構造的問題点に迫る』池田龍夫著　創樹社　2000年
『太平洋戦争と新聞』前坂俊之著　講談社学術文庫　2007年
『GHQの検閲・諜報・宣伝工作』山本武利著　岩波現代全書　2013年
『日本人はなぜ戦争へと向かったのか　メディアと民衆・指導者編』NHKスペシャル取材班編著　新潮文庫　2015年
『朝日新聞の中国侵略』山本武利著　文藝春秋　2011年
『読売vs朝日　社説対決50年』読売新聞論説委員会編　井沢元彦解説　中公新書ラクレ　2001年
『読売vs朝日　社説対決　北朝鮮問題』読売新聞論説委員会編　辺真一、栢植久慶解説　中公新書ラクレ　2002年
『読売vs朝日　21世紀・社説対決』読売新聞論説委員会編著　中公新書ラクレ　2004年
『虐日偽善に狂う朝日新聞　偏見と差別の朝日的思考と精神構造』酒井信彦著　日新報道　2013年
『朝日新聞　日本型組織の崩壊』朝日新聞記者有志著　文春新書　2015年
『崩壊　朝日新聞』長谷川熙著　ワック　2015年
『こんな朝日新聞に誰がした?』長谷川熙、永栄潔著　WAC BUNKO　2016年
『そして、メディアは日本を戦争に導いた』半藤一利、保阪正康著　文春文庫　2016年
『「反日」の構造　中国、韓国、北朝鮮を煽っているのは誰か』西村幸祐著　文芸社文庫　2012年

『「民意」の嘘　日本人は真実を知らされているか』櫻井よしこ、花田紀凱著　産経セレクト　2016年
『朝日新聞がなくなる日　〝反権力ごっこ〟とフェイクニュース』新田哲史、宇佐美典也著　ワニブックス　2017年
『徹底検証「森友・加計事件」　朝日新聞による戦後最大級の報道犯罪』小川榮太郎著　飛鳥新社　2017年

歴史修正

『「日本の朝鮮統治」を検証する　1910-1945』ジョージ・アキタ、ブランドン・パーマー著　塩谷紘訳　草思社　2013年
『在日・強制連行の神話』鄭大均著　文春新書　2004年
『英国人記者が見た　連合国戦勝史観の虚妄』ヘンリー・S・ストークス著　祥伝社新書　2013年
『戦争犯罪国はアメリカだった！　英国人ジャーナリストが明かす東京裁判70年の虚妄』ヘンリー・S・ストークス著　藤田裕行訳　ハート出版　2016年
『永遠の0』百田尚樹著　講談社文庫　2009年
『ルーズベルトの責任　日米戦争はなぜ始まったか（上）（下）』チャールズ・A・ビーアド著　開米潤他訳　藤原書店　2011―12年
『パール博士の日本無罪論』田中正明著　慧文社　1963年
『日米戦争を起こしたのは誰か　ルーズベルトの罪状・フーバー大統領回顧録を論ず』藤井厳喜他著　勉誠出版　2016年
『アメリカの社会主義者が日米戦争を仕組んだ』馬渕睦夫著　ＫＫベストセラーズ　2015年

安倍晋三論

『安倍政権　総括』高橋彬著　牧歌舎　2017年
『日本よ、世界の真ん中で咲き誇れ』安倍晋三、百田尚樹著　ワック　2013年
『総理』山口敬之著　幻冬舎　2016年
『安倍晋三とは何者か？　日本の仕組みをつくり変える政治家の正体』安倍晋三を考える会著　牧野出版　2015年
『美しい国へ』安倍晋三著　文春新書　2006年
『新しい国へ　美しい国へ　完全版』安倍晋三著　文春新書　2013年
『約束の日　安倍晋三試論』小川榮太郎著　幻冬舎　2012年
『国家の命運　安倍政権奇跡のドキュメント』小川榮太郎著　幻冬舎　2013年
『この国を揺るがす男　安倍晋三とは何者か』朝日新聞取材班著　筑摩書房　2016年
『安倍三代』青木理著　朝日新聞出版　2017年

軍事

『平和を支える力の論理　逆説の軍事論』冨澤暉著　バジリコ　2015年
『新軍事学入門　平和を望むなら、戦争の準備をせよ』飯柴智亮他著　飛鳥新社　2015年
『新国防論　9条もアメリカも日本を守れない』伊勢﨑賢治著　毎日新聞出版　2015年

憲法

『日本、遥かなり　エルトゥールルの「奇跡」と邦人救出の「迷走」』門田隆将著　ＰＨＰ研究所　２０１５年
『憲法の涙　リベラルのことは嫌いでも、リベラリズムは嫌いにならないでください２』井上達夫著　毎日新聞出版　２０１６年
『憲法の無意識』柄谷行人著　岩波新書　２０１６年
『正論スペシャル　日本国憲法１００の論点』日工ムック　産経新聞社　２０１６年
『世界最古の「日本国憲法」　徹底検証・憲法』三山秀昭著　潮書房光人社　２０１６年
『世界の憲法を知ろう　憲法改正への道しるべ』西修著　海竜社　２０１６年
『解説　世界憲法集　第３版』樋口陽一、吉田善明編　三省堂　１９９４年
『世界諸国の憲法集』木下太郎編　暁印書館　１９８４年
『憲法　21世紀に向けて　読売改正試案・解説・資料』西修資料監修　読売新聞社編　読売新聞社　１９９4年
『国民の憲法』産経新聞社著　産経新聞出版　２０１３年
『憲法と世論　戦後日本人は憲法とどう向き合ってきたのか』境家史郎著　筑摩選書　２０１７年
『北朝鮮がアメリカと戦争する日　最大級の国難が日本を襲う』香田洋二著　幻冬舎新書　２０１７年

ドイツ

“Against Our Will : Men, Women and Rape” Susan Brownmiller, 1993
“Hitler’s Willing Executioners : Ordinary Germans and the Holocaust” Daniel Jonah Goldhagen, 1997
“Zwangsprostitution” Chrita Paul, 1994

"Prostitution Homosexualität Selbstverstümmelung : Probleme der deutschen Sanitätsführung 1939-1945" Franz Seidler, 1977
"Die Weizsäckers : Geschichte einer deutschen Familie" Martin Wein, 1988
"Ansprache des Bundespräsidenten zum 40. Jahrestag der Beendigung des Zweiten Weltkrieges" Richard von Weizsäcker, Hakusuisha, 1986
『荒れ野の40年　ヴァイツゼッカー大統領演説全文　１９８５年5月8日』永井清彦訳　岩波ブックレット　１９８６年
『アメリカのドイツ占領政策　１９４０年代国際政治の流れの中で』眞鍋俊二著　法律文化社　１９８９年
『ドイツ近代史―18世紀から現代まで―』木谷勤、望田幸男編著　ミネルヴァ書房　１９９２年
『ナチス追及　ドイツの戦後』望田幸男著　講談社現代新書　１９９０年
『ネオナチと極右運動　ドイツからの報告』フランツィスカ・フンツエーダー著　池田昭、浅野洋訳　三一新書　１９９５年
『１９３９　ドイツ第三帝国と第二次世界大戦』井上茂子他著　同文館出版　１９８９年
『ナチス第三帝国事典（A Dictionary of the Third Reich）』ジェームズ・テーラー他著　吉田八岑監訳　三交社　１９９３年
『〈戦争責任〉とは何か　清算されなかったドイツの過去』木佐芳男著　中公新書　２００１年

木佐芳男（きさ・よしお）
ジャーナリスト・元読売新聞ベルリン特派員。1953年、島根県出雲市生まれ。1978年、読売新聞入社。外報部（現・国際部）、ニューデリー特派員、世論調査部（日米、日米欧、日ソの国際世論調査を担当）、読売・憲法問題研究会メンバー、ボン特派員、ベルリン特派員などを経て、1999年からフリーランスに。2013年秋、両親の世話をするため出雲にUターンした。著書に『〈戦争責任〉とは何か　清算されなかったドイツの過去』（中公新書）などがある。
ウェブサイト（ブログ・メール）
【RAB《ラブ》☆K《ケイ》】http://rab-k.jp
2400字エッセイ＊アーカイヴ【RABタイムリー・ブログ】
http://rab-timely-blog.cocolog-nifty.com/blog/

「反日」という病
GHQ・メディアによる日本人洗脳《マインド・コントロール》を解く

二〇一八年五月二十五日　第一刷発行

著者　木佐芳男
発行者　見城徹
発行所　株式会社 幻冬舎
〒一五一-〇〇五一 東京都渋谷区千駄ヶ谷四-九-七
電話 編集〇三-五四一一-六二一一
　　 営業〇三-五四一一-六二二二
振替 〇〇一二〇-八-七六七六四三
印刷・製本所　株式会社 光邦

ISBN978-4-344-03299-6 C0095 Printed in Japan
日本音楽著作権協会（出）許諾1804152-801号
幻冬舎ホームページアドレス http://www.gentosha.co.jp/
この本に関するご意見・ご感想をメールでお寄せいただく場合は、comment@gentosha.co.jpまで。